© 2012, Öteki Adam Yayınları
Bu kitabın her türlü yayın hakları
Fikir ve Sanat Eserleri Yasası gereğince
Öteki Adam Yayınları'na aittir.
Sertifika No 26059

Öteki Adam Yayınları　　30

Yayın Yönetmeni	Serkan Çakmak
Yayın Koordinatörü	Sena Sultan Grant
Editör	Saadet Yaşar
Sayfa Tasarım	Mehlika Naz
Kapak Tasarım	Kenan Özcan
Baskı ve Cilt	Alioğlu Matbaacılık
Adres	Orta Mah. Fatin Rüştü Sok. No:1/3 A Topkapı / İstanbul
Tel	(0212) 612 95 59
Sertifika No	11946
1. Baskı	Nisan 2015
ISBN	978-605-5114-19-0

Öteki Adam Yayınları
Cağaloğlu Yokuşu Cemal Nadir Sok.
Nur İş Hanı No: 2/3 Fatih / İstanbul
Tel: 0212 514 80 85
www.otekiadam.com

SUNA OKUR İLE ZARAFET, GÖRGÜ VE PROTOKOL

Suna OKUR

Suna OKUR

Çorlu'da dünyaya geldi. 1984 yılında Fırat Üniversitesi Türk Dili ve Edebiyatı (Türkoloji) bölümünden yüreğinde Türkçe sevdasıyla mezun oldu. 1994 yılından itibaren İstanbul Teknik Üniversitesinde Türkçe öğretim görevlisi olarak çalışmaya başladı. Aynı yıl Türkçenin güzelliklerinin, şiiriyetinin ve âhenk unsurlarının öğretilmesi maksadıyla Diksiyon (Güzel ve Etkili Konuşma) eğitimi vermeye başladı. Halen çeşitli kurum ve kuruluşlarda Diksiyon, İleri Sunum Teknikleri (Hitabet) ve Yazışma Teknikleri Eğitimleri vermektedir. Evli ve iki çocuk annesidir.

Yayımlanmış Eserleri:

- DİKSİYON / Güzel ve Etkili Konuşma Sanatı

İÇİNDEKİLER

GİRİŞ..11
SOSYAL DAVRANIŞ KURALLARI...11
Sosyal Davranış Kurallarının Tarihçesi....................................11
Sosyal Davranış Kuralları Niçin Gereklidir?............................13
Sosyal Davranış Kurallarına Niçin Uymalıyız?........................17
İNSANİ İLİŞKİLERDE BAŞARI..19
SAYGINLIK VE İMAJ İLİŞKİSİ...20
ZARİF İNSAN KİMDİR?..21
Zarif insan sözleri ve davranışlarıyla başkalarını rahatsız
etmeyen insandır..34
Zarif insan samimi ve güler yüzlüdür....................................34
Zarif insan ölçülü ve duyarlıdır, empati yapar......................34
Zarif insan, ölçülü halleriyle ve gösterişten uzak durmasıyla da
dikkat çeker...22
Zarif insan reddederken kibar kalmayı bilendir....................23
Zarif insan dinlemeyi bilendir..23
Zarif insan teşekkür etmeyi bilen ve teşekkürü kimseden
esirgemeyendir..23
Zarif insan kibirli olmayandır...24
Zarif insan gerektiğinde özür dilemeyi bilendir....................24
Zarif insan diğerlerini yerli yersiz eleştirmeyendir................24

Zarif insan kıskanmayandır..25
Zarif insan sabırlıdır...25
Zarif insan tutarlı ve kararlıdır..25
Zarif insan kabalıktan kaçınır..26
Zarif insan alınganlık göstermez...26
Zarif insan adil olabilendir..26
Zarif insan hırs ile gayreti ayırt edebilendir........................27
Zarif insan dedikodu yapmaz..27
Zarif insan vakar sahibidir..28
Zarif insan utanmayı bilendir..28
Zarif insan sır saklayabilendir...28
İLETİŞİM BAŞARISI VE İMAJ..29
İŞ DÜNYASINDA GİYİM..34
Sektörler ve Giyim Tarzları..34
Giysileriniz Neler Söylüyor?..37
Kravat İtibarın Sembolüdür...37
Rengin Etkisi...38
Desen Dengesine Dikkat..39
Aksesuarı Abartmayınız..39
İş Yerinde İmaj Kıran Giysiler..39
İş Hayatında Etki Bırakan Tarz Nasıl Olmalıdır..................40
Kadınlar İçin...40
Erkekler İçin...42
Kişisel Bakım..43
El, Tırnak ve Ayak Bakımı...44
Parfüm Kullanımı..44
İş Dünyasında Kadın ve Erkeklerde İmaj Kırıcı
Davranışlar...45
İş Dünyasında Tanışma Tanıştırma....................................45
İş Yerinde Davranış Kuralları..46
Yurt Dışında İş Görüşmeleri Esnasında Dikkat
Edilmesi Gereken Kurallar..49

PROTOKOL ... 51
Protokolün Amacı ... 51
Protokolün Uygulandığı Alanlar ... 52
Makam Protokolü ... 52
Makamda Protokol ... 52
Ast-Üst İlişkilerinde Protokol ... 55
Taşıt Protokolü ... 58
Tören Protokolü ... 60
Törende Konuşma Protokolü ... 60
Takdim Kuralları ... 60
Hitap ve Selamlama Kuralları ... 62
Tribünlerde ve Salonda Oturma Düzeni ... 63
SOSYAL HAYATTA BAŞARININ İLK ADIMI HİTAP ... **64**
Resmî Hitap Biçimleri ... 64
SELAMLAŞMA ... **70**
Sosyal Hayatta Selamlaşma Kuralları ... 70
Resmî Ortamlarda Selamlaşma Kuralları ... 74
TANIŞMA ve TANIŞTIRMA ... **75**
Resmi Ortamda Tanışma Tanıştırma Kuralları ... 80
TOKALAŞMA ... **81**
Resmi Ortamda Tokalaşma Kuralları ... 83
Kartvizit Vermek ... 84
KONUŞMA ADABI ... **85**
Eleştiri ... 91
TELEFON ADABI ... **93**
Cep Telefonuyla Konuşma Adabı ... 99
E – POSTA ADABI ... **101**
Elektronik İletişim ... 103
DAVET ... **105**
Ev Davetleri ... 107
Kahvaltı Daveti ... 107
Brunch ... 108

7

Açık Büfe 108
Çay Daveti 110
Resmî Ortamda, Makamda ve Evde Çay-Kahve İçme
Kuralları 111
Yemek Davetleri 114
Gayrı Resmî (Özel) Yemek Davetleri 115
Yarı Resmî Ziyafetler 115
Resmî Davet ve Ziyafetler 116
Davetiyeler 119
Sözlü Yapılan Davetler 119
Yazılı Davet 120
Basılı Davetiyeler 120
Restoranda Davet 122
Bahşiş Vermek 124
Yemek Davetlerinde Oturma Planı 126
Davetlilerin Oturma Düzeni 126
Ev Davetlerinde Oturma Planı 132
Davetlerde Mönü Düzenlenmesi 133
Mönü ve İkram Sırası 135
Masa Üstü Düzenlenmesi 138
Basit Kuver 140
Genişletilmiş Kuver 141
Davetlerde Servis Kuralları 142
SOFRA ADABI **147**
Masada Oturma Adabı 147
Peçete Kullanımı 149
Çatal-Bıçak Kullanımı 151
Kaşık Kullanımı 153
Bardak ve Kadeh Kullanımı 154
Tuzluk ve Biberlik Kullanımı 154
Ekmek 155
Limon Kullanımı 155
İlke Olarak 155

NE, NASIL YENİR?..........158
ZİYARET ADABI..........166
Ev Ziyaretleri..........167
Ziyaret Protokolü..........171
Resmî Ziyaretler..........172
Göreve Başlama Ziyareti..........173
Veda Ziyareti..........173
Çalışma ve İş Görüşmesi Ziyaretleri..........173
Tebrik Ziyaretleri..........174
Nezaket Ziyareti..........175
HEDİYELEŞME..........176
Hediye Verirken..........177
Hediye Alınırken..........179
Nişanlılıkta Hediye..........180
Nikâh ve Düğün Hediyeleri..........181
Ev Davetlerinde Hediye..........182
Restoran Davetleri ve Kokteyl Partilerde Hediye..........183
Çiçek Verme ve Çiçek Gönderme..........183
Davetlere Çiçek Göndermek..........185
AİLE AKRABALIK VE KOMŞULUK İLİŞKİLERİ..........187
Komşuluk İlişkileri..........188
Akrabalık İlişkileri..........190
UMUMİ YERLERDE NEZAKET ve GÖRGÜ KURALLARI..........191
Cadde ve Sokaklarda..........191
Yağmurlu Günlerde Sokak Adabı..........195
Asansör Adabı..........196
Merdivenlerde..........197
Park ve Bahçelerde Görgü Kuralları..........198
Piknik Alanlarında ve Plajlarda Görgü Kuralları..........199
Alışveriş Merkezlerinde Adab..........200
Kapıdan Geçerken Uyulması Gereken Kurallar..........203
Doktor Muayenehanesinde..........203
Toplu Taşıma Araçlarında Görgü Kuralları..........204

Takside Görgü Kuralları..205
Otomobilde Adab..206
Uçakta Adab...209
Sigara İçmenin Adabı..210
Sinema – Konser – Tiyatroda Görgü Kuralları.............211
Lokanta ve Restoranda Görgü Kuralları......................213
Otelde Adab..217
Otelde Kahvaltı..218
Otelde Akşam Yemeği...218
Otelde Havuz-Sauna Adabı..218
NASIL DAVRANILMALI?...220
Pot Kırınca...220
Eleştiri..220
Esnemek..221
Fermuar Açık Kalmışsa..221
Yellenmek...221
Geğirmek..221
Hapşırmak..222
Hıçkırık Tutarsa..222
Kaşınmak..222
Burun Silmek..222
Sakarlık...223
İstifra Etmek...223
Öksürük Krizi..223
Makyaj Tazelemek...224
Özür Dilemek...224
Teşekkür Etmek...224
Bir Hakaretle Karşılaşınca..224
Yutma Güçlüğü..224
Ağızdan İstenmeyen Bir Söz Kaçmışsa......................224

GİRİŞ

Babamın görevi dolayısıyla çocukluk yıllarım askerî lojmanlarda geçti. Sosyo-kültürel açıdan genellikle birbirine denk ailelerden oluşan lojman hayatı benim için birçok yönden öğretici bir sosyal laboratuvardı.

İnsani ilişkiler ve insan davranışları çocukluk yıllarımdan beri dikkatimi çekmiştir. O yıllarda lojmanlardaki ilişkileri dikkatle gözlemlerdim. Kafamı kurcalayan en önemli soru: Herkesin beğendiği, görüşmek istediği kimselerle beğenilmeyen, ziyareti iade edilmeyen, her fırsatta eleştirilen insanların aralarındaki fark neydi?

Zaman içinde beğenilen insanların ortak özelliğinin nezaket ve incelik olduğunu fark ettim. Beğenilmeyenlerin ise kaba ve görgüsüz oldukları için kabul görmediklerini ve yalnız kaldıklarını anladığımda nezaket ve incelik benim hayatımda büyük önem kazandı.

Yıllar içinde davranışlardaki inceliğin zemininde insanın kendine saygısının ve sevgisinin olduğu sonucuna vardım. Bu çıkarım bana çocuk yetiştirirken öncelikle çocukların öz saygı ve öz güveninin zedelenmemesi gerektiğini düşündürdü.

Bu kitap, insanî ilişkilerin gelişmesi, ilişkilerin sağlam bir zemine oturması, toplumumuzun öz saygı ile öz güven arasındaki farkı anlaması ve bu konuda bireylerin hassasiyet kazanması amacıyla kaleme alınmıştır. Bu kitap, aslında ömrümün hâsılatı olan gözlemlerim ve tecrübelerimle elde ettiğim bilginin somutlaşmış halidir.

Geleceğe mutlu, başarılı ve sevgi dolu nesiller yetiştirmek gibi kutsal bir görev üstlenmiş anne ve babalara yol göstermek ve bireylerin mutluluğuna destek olmak amacıyla kaleme alınan bu eserden faydalanmanız dileğiyle...

SOSYAL DAVRANIŞ KURALLARI

Sosyal Davranış Kurallarının Tarihçesi

Sosyal davranış kurallarının tarihçesi incelendiğinde ilkel tabir edilen toplumlarda bile insana ve çevreye saygıyı temel alan bazı kuralların bulunduğu görülmektedir.

Türklerin tarih sahnesinde yerini aldığı yıllardan bu güne ulaşan eserlerde öncelikle büyüğe saygı, küçüğe sevgi konusunun önemsendiği görülmektedir. Dede Korkut Hikâyeleri, atlı göçebe kültüre sahip atalarımızın değer verdiği motifleri işlemektedir. Bu eserde kibirlenenler insanlara zulmedenlere, kadınlara saygısızlık edenlere verilen dersle dolu bir hayat bilgisi kitabıdır. Yine 10. yy.'da Yusuf Has Hacip tarafından kaleme alınan Kutadgu Bilig adlı eserde, "Akıllıysan; katıldığın her şölende yemeğini zarafetle yersin uzanıp da kimsenin önünden lokma almayasın. Görgüsüz, aptal ve kaba saba olan kişi, terbiyeli bir kişiyle karşılaştığında bocalar. Uzanıp da başkasının önünden lokma almayasın..." satırlarının bulunması millet olarak görgü ve terbiyeye verdiğimiz değerin ifadesidir. Bugün ülkemizin kasaba ve köylerinde saygı dolu, ince tavırlara şahit olmak mümkündür.

Sosyal Davranış Kuralları Niçin Gereklidir?

İnsan sosyal bir varlıktır. İnsanoğlu, birlikte yaşamanın gereği olan ve toplum tarafından koyulan kurallara uymadan sağlıklı ve mutlu bir hayat sürdüremez.

Sosyal bilimciler ve psikologlar, insanın başka insanlar olmadan varlığını hissetmesinin mümkün olmadığını savunmaktadırlar. O halde, başka insanların ilgisine, bakışlarına, sözlerine ve dokunuşlarına ihtiyacımız olduğu gerçeğinden hareketle, birlikte yaşama zarureti bir takım kuralları ve bunlara uyma gereğini de beraberinde getirmiştir.

Bireylerin iletişim ve dolayısıyla etkileşim içinde oldukları sosyal ortamlarda uyulması gereken kurallar o toplumun tarihinden, gelenek ve göreneklerinden, inancından ve dünya görüşünden ilhamla ortaya çıkan sosyal davranış kurallarıdır. Sosyal davranış kuralları, toplumun her kesimince öğrenilir ve uygulanabilirse birlikte âhenk içinde yaşamak kolaylaşır. Aksi halde toplum dengesini yitirir.

İnsan, sosyal doğası gereği bir topluluk içinde değer görmek ve belirli bir yer edinmek ister. Dolayısıyla toplumu oluşturan diğer insanlar tarafından kabul edilmenin ve değer görmenin şartı, toplumun belirlediği ve birlikte yaşamayı kolaylaştıran bazı kurallara uymaktan geçer.

Ayrıca toplumların ve bireylerin saygınlığı, sosyal davranış kurallarına uymakla güçlenir. Kişisel ve toplumsal ilişkilerde sosyal davranış kuralları bilinçle ve samimiyetle uygulandığı takdirde bireyi başarıya götürür; aksi halde itibar kaybına sebep olur.

Her insan ömrü boyunca başarılı ve mutlu olmak için gayret sarf eder. Bu konuda sosyal davranış kurallarına uymanın değeri gözden uzak tutulmamalıdır.

Sosyal davranış kuralları toplumun gelenek göreneklerinden, tarihinden ve inancından temellenmiş gayri resmî yasalar hükmünde sosyal hayatı düzenleyici ve güzelleştirici kurallardır. Kişisel ilişkilerin her anında etkili olan bu kurallar giyim-kuşamdan, yeme-içmeye ve hatta sözlü ve yazılı ifade biçimine kadar geniş bir yelpazede geçerliliği olan moral değerlerimizdir.

Sosyal davranış kurallarının temelini, bireylerin aile ortamında kazandığı nezaket ve görgü kuralları oluşturur. Bu kurallar toplumun eğitim ve öğretim kurumlarında geliştirilir ve güçlendirilir.

Nezaket ve görgü ancak ailede kazanılır şekillenir ve içselleştirilir. Kişi aile ortamında aldığı terbiye sayesinde toplumla uyumlu hale gelir. Şahsın toplumun belirlediği kurallara saygılı ve hoşgörülü olması nezaketini belirler. Böylelikle denebilir ki; kişinin nezaketi ve görgüsü ailesinin tohumunu taşır.

Toplumun en önemli yapı taşı aile, ailenin de en önemli unsuru anne, yani kadındır.

Sağlıklı toplumların ve nesillerin yetişmesinde ailenin, özellikle de annenin yeri çok önemlidir. Çünkü anne ailenin ve dolayısıyla da toplumun mürebbisidir; terbiye edenidir.

Halide Edip Adıvar'ın **"Beşiği sallayan el, dünyaya hükmeder."** sözü bu gerçeği çok veciz bir şekilde ifade etmektedir. Çünkü anne olmak her davranışınızdan, ağzınızdan çıkan her sözden etkilenen ve sizi kopyalayan bir varlığın bütün sorumluluğunu üstlenmek demektir.

Bu sebeple toplumdaki kadınlar ve anneler bireyleri şekillendirirken toplumu da şekillendirdiğinin bilincinde olmalı; sözlerine ve davranışlarına çok dikkat etmelidirler.

Sözleri ve davranışlarıyla çocuklarına ve çevresine örnek olacak kadına da zarafet, incelik, nezaket yaraşır. Çocuklarının kaderini şekillendiren ve toplumun mimarı olan annelerin ve kadınların bu kutsal görevde rehberi nezakettir. Çiçero, **"Kötü huyları fethetmek istiyorsanız, nezakette ısrarlı olunuz."** sözüyle kabalığın nezakete karşı koyamayacağını ifade ederek zarif bir üslubun kişileri derinden etkileyeceğine ve zarif bir söze kabalıkla karşılık verilemeyeceğine dikkat çekmiştir.

Suna Okur ile Zarafet, Görgü ve Protokol

Zarafet ise bireyin aile ortamında edindiği nezaket ve görgü kurallarını hayata geçirmesi anlamına gelir. Dolayısıyla zarafet, kişinin oturması, kalkması, yemesi, içmesi, tavırları ve sözleriyle diğer insanlar üzerinde hoşa giden bir etki uyandırmasıyla tezahür eder. Zarafet nezaketin görünür hale gelmesidir. Zarafet incelik ve estetik duygusunu da beraberinde getirecektir.

Sosyal davranış kurallarını bilmek ve uygulamak, kişiye nerede nasıl davranacağı konusunda güven verir. Birey değişik ortamlarda ve farklı durumlarda ne yapacağını bilememenin tereddüdüyle sarsılmaz.

Ayrıca bu kurallarla uygun davranmak kişiye saygınlık kazandırır. Zarif davranışlar insanın özgüvenini ve öz saygısını güçlendirdiği gibi, toplum içinde layık olduğu değeri ve saygınlığı temin eder. Bu kuralları yok saymak ya da umursamamak da hayatı yaşanmaz hale getirebilir.

Son yıllarda ülke ve dünya genelinde insanlık bencilleşmeye ve bireyselleşmeye yönelmiştir. Bunun neticesinde nezaket ve görgü kuralları gereksiz bir şıklık, yapmacıklık ve samimiyetsizlik gibi değerlendirilse de, Maslow'un ihtiyaçlar hiyerarşisi teorisine göre fizyolojik ihtiyaçları ve güvenliği sağlanan her insanda beğenilme, takdir edilme, sevilme, sayılma ve itibar görme isteği vardır. Bu istek ancak ve ancak nezaket ve görgü kurallarına uyarak elde edilebilir. Çünkü bu kurallara uyan ve bu kuralları uygulayan insan beğenilir, takdir edilir ve kabul görür.

Nezaket ve görgü kuralları neyi nasıl yiyeceğimiz ve nerede ne giyeceğimizle sınırlı değildir. Bütün davranışlarımız, saygı ve insanlık anlayışımızla taçlanmış nezaket ve görgü kuralları dâhilinde olmalıdır. Nezaket ve görgü kuralları belirli ortamlarda belirli şahıslara yönelik uyulması ve uygulanması gereken kurallar değildir. Her yerde ve her ferde karşı uyulması ve uygulanması gereken, insanlığımızın ve kendimize duyduğumuz saygının ifadesidir.

Suna Okur

Nezaketimiz ve zarafetimiz yeri gelince giyinip kuşanılan, işi bitince kapının arkasına asılan bayramlık bir elbise değildir. Nezaket ve zarafetimiz cildimiz haline gelmelidir. Ancak o zaman gerçekten görgülü ve zarif sıfatlarını hak edebiliriz. Çünkü insanlara verdiğimiz değer, kendimize gösterdiğimiz saygının bir yansımasıdır.

Bu kurallara uymamak elbette ki hukuken suç sayılmamaktadır. Fakat toplumun belirlediği ve bir arada yaşamanın neticesinde oluşan bu kurallara uymayan kimselerin cahil, kaba, görgüsüz ve ahlaksız olarak değerlendirileceği ve dışlanacağı da unutulmamalıdır. Buna karşılık sosyal davranış kurallarına yani nezaket ve görgü kurallarına uyanların terbiyeli, saygılı ve zarif sıfatlarıyla anılacağı, değer ve saygı göreceği de bir gerçektir.

Bu arada görgü kurallarında aşırıya kaçmak da görgüsüzlüğün ifadesidir. Çünkü önceden de belirtildiği gibi aşırı ve göstermelik olan her şey aslında onun eksikliğinin göstergesidir. Kibar olmak uğruna aşırıya kaçarak gülünç olmak kadar bu kuralları hiçe saymak da saygınlığımızı zedeler.

Sosyal Davranış Kurallarına Niçin Uymalıyız?

İnsanoğlunun yaşadığı toplumla ve kendisiyle sağlıklı ilişkiler kurabilmesi, iç - dış bütünlüğüyle ve başarısıyla mümkün olacaktır. Bu sebeple kişiliğin gelişiminde çok önemli olan iç bütünlüğü, ancak nezaket ve görgü kurallarına uyularak sağlanır.

Dış başarı insanın maddi anlamda elde ettikleri ve kazandıklarıyla sağlanırken; iç başarı da alçakgönüllülük, sadakat, hoşgörü, cesaret, adalet, sabır, çalışkanlık ve zarafet gibi erdemlerle elde edilebilir

İç başarı ve bütünlük sağlanmadan; yani yukarıda sayılan erdemlere sahip olmadan elde edilen dış başarı, insanı mutlu etmek bir yana felakete bile götürebilir. Çünkü insanın özünde güzellik ve iyilik duygusu vardır. İnsan hayatı boyunca, yaradılışı gereği içindeki bu iyilik, güzellik ve asalet duygusunu beslemelidir. İnsanoğlu, yaradılışına aykırı bir tutum benimsediğinde kendi mutsuzluğunun mimarı olur. O halde kendi mutluluğumuzu temin etmek için her zaman zarif, kibar ve asil olmayı hedeflemeliyiz. Dalay Lama, "Başkalarını mutlu etmek isterseniz onlara zarif ve saygılı davranınız; kendinizi mutlu etmek isterseniz insanlara zarif ve saygılı davranınız." sözüyle bu gerçeği veciz bir şekilde ifade etmiştir.

İNSANİ İLİŞKİLERDE BAŞARI

Çektiğimiz ızdırapları genellikle kendi elimizle hazırlarız. Çünkü sesimiz, sözümüz ve görünümümüzle muhatabımızın ruh halini etkileriz. İletişimde bulunduğumuz kişiler, üzerlerinde bıraktığımız etkiye göre bize karşılık verirler. Bumerang yasası gereği, bıraktığımız olumlu izlenim olumlu duygulara ve bizimle ilgili olumlu davranışlara sebep olurken, olumsuz izlenimler olumsuz duygulara ve olumsuz davranışlara sebep olmaktadır. Dolayısıyla insanların tavrı bizden menkuldür; biz iletişimde bulunduğumuz kişilere bize nasıl davranacakları konusunda izin veririz. Hayat başarısını yakalamak, iletişim kurduğumuz insanlardan sevgi, saygı ve anlayış görmek için uymamız gereken sosyal davranış kuralları vardır. Bu kurallar aynı zamanda iç huzurumuzu temin eden, öz saygımızı ve öz güvenimizi tesis eden kurallardır.

İletişimde başarıyı belirleyen unsurlardan ses ve sözün güçlendirilmesi ile ilgili bilgiyi Diksiyon (Güzel ve Etkili Konuşma Sanatı) kitabımda dile getirmiştim. Bu kitapta görünüm konusunda bilinmesi ve dikkat edilmesi gerekenleri size anlatacağım.

Görünüm genel bir kavramdır. Bu kavramın içine giyim - kuşam, hijyen ve davranış bilgilerini, dolayısıyla uyulması gereken toplum tarafından belirlenmiş ve kabul edilmiş nezaket ve görgü kurallarını koyabiliriz. Kitabın planlanışında davranış bilgisi, nezaket ve görgü kuralları öncelikle ele alınacaktır. Daha sonra giyim, imaj ve hijyen anlayışına da değinilecektir.

SAYGINLIK VE İMAJ İLİŞKİSİ

İmaj, bir kişi veya kurumun diğer kişi veya kurumların zihninde bıraktığı fikir, anlayış ve değerlerdir.

Fakat en dikkate değer imaj tanımı şöyledir: İmaj bir insanın iç dünyasını başkalarına gösterme biçimidir. Dolayısıyla imaj sanıldığının aksine dıştan içe doğru değil, içten dışa doğrudur.

Davranışlarımız, sözlü ve yazılı iletişim biçimimiz, görünümümüz ve tavırlarımız iç dünyamızın tezahürüdür. Bizim kendimizle ilgili algımız ve kendimizi değerlendirmemiz bu saydığımız unsurlarla görünür hale gelir.

O halde başka insanlara karşı nezaketimiz ve saygımız kendimize verdiğimiz değerin ifadesi olduğu gerçeği unutulmamalıdır. Saygı bizdendir. Karşımızdaki saygıyı hak ettiği için saygı göstermeyiz, zarif davranmayız. Aksine kendimizi saydığımız için, aldığımız terbiye gereği insanlara zarif ve saygılı davranırız.

Toplumun alt kesiminde hizmet verenlere saygısızca davranan, aşağılayan, hor gören sonra da başka insanlara olabildiğince kibar görünme çabasında olan insan gerçek anlamda kibar ve saygılı mıdır? Böyle kişiler içten içe saygı ve nezakete tam manasıyla sahip olmadıklarını bilmektedirler. Oysa Mevlana **"Ya olduğun gibi görün ya da göründüğün gibi ol"** sözüyle bizi içte ve dışta tutarlı olmaya davet ederek mutlu yaşamanın anahtarını bu sözüyle dile getirmiştir. Nezaketin ve zarafetin temelinde bulunan unsurları aşağıdaki başlıklarla inceleyelim.

ZARİF İNSAN KİMDİR?

Aşağıda sayılan unsurlar özde insan olmanın temel şartıdır. İnsanın özünde iyilik ve güzellik duygusu vardır. Buna aykırı olan her söz ve davranış insanı mutsuzluk dehlizlerine hapseder. Günümüzde saygısızlık, patavatsızlık ve insanları hiçe saymak özgüven belirtisi olarak servis edilse de kaba ve saygısız insanların hiçbir yerde ve toplumda değer görmeyeceği gerçeği akıldan çıkarılmamalıdır. İnsanlıktan nasibini almamış, kendisine saygısı olmadığı gibi insanlığı da saygısı olmayan, kaba ve sıradan insanlar uzun vadede benzer davranışlarla karşılaşırlar. Bumerang yasası gereği davranışlar benzer davranışlara yol açar. Çevremizdeki kişilerin tavrı bizden menkuldür. Biz onlara bize nasıl davranacakları konusunda izin veririz. Zarif insan zarif davranışlara ve sözlere, kaba insan, kaba davranışlara ve sözlere muhatap olacaktır. Hal böyle ise şimdi toplumun yüzlerce yıl tecrübe ettiği ve genel kabul gören zarif insanın vasıflarını tek tek ele alalım:

- **Zarif insan sözleri ve davranışlarıyla başkalarını rahatsız etmeyen insandır**

Zarif insan önce kendisine, sonra diğer insanlara ve çevreye saygısı olan ve saygısını her halinde hissettiğimiz insandır. Zarif insan herkese ve her şeye hoşgörülü, sevgi dolu ve tevazu sahibi olan insandır. Zarif insanın tatlı dilli ve güler yüzlüdür. Çünkü olaylara ve insanlara anlayışla bakabilmek zarafettin tezahürüdür.

Suna Okur ile Zarafet, Görgü ve Protokol

- **Zarif insan samimi ve güler yüzlüdür**

Güler yüz, iç huzurun ve insanlara duyulan saygının ifadesidir. Nezakette somurtkanlığa yer yoktur. İnsani ilişkilerde tebessümlü bir yüz, muhatabımızın husumet duygusunu yok eder ve dostça başlangıçların temelini teşkil eder.

***

- **Zarif insan ölçülü ve duyarlıdır; empati yapar**

Zarif insan; davranışı, görünümü, ölçülü hareketleri, duyarlı halleri ve de duygu ve düşüncelerini ifade ederken inceliğiyle dikkat çekmektedir. O halde ailede alınan terbiye ve toplumsal kurallara uyma gereği her an dikkatli ve duyarlı olmak gerekir. Empati yapabilen, ilişkilerde karşısındaki insanı dikkate alan, kendisini ezdirmediği gibi başkalarını da ezmeyen, ezdirmeyen, başkalarının haklarını gözeten ve saygı duyan insan, zarif ve görgülü sıfatını gerçekten hak eden insandır.

Tevazu ve olgunluk zarif insana yakışır. Olaylar ve insanlar karşısında fevri davranışlarda bulunmak, insanları alaya almak, kibirlenmek kabul görmeyen kaba davranışlardır. İnsana yumuşaklık ve letafet yaraşır; sözler ve davranışlardaki yumuşaklık en olmadık ortamlardan bile zarar görmeden çıkmanın sigortasıdır.

***

- **Zarif insan, ölçülü halleriyle ve gösterişten uzak durmasıyla da dikkat çeker**

"Asil azmaz, bal kokmaz" atasözümüz bu durumu çok güzel ifade etmektedir. Bulunduğu mevkiiyle, mal varlığıyla, gücüyle gösteriş yapan şımaran insanın asaletinden söz etmek mümkün müdür?

***

Suna Okur

- **Zarif insan reddederken kibar kalmayı bilendir**

Hayatta bazen istemesek de "hayır" demek zorunda kaldığımız zamanlar olur. Ancak "hayır" kelimesi sözlü bir balyoz gibidir ve insanî ilişkilerde muhatabımızın da duyguları olduğu ve verdiğimiz tepkiler dolayısıyla incinebileceği unutulmamalıdır. Bu sebeple zarif insan reddederken de zarif olmayı bilendir. İngilizler " Bir diplomat evet diyorsa belki demektir. Belki diyorsa hayır demektir. Hayır diyorsa o diplomat değildir." sözüyle doğrudan hayır diyerek reddetmenin hiç de diplomatça ve zarif olmadığına da dikkat çekmektedirler. Reddetmeden hayır demenin en kestirme yolu ne yapamayacağınızı değil, ne yapabileceğinizi söylemekten geçer.

***

- **Zarif insan dinlemeyi bilendir**

Bugün toplumsal çatışmaların en önemli sebebinin birbirimizi dinlememek olduğunu düşünüyorum. Hayatın hızına kapılan insanoğlu birbirine zaman ayırmıyor ve birbirini dinleyemiyor. Bu durum aramızda yaşayan Robinson'ları ne yazık ki her geçen gün arttırmakta. Oysa insanları sabırla dinlemek nezaketin gereğidir, Dinlerken hoşgörümüz ve anlayışımız, beden dilimizde de görünür hale gelmelidir. Yani bütün benliğimizle dinlemeyi öğrenmeliyiz.

***

- **Zarif insan teşekkür etmeyi bilen ve teşekkürü kimseden esirgemeyendir**

Size hizmet eden garson, kapınızı açan vale, çöpünüzü alan kapıcı, siz geçerken şemsiyesini yana eğen genç kız, size kapıyı, asansörü tutan da teşekkürü hak etmektedir. Ağız teşekküre alıştırılırsa ilişkiler de daha sağlıklı yaşanabilir. Teşekkür, kapıları açan sihirli bir sözcüktür. İnsanların hizmetlerini parayla satın alabilirsiniz ancak kalpleri fethetmek teşekkürle mümkündür.

Suna Okur ile Zarafet, Görgü ve Protokol

- **Zarif insan kibirli olmayandır**

Dikkatle baktığımızda kibirli davranan, insanlara tepeden bakan ve küçümseyen kimselerin öncelikle kendilerine saygılarının olmadığını görürsünüz. Bu kişiler kendilerini değerli bulmadıkları için insanların onların değersizliğini anlamalarından korkarlar. Büyüklenerek ve herkese tepeden bakarak alay ederek ve gösteriş yaparak etrafındakileri değerli olduklarına inandırmaya çalışırlar. Annem, "Abartılı olan her şey onun yokluğunu söyler." derdi. Büyüklenen ve değerli olduğunu kibirli edasıyla gözünüze sokan kişiler aslında içten içe değersiz olduklarının bilincindedirler.

***

- **Zarif insan gerektiğinde özür dilemeyi bilendir**

Tabii ki hata yapmak, başkalarına zarar vermek veya onları incitmek istemeyiz. Ancak elimizde olmadan hata yapmış ve muhatabımızı incitmişsek, olgunlukla özür dilemeyi de bilmeliyiz. Özür dileyebilmek büyüklüğün ve nezaketin göstergesidir. Ancak muhatabımız özrün dudaktan mı, kalpten mi geldiğini çok iyi bilir. Sadece özür dilemiş olmak için lakayt bir özür dikkatlerden kaçmaz ve kırıcıdır. Özür dilerken de abartmadan, yerlerde sürünmeden, içten gelen duygularla ve samimiyetle özür dilemeyi bilmek gerekir.

***

- **Zarif insan diğerlerini yerli yersiz eleştirmeyendir**

Eleştiri insan ilişkilerinin dinamitidir. Her şeyi eleştiren, her şeye burun kıvıran bir insanın sorunu kendisiyledir. Çünkü en kıymetli ilişkimiz kendimizle kurduğumuz ilişkidir. Diğer bütün ilişkilerimiz bunun tezahürüdür. Kimseyi beğenmeyen önce kendisini beğenmiyor demektir. Daimi eleştiren ve şikâyet eden insanın ruh hali de iyi değildir. Bunun aksine, takdir etmeyi bilen ve yüce gönüllü bir insanın iç dünyası da sağlamdır. Dolayısıyla kendisiyle barışık olan, sağlıklı bir ruh haline sahip olan insan, çevresiyle güzel ve sağlıklı ilişkiler kurmayı başarır.

***

- **Zarif insan kıskanmayandır**

İnsanlar genellikle çevrenin başarısı ve mutluluğundan kıskançlık duyar. Çevremizdeki insanların başarı ve mutluluklarına gerçekten ortak olabilmek bir meziyettir. Kıskançlık sevgi kadar doğal bir duygudur. Bu yıkıcı duygunun sadece sahibine zarar vereceği bilinmelidir. Bunun için kıskançlık gibi doğal bir duygu bilinçle gıptaya dönüştürülmelidir. Kıskançlık elimizdekilere hor bakmak ve başkalarına nasip olmuş güzelliklere isyan etmek anlamına da gelir. Ancak elindekilere şükredebilen bir yürek huzur bulur ve huzur verebilir.

***

- **Zarif insan sabırlıdır**

Sabır, insana yaraşır bir tutumdur. Sabırla koruk bile üzüm oluyorsa sabırsızlık iyi sonuçlanacak şeylerin mahvına sebep olabilir. İnsan sabrı küçük yaşlarda aile ortamında öğrenir. Anne ve babalar çocuklara her istediğini anında vererek onları sabırsız bireyler haline getirmektedirler. Oysa hayat bize ailemizin seferber ettiği imkânları her an sunmayabilir. Her istediğini anında elde eden çocuklar sabırsız ve mutsuz olurlar.

***

- **Zarif insan tutarlı ve kararlıdır**

Tutarlı ve kararlı olmak sağlam karakterin ifadesidir. Güvenilir bir insan olabilmek, saygınlığı da sağlar. Anadolu'daki " bazlama ekmek gibi adam " tabiri ortama, şartlara ve insanlara göre davranan, fikir ve davranışlarında kararlı olmayan tutarsız kişileri çok güzel tarif eder. Tutarlı olmamak toplumsal saygınlığı zedeler. Birey her ortamda kendi dünya görüşüne, ahlak anlayışına ve inancına uygun olarak tutarlı bir davranış sergilemelidir. Daha önce belirtildiği gibi mutluluğun, başarının ve saygınlığın temelinde içte ve dışta tutarlı olmak yatar.

Bu cümleden hareketle nezaketimiz, insan sevgimiz ve saygımız; soyunup kapının arkasına astığımız, yeri gelince de giyinip kuşanıp arzı endam ettiğimiz bir bayramlık elbise gibi olmamalıdır. Nezaketimiz ve saygımız cildimiz haline gelmelidir. Şayet garsona başka, arkadaşınıza başka, müdürünüze başka davranıyorsak bu tutarsızlık gözden kaçmayacaktır.

***

- **Zarif insan kabalıktan kaçınır**

Kaba, hırçın davranan insanlar aynı muameleyi görecektir. Kaba davranış kaba davranışı, şiddet şiddeti doğuracaktır. Bu sebeple her an ve her olayda vakur davranabilmek, ağırbaşlı olabilmek, bizim bir mahalle kabadayısı kabalığına düşmemizi engelleyecektir.

***

- **Zarif insan alınganlık göstermez**

Çevremizdeki insanları yanlış anlamış olabiliriz veya davranışlarından sözlerinden rahatsız olabiliriz. Rahatsızlığımız kibarca dile getirilebilecekken somurtmak, alınganlık göstermek bizi haklıyken haksız durumuna düşürebilir. Nezakette somurtkanlığa yer yoktur. Samimiyetle ve açık kalplilikle rahatsız olduğumuz şeyi kibarca dile getirmek ilişkilerin sağlığı açısından tercih edilmelidir.

***

- **Zarif insan adil olabilendir**

Kibar insan, hakkaniyetle davranabilmeli, her an ve her durumda adil olabilmelidir. Ayrıca adalet konusu ebeveynlerin çocuk yetiştirme konusundaki sorumlulukları nedeniyle de önemlidir. Çocuklar adalet duygusunu aile ortamında edinebilirler; adil olmak ailede öğrenilir. Anne ve babanın koruma içgüdüsüyle adaletsiz bir yorumu veya davranışı, ne yazık ki çocukların bu kötü davranış modelini benimsemelerine yol açar. Adaletle davranabilmek iç dengemizin teminatı olacağı gibi, sağlıklı nesiler yetiştirmek için de gereklidir. Şunu da unutmamak gerekir ki adil olmayı öğrenen birey, öncelikle anne ve babasına adaletle davranacaktır.

***

- **Zarif insan hırs ile gayreti ayırt edebilendir**

Hayatta her şey için gayret güzeldir; ancak gayret hırsa dönüşmediği ve gözleri kör etmediği sürece değerlidir. Hırs, insanı "Başarı yolunda her şey mubahtır." noktasına getirdiğinde bütün insanî değerlerin yitirilmesine yol açar. Oysa sabırla, gayretle çalışmak insanı ruhsal açıdan da tatmin edecektir.

***

- **Zarif insan dedikodu yapmaz**

İnsanların karakteri bize davranışlarından değil, üçüncü kişilere davranışlarından anlaşılır. Bir başkasının ardından konuşan kişi bizim de arkamızdan konuşacak, dedikodumuzu yapacaktır. İnsanın güvenilmez olduğunun en iyi işareti dedikodudur. Dedikodu yapan zayıf karakterli insanlar genellikle "İftira atmıyoruz ki olanı biteni söylüyoruz. " bahanesiyle yaptıkları çirkin işi meşrulaştırma gayretine girerler. Oysa insanî ilişkilerin zedelenmesine, toplumda güven kaybına sebep olan dedikodu, sağlam karakterli, zarif bir insana yakışmaz. Hele insanların namusuna, iffetine dil uzatanlara ne demeli? İffet insanın saflığı, el değmemişliği, temizliğidir. Maldan, mülkten, mevkiden, güzellikten öte; insanın en önemli değeridir. Bizim için böylesine önemli olan iffet konusunda titiz olunmalı; aynı şekilde başkalarının iffetine de saygı duyulmalı, başkasının iffeti dedikodu malzemesi yapılmamalıdır.

Suna Okur ile Zarafet, Görgü ve Protokol

- **Zarif insan vakar sahibidir**

Hayat, insanlar ve gelecek ciddiye alınmamalıdır. Hayatın provasının olmadığını bilmek ve geleceğimiz konusunda titizlenmek, zarafetimizin ve vakarımızın gereğidir. Geleceğini ciddiye almadan tembellik yapan, hayatına duyarlı olmayan, etraftakilerden medet uman, insanları kullanan kimseler önce vakarını sonra da nezaketini kaybedecektir.

***

- **Zarif insan utanmayı bilendir**

İnsan utanma duygusunu yitirmemelidir. Utanmayı bilen insan kendisine saygısı olan insandır. İnsan utanma duygusunu yitirirse önce kendisine, sonra da çevresine saygısını yitirir. Ne yazık ki son zamanlarda hayâsızlık, pervasızlık, aç gözlülük, patavatsızlık, kabalık ülkemizde ve dünyada öz güven olarak servis edilmektedir. Dikkatle baktığımızda, çeşitli kanallar yoluyla önce insanların utanma duygusunun yok edildiğini, buna bağlı olarak da diğer kötü hallerin ortaya çıktığını görürüz. Çirkin hallerde olmaktan hayâ edilmelidir.

***

- **Zarif insan sır saklayabilendir**

Sır saklamak ne zordur. Fakat bize güvenilerek emanet edilen sırra ihanet etmek öncelikle kendimize olan saygımızı zedeleyecektir, sonra da çevremizde güvenilmez olarak tanınmamıza sebep olacaktır. Güvenilmez biri olmak ve böyle tanınmak bizim saygınlığımıza ve zarafetimize gölge düşürecektir.

İLETİŞİM BAŞARISI ve İMAJ

Albert Mehrabian 1981 yılında Kaliforniya Üniversitesinde yaptığı bir araştırmada iletişimde başarıyı belirleyen aynı zamanda kişisel imajı oluşturan unsurları şöyle tespit etmiştir.

- Ses
- Söz
- Görünüm

Daha sonra bu unsurlar iletişimde yüzde kaçlık dilime sahiptir sorusunu araştırınca çok garip bir oranlamayla karşılaşmıştır. Sözümüz % 7, sesimiz % 38, görünümümüz % 55 ' lik aslan payına sahiptir. Bu oranlamaya bakarak iletişim uzmanları son zamanlarda görünümün üzerinde çok dursalar da bu konudaki en sağlam hükmü bir Türk atasözünün verdiğini hatırlatalım. Ataların sözünde **"Kişiyi kıyafetine göre karşılarlar, bilgisine göre uğurlarlar."** hükmü vardır.

Bu cümle bize ilk itibarın, ilk izlenimin ne kadar önemli olduğunu anlatıyor. "İnsanlar kararlarına sadıktır" düsturu gereği insanî ilişkilerimizde görünümümüz ilk izlenim ve intiba sonucunda önyargıların oluşmasında son derece etkilidir. Çünkü imaj, başka insanların zihninde isteyerek ya da istemeyerek bıraktığımız fikir, anlayış ve değerler olarak tanımlanır. Bu arada beden dilimiz, kıyafet tarzımız, sözlü ve yazılı dili kullanma biçimimiz, kültürel birikimimiz, öz saygımız ve özgüvenimiz imajımızı oluşturan unsurlardır.

İşte insanlar bize baktığında bilinçli veya bilinçsizce bu unsurları hızlı bir biçimde değerlendirerek bize ait bir önyargı oluştururlar. O halde sesimiz, sözümüz ve görünümümüzle insanların ruh halini etkilemekte ve bize davranışın nasıl olacağını yine biz belirlemekteyiz.

İlk izlenimler 10 saniye ile 4 dakika gibi kısa bir sürede oluşmaktadır ve ilk izlenimi elde etmek için ne yazık ki ikinci bir şansımız daha bulunmamaktadır. Ayrıca ilk izlenimdeki başarı, kişilerin ve kurumların başarısında son derece önemlidir.

Sosyal hayatta ilk izlenim konusunda duyarlı ve hassas kişiler başarılı ve mutlu olmaktadırlar.

İlk izlenim oluşturmada beden dilinin de önemli bir yeri vardır. Çünkü bastırılmış bilinçaltı malzeme, beden dili aracılığıyla ortaya çıkar. Bu sebeple bir şekilde hareketler doğal olmalı, yapmacık ve abartılı beden dilinden uzak durulmalıdır.

Duruşunuz

Dik durunuz çünkü dik durmak özgüvenin ve lider ruh halinin ifadesiyken bezgin bir ruh halindeyseniz omuzlarınız düşer ve bakışlarınız genellikle yere yönelik olur. Oysa kendinden emin ve başarılı insanların başı dik, omuzları geride ve duruşu sağlamdır. Biraz çaba ve disiplinle duruşunuzu dikleştirebilirsiniz. Unutmayın; dik duruş kendine güven duygusunun ifadesidir.

Yürüyüşünüz

Kendinizi nasıl hissediyorsanız öyle yürürsünüz. Yürüyüşünüz ruh halinizi ele verir. Yalpalayarak iki yana sallanarak hoplayarak ayaklarını sürükleyerek ve tökezleyerek yürüyen insanların ruh halini düşününüz.

İnsanları etkilemek istiyorsanız ayaklarınızı sürümeden, tökezlemeden ve yalpalamadan yürümeyi öğrenmelisiniz. Biz doğduğumuz andan itibaren her şeyi taklit yoluyla öğreniriz. Yürüyüşünüz de taklit yoluyla edinildiğine göre çalışarak ve dikkat edilerek daha güzel hale getirilebilir. Güzel yürümek için adımlarınız vücudunuzla uyumlu olmalı, başınızı dik tutup omuzlarınızı kasmadan yürüyünüz. Ortaokuldayken öğretmenimiz bize "kedi gibi, kedi gibi " diyerek bir hanımın zarif bir şekilde adım atması gerektiğini söylerdi. Lütfen yürüyüşünüzün yaşlanmasına izin vermeyiniz. Ülkemizde, bilhassa hanımlar, belirli bir yaştan sonra sallana sallana yürümeye başlıyorlar.

Elleriniz

Ah o elleriniz, bütün bilinçaltı malzemeyi ortaya koyan eller... Konuşurken ve yürürken ellerinizi unutunuz. Ellerin yüze ve bedene dokunuşu, kaygılı olduğunuzu söyler. Ne yazık ki eller bizi ihbar eder...

Dikkat ediniz; kaygılı insanların elleri sık sık yüzlerine gider. Kolların bağlanması da muhatabınızda olumsuz bir duygu uyandırır. Japonya'da, ellerin cepte olması büyük saygısızlık olarak kabul edilmektedir. Almanya'da üşüdüğünüz için dış giysilerin cebinin kullanılması geçerlidir. Elin cepte olması ülkemizde vurdumduymazlık ya da serkeşlik olarak da değerlendirilebilir. İş dünyasında üst makamların yanında elin cebe girmesi veya sunum yaparken elin cepte olması uygun davranışlar değildir.

Ellerin huzursuz bir şekilde devamlı bir şeylerle meşgul olması, gözlük düzeltmek, saçı arkaya atmak, saçla oynamak, sakal sıvazlamak, bıyık çekiştirmek parmak çıtlatmak, tırnak kemirmek, kulak kaşımak hiç de uygun olmayan ve görgülü insanlara yakışmayan davranışlardır.

Suna Okur ile Zarafet, Görgü ve Protokol

Oturuşunuz

Oturduğunuz yeri tam olarak doldurunuz ve arkanıza yaslanınız. Sandalyenin ucuna ilişmek, bacakları açarak oturmak eğitimsizliğin veya özgüven zayıflığının ifadesi olarak değerlendirilebilir.

Bakışlarınız

Lütfen ölü balık gibi bakmayın. Bakışlarınız, muhatabınızı iç dünyanızdan haberdar eder. Her zaman hayatta olmanın ve sağlıkla yaşamanın şükrüyle dünyaya ve insanlara bakınız. Bakışlarda içtenlik, samimiyet ve memnuniyet olmalıdır. Konuştuğumuz veya muhatap olduğumuz insanların gözlerine bakmalıyız. Bakışlarını kaçıran, sizinle konuşurken etrafa bakınan kimseler ne yazık ki güven duygusunu zedelerler. Başını kibirle çeviren, insanlara tepeden bakan şahısların da eğitimsiz, görgüsüz olduğu yargısı hâkimdir. Konuşurken muhatabınızın yüzüne bakmak, onu dinlediğinizin işaretidir. Tabi ki gözü dikip hiç ayırmadan, anlamsız ve soğuk soğuk bakmak da uygun değildir.

Uzakdoğu ' da kişiler göz temasından çekinirler. Japonlar el sıkışırken bile göz göze gelmezlerken Amerikalılar ve Avrupalılar göze bakma ve göz teması konusunda daha rahattırlar. Gözlere bakarak konuşmak muhatabımızı kimlik bazında kabul ettiğimizin ve saygımızın ifadesidir.

Jestler ve Mimikler

Jestler abartılı olmamalıdır. Genç bir hanım, erkeksi tavırlar ve jestleriyle nasıl iticiyse bir erkeğin de kadınsı tavırlarda bulunması o kadar rahatsızlık vericidir. Abartılı jestler ve mimiklerle dikkat çekme çabasında olan bir kişinin özgüveninin olmadığı düşünülür. Tebessüm ediniz. Tebessüm insana en çok yakışan ve en ucuz aksesuardır. Tebessüm ederek insanlarla ilişki kuran bir kimse, ilk elden üstünlük elde etmiş olur. Çünkü tebessümle bakan bir yüz, olumlu duygulara sebep olur. Tebessüm önce bizi, sonra da karşımızdakini rahatlatır. Tebessüm eden bir kişinin mutlu ve başarılı olduğu düşünülür. Herkes mutlu ve başarılı insanların yanında olmayı ister; çünkü duygular sirayet edici, bulaşıcıdır.

Fiziksel Mesafe

Zarif bir insan, bir yabancının mahrem alanını ihlal etmemesi gerektiğini bilir. Mahrem alanın sınırı ülkeden ülkeye değişirken ülkemizde bedenimizden elli santim dışarısıdır. Zarif bir insan tanımadığı insanlara dokunmaz, konuşurken omuza vurmaz ve itelemez. Yine zarif bir insan merdivenin üst basamağında durup alt basamaktaki biriyle konuşulmayacağını, seviyenin eşitlenmesi gerektiğini bilir. Zarif bir insan, kaldırımda durup yoldaki biriyle seviyeyi eşitlemeden konuşmaz. Fiziksel mesafede bilinmesi gereken diğer alan da özel alandır ve bedeninizden itibaren bir metrelik mesafedir. Bu alan tokalaşma yani sosyalleşme alanıdır. İş alanı, bedeninizden itibaren iki metrelik mesafedir. İş arkadaşlarımızın bu alanı ihlal etmemesi önemlidir. Genel alan ise bedeninizden sonsuza kadar olan alandır ki yedi milyar insan bu alanı kullanabilir. Karşınızdakini rahatsız etmeyecek mesafede durmaya özen göstermeli, konuşurken insanlara dokunmaktan kaçınmalısınız.

İŞ DÜNYASINDA GİYİM

Sektörler ve Giyim Tarzları

İş dünyasında bireyler öncelikle kurum temsil kabiliyeti gereği kurumlarını temsil ederler. Bu temsilin de çok iyi yapılması gerekmektedir. Bu sebeple günümüz iş dünyasında kurumlar, toplumda oluşturmayı istediği imaj doğrultusunda personelinin giyim tarzlarını belirlemektedir.

İş hayatında giyim tarzımızı öncelikle sektörümüz, yaşımız, pozisyonumuz ve şirketin kurum kültürü belirlemektedir. Kişisel giyim ve aksesuarlarınızla kurumsal dünyanın uyum içinde olması profesyonelliğin göstergesidir.

Profesyonel imaj oluşturmak için, çalıştığınız kurumun kültürüne uygun bir şekilde giyinmeniz gerekir. Bir bankada çalışanın giyilmesi gereken kıyafetlerle bir üniversite öğrencisinin veya bir öğretmenin ve bir tasarımcının giyinmesi gereken kıyafetler farklıdır. Giysilerimiz yaptığımız meslekle uyumlu olmalıdır. Sektörünüzün giyim tarzına uygun giyinmek iş dünyasında başarınızı belirleyen unsurlardandır

İş dünyasında kadın ve erkek için dört farklı sektör vardır. Bunlar formelden, informel giyime kadar geniş bir yelpazededir. Birinci düzey geleneksel sektör olarak adlandırılır ve son derece resmi bir giyim tarzını ifade eder. Biz iş yaptığımız herkese güvenmek isteriz; ancak geleneksel sektör mensuplarına ekstra güven duymak isteriz. Geleneksel sektördekiler bankacılık, finans, hukuk, muhasebe mensupları ve üst düzey yöneticilerdir.

Bu sektör mensupları güven duygusunu zedelemeyecek biçimde klasik giyimi tercih etmelidirler. Kadınlar için takım etek, ceket veya pantolon, ceket koyu renk klasik ayakkabılar, açık renk bluz veya gömlek, çok fazla olmayan mücevherat veya koyu renk takımın içinde açık renklerde bluz veya gömlek, belirgin çizgiler ve muhafazakar bir tarz uygundur.

Geleneksel sektörde, erkekler için siyah ya da lacivert takım, beyaz, krem, açık mavi ya da düz çizgili pamuklu kumaştan manşetli gömlek, koyu renk ve desensiz çoraplar, siyah klasik ayakkabılar, düz desenli ipek kravat, saat ve kol düğmesi dışında aksesuar olmaması uygundur. Saçlar kadın ve erkek için bakımlı olmalıdır.

Satış ve pazarlama personelinin giyim seviyesi ikinci seviye olmakla birlikte seçimlerinde biraz daha birinci seviyeye yaklaşmaları beklenir. Örneğin, renkli gömlekler ve açık renk takım elbiselere satış işinde pek hoş gözle bakılmaz. Kadın olsun erkek olsun satış pazarlama personelinin güven duygusunu besleyecek biçimde saygıdeğer, muhafazakâr ve fazla dikkat çekmeyecek şekilde giyinmeleri beklenir. Bu sektördeki biri giydiği pembe gömlekle müşterisinin dikkatini dağıtmamalıdır.

İkinci düzey sektör hizmet sektörü olarak ifade edilebilir. Eğitim ve sağlık sektörü bu düzeydedir. Bu sektör mensuplarının her zaman takım elbise giymesi beklenmese de her zaman derli toplu ve şık olmaları beklenmektedir. Bu sektör mensuplarının giyimi daha az resmidir ve biraz daha taşra eşrafı özelliklerini barındırır. Bu giyim tarzı bir taşra avukatı, pratisyen doktor veya öğretmen için uygun olabilir.

Suna Okur ile Zarafet, Görgü ve Protokol

Kadınlar için bu sektörde, güçlü renkleri olan takımlar, muhafazakar tarzda bir elbise ve ceket, uyumlu, bağımsız etek ceket veya koyu renk muhafazakar ama modaya uygun kesimi olan elbise olabilir

Erkekler için ise, bağımsız ceket ve pantolonlar, spor ceket, tüvit, flanel veya kadife gibi kumaşlardan spor ceketler, pamuklu kalın ekose gömlekler, takım elbise veya ceketten daha koyu renkli kravatsız giyilen gömlekler, rahat bir takım elbise, gömlek, kravat anlayışı söz konusudur. Açık renk takımlar da kullanılabilir, gömlekler ekoseli, pastel veya biraz daha iddialı renklerde olabilir, kravatlar daha güçlü renklerde olabilir. Daha moda çizgiler takip edilebilir.

Üçüncü seviye giyim ise en az resmiyet taşıyan serbest giyim tarzıdır, tezgâhtarlık, inşaat işleri, şoförlük gibi işler için daha uygundur. Kadınlar için gömlek veya bluzla kullanılan bir etek, gömlekle kullanılan klasik kesimli pantolon veya daha fantezi ve modaya uygun bir gömlek ve klasik pantolon, erkekler için ise, kot gömlekler, deri ceket, ceketsiz ve kravatsız giyim, kot pantolon, sweat shirt ve spor gömlekler uygundur.

Kadınların bluz, kolsuz klasik olmayan elbiseler ve spor giysiler giymesi ise ancak işleri spor alanında ise hoş görülebilir, aksi halde teklifsiz giyim olarak yorumlanır.

Dördüncü seviye giyim ise yaratıcı sektöre aittir. Mimarlar, sanatçılar, tasarımcılar, ressamlar ve yazarlar bu gruba dâhildir. Bu sektör mensupları klasik giyinmemelidir. Bir mimar, takım klasik takım elbisesiyle iş görüşmesine gitmemelidir. Çünkü klasik takım elbise tercih eden bir mimar, bu tercihiyle yaratıcı olmadığını söyler. Yaratıcı meslek mensupları canlı renkler, modern çizgiler taşıyan kesimlerdeki kıyafetler ve çizgi dışı takılar, aksesuarlarla yaratıcılıklarını vurgulamalıdırlar.

Suna Okur

Giysileriniz Neler Söylüyor?

Profesyonel hayatta etki yaratmada kuşkusuz kişilik özelliklerimiz etkili olacaktır. Ancak etki yaratmak ve zihinlerde iz bırakmak için ilk izlenimin önemli olduğu unutulmamalıdır. Bu konudaki en sağlam hükmü bir Türk atasözü vermiştir. "İnsanları kıyafetine göre karşılarlar, bilgisine göre uğurlarlar." İlk anda kişilik özelliklerimiz hakkında ilk elden fikir sahibi olunamayacağı için, giyim tarzımız, aksesuarlarımız ve seçtiğimiz renklerle verdiğimiz mesajlar ilk izlenimin oluşmasında büyük rol oynamaktadır.

Kıyafetlerimizin bizim hakkımızda karşımızdakine pek çok şey söylediğini biliyor muydunuz? Bazen giysilerimiz bizim adımıza konuşuyor. Bunun için giysilerin dilini bilmek gerekir.

Kravat İtibarın Sembolüdür

John T. Malloy, "Başarı için Giyim" (Dress for Success) adlı kitabında kıyafetlerin, dili olduğunu ve insanlara mesaj verdiğini kanıtlamak için New York'ta bir metro istasyonunda küçük bir deneme yapmıştır. Yazar, günün en kalabalık saatinde istasyondaki insanları durdurarak son derece utandığını; ama cüzdanını evde unuttuğu için çok zor durumda kaldığını ve eve gitmek için 75 cent'e ihtiyacı olduğunu söylemiştir. İlk saatte takım elbise giyen; ama kravat takmayan yazar, 7,23$ toplarken, İkinci saatte aynı takım elbiseye ek kravat takarak dilenmeye devam etmiştir. Kravat taktıktan sonra 26$ toplayan Malloy, "Kravat sorumluluk sahibi olmanın ve saygınlığın bir sembolüdür ve başkalarına sizin kim olduğunuz hakkında, mesajlar vermektedir. Kravat itibarınızı arttırır." diyor. Kıyafetleriniz insanlar üzerinde bir etki yaratır ve sessiz bir tavsiye mektubudur. Gerek iş hayatında gerekse sosyal hayatta nasıl giyiniyorsanız öyle bilinirsiniz. Kıyafetlerin dilini bilip bu konuda bilinçlenebilirseniz hayatta başarıyı yakalamanız daha kolay olabilir.

Giysilerimiz çevremizdekilerin bize baktığında ilk gördüğü iletişim aracıdır. İnsanlar ne giydiğimize bakarak bizler hakkında pek çok konuda yargıya varırlar. Kıyafetlerimizin kişiliğimizin bir yansıması olduğunu düşünülür. Kıyafetlerimiz temelde şu üç konuda karşımızdakilere bilgi verir. Değerlerimiz, sosyal kimliğimiz veya statümüz, gelir durumumuz. Bazen bir iş kadınının eteğinin boyuna bakarak onun değer yargılarıyla, düşünceleriyle hayata bakış açısıyla ilgili bir yargıya varırız. Sonra o kişinin kıyafetine bir daha bakarak çalışıp çalışmadığına, onun bir anne, bir iş kadını, bir öğrenci olup olmadığına karar veririz. En sonunda da maddi durumu ve gelir seviyesi ile ilgili bir yorumlar yaparız.

Bazen karşıdaki kişinin kıyafetinin ütüsüz olduğunu fark eder, kırışıklıklara bakıp karşımızdakinin hayatına, kendisine ve yaptığı işe önem vermeyen, daha kötüsü pasaklı biri olduğuna hükmederiz.

Baştan aşağı her giysisi aynı marka olan ve logoları gözünüze sokacak biçimde görünen birisiyle ilgili olarak da öz güven sorunu olduğunu ve maddi gücünü göze sokarak karşısındakilerde üstünlük kurmak istediğini düşünebiliriz. Giyimde markanın çok öne çıkarılması olumsuz bir etkiye sebep olur. Markanın arkasına sığınmak kendine güvensizliğin ve giyimle ilgili bilgisizliğin bir ifadesi olarak algılanabilir.

Parlak dikkat çekici kıyafetlerle iş toplantısına gelen birisi için de dikkat çekmek istediğini ve kendisine baktırma ihtiyacında olduğunu düşünebiliriz. Esmer olduğu halde saçlarını civciv sarısına boyatan zoraki sarışınların da kimliğinden utandığını ve modern görünmeye çalışan kendinden emin olmayan biri olduğunu düşünebiliriz.

Rengin Etkisi

Kıyafetlerimizin bizi destekleyecek şekilde olumlu bir izlenim uyandırması istiyorsak, sadece tarzımıza değil, kıyafetlerin renklerine de dikkat etmeliyiz.

Aynı sektörde ve üst düzey yönetici iki iş kadını düşünün. Her ikisi de aynı takım elbiseyi giymiş; ancak birinin takımı siyahken diğeri kırmızı renklisini tercih etmiş olsun. Siyah takım elbise otorite, saygınlık ve güveni söylerken, kırmızı takım elbise dikkat çekme ve farklı olma arzusunu söyler. Renk seçiminin içinde bulunduğumuz ruh halini ve kişiliğimizi yansıttığı unutulmamalıdır.

Desen Dengesine Dikkat

Aynı tasarıma sahip desenleri birlikte kullanırken ölçek ve ebada dikkat etmek gerekir. İş dünyasında fazla desenli giysiler tercih edilmemelidir. Allı güllü, geniş geometrik desenler daha çok günlük hayatta kullanılırken bilhassa leopar desen iş dünyası için hafif ve ciddiyetsiz algısına sebep olmaktadır.

Aksesuarı Abartmayınız

Geleneksel sektörlerde genellikle ciddiyet ve otoriter görüntü için koyu renkler tercih edilir. Abartılı takılar kullanılmamalıdır. Yaratıcı sektörlerde renk veya aksesuar konusunda bir kısıtlama ya da beklenti yoktur. Ancak müşteri ilişkileri, satış ve pazarlama alanlarında çalışanlarının kurumsal giyim tarzını benimsemelerinde fayda vardır. Dolayısıyla abartılı renk ve irilikteki takılar, etnik, gümüş ve plastik takılar uygun değildir.

İş Yerinde İmaj Kıran Giysiler

- Derin dekolte elbiseler ve bluzlar
- Dövmeleri ortaya çıkaran giysiler
- Kısa kollu, desenli, yazılı, pullu-payetli t-shirtler
- Bermuda şortlar, kısa paçalı pantolonlar, taytlar
- Kısa kollu gömleklerle takılan kravatlar

- Çok renkli kravatlar
- Açık burunlu ayakkabılar
- Converse vb. spor ayakkabıları
- Abartılı takılar ve aksesuarlar

İş Hayatında Etki Bırakan Tarz Nasıl Olmalıdır

Son zamanlarda çalışanlar daha rahat giyinmeyi tercih etmekte, hatta genç personelin, yapılan işin önemli olduğuna kıyafetin önemli olmadığına dair birtakım yargıları bulunmaktadır. Bu sebeple günümüz gençliğinin iş seçiminde bile rahat giyinebilecekleri sektörleri tercih ettikleri görülmektedir. Ancak, başkaları üzerinde bırakılan profesyonel etkide yapılan işin kalitesi kadar, dış görünüşe gösterilen özenin de rolü olduğu unutulmamalıdır. Çünkü kendinize gösterdiğiniz özen, başkalarından göreceğiniz itibarın belirleyicisidir. Ayrıca kendinize gösterdiğiniz özen işinize gösterdiğiniz özen kadardır. O halde dağınık ve özensiz giyinen bir kişinin işinin de özensiz olacağı kanaati yaygındır. İş hayatında rahat olmak kadar şık ve bakımlı olmanın da önemli olduğunu unutmamak gerekir.

İş yaşamında profesyonel tarzımızı belirleyen dış görünüşümüzde dikkat edilmesi gereken noktaları şu şekilde ifade edebiliriz.

Kadınlar İçin

Siyah, lacivert, gri tonlarda etek, pantolon ve ceketler ve takımlar gardırobumuzun olmazsa olmazlarıdır. Koyu renk kıyafetler iş hayatında ciddi bir hava oluşturmakla birlikte, içine giyilen frapan olmayan renklerde gömleklerle şıklığımız tamamlanmaktadır. Bilhassa iş toplantılarında daha maskülen görünmek için ceket içine gömlek giyilmelidir.

Gömlek seçimlerinde terletmeyen, pamuklu ya da ipek ve şeffaf olmayan, içi göstermeyen gömlekler tercih edilmelidir. Krem, fildişi gömlek gardırobun vazgeçilmezidir. Siyah takım içine beyaz gömlek yerine fildişi veya krem rengi gömleklerin giyilmesi bizi daha dinamik gösterecektir. Siyah- beyaz gibi zıt kontratsan mümkün oldukça kaçınmak gerekir.

Son zamanlarda iş yaşamında elbise de tercih edilmektedir. Kış aylarında daha koyu renkler, yaz aylarında daha pastel tonlarda elbiseler giyilebilir. Çok bol ya da dar olmayan dizin hemen altında biten kolsuz ya da kısa kollu elbiseler ceketlerle giyilebilir.

İş kıyafetlerimizi aksesuarlarla renklendirebiliriz. Fular kıyafetlerimize şıklık katar. Çok fazla desen ve renklerden kaçınılmalıdır. İnci İş hayatına en çok yakışan takıdır. Sizi saygın ve asil gösterir.

Çok yüksek topuklu, platformlu, bilekten bağlı ayakkabılar, babetler ve terlikler, önü açık arkadan bantlı ayakkabılar iş dünyası için uygun değildir. Çok yüksek olmayan, kısa topuklu koyu renk ayakkabılar, tüm günü rahat geçirmemizi sağlar. Yüksek topuk şık olmakla birlikte uzun süreli kullanımlarda rahatsızlık verir. Çizme ve bot da iş hayatında az tercih edilmelidir. Kışın pantolonla giyilen kösele tabanlı kısa botlar tercih edilebilir.

İş hayatında makyaj önemlidir. Hiç makyaj yapmamak hasta veya depresif algılanma sebebi olabilir. Sade hafif bir makyaj bizi enerjik ve bakımlı gösterecektir. Göz makyajında göz rengimizden çok giysilerimizin rengi baz alınmalıdır. Giysiye uymayan tonlardaki makyaj imaj kırıcıdır. Makyaj, kusurları gidermek için yapılmamalıdır. Aksine, güzelliklerin vurgulanması için tercih edilmelidir. Kişiyi özünden uzaklaştıran bir makyaj, saygı uyandırarak etkilemek yerine kişinin saygınlığını zedelemektedir. Kalıcı makyaj yaz tatillerinde ve plajda kolaylık sağlamaktadır. Fakat yapay her şey saygınlığı yitirmemize sebep olur. Bu sebeple kalıcı makyajın da mümkün olduğunca doğal olmasına gayret edilmelidir.

Saçlarımız her zaman bakımlı olmalıdır. İş hayatında düz fönlü saçlar ya da toplu saçlar etkilidir. Saçlar fönlü değilse toplanmalıdır. Kuruyan saçlara bakım yapılmalı, dip boyası gelmiş saçların boyası ihmal edilmemelidir.

Akşam düzenlenen iş yemeklerinde genellikle siyah renk ve elbise tercih edilmelidir.

Elbisenin etek boyu önemlidir. Etek ve elbise ne mini ne de maksi boy olmalıdır. Dizin hemen altında biten elbiseler tercih edilmelidir. Dikkat edilmesi gereken başka bir konu da dekoltedir. Akşam iş yemeklerinde dekoltenin ciddiyetle bağdaşmadığını unutmayalım. Dekolte ciddiyete gölge düşürür. Akşam yemeğinde ayakkabımız biraz yüksek topuklu olabilir ancak yine açık burunlu olmamasına özen gösterilmelidir.

Erkekler İçin

Erkek gardırobunun olmazsa olmazı ise siyah, antrasit, koyu gri, lacivert takımlarla blazer ceketlerdir. Erkek giyimde takım elbise gücü temsil etmektedir.

Erkekler gömleklerinde beyaz, mavi, beyaz üzerine ince düz çizgili gömlekler tercih edilmelidir. Toplantılarda en resmi ve en etkileyici gömlek rengi beyazdır. Beyaz düz poplin gömlekler resmiyet derecesi en yüksek olan gömleklerdir. Reklam, medya vb. sektörlerde çalışmıyorsanız, çok renkli ve desenli gömlek ve kravatlar iş giyimi ile uyumlu değildir ve olumsuz bir etki yaratabilir.

Kravat seçimi bir erkeğin ruh halini söyler. İpek kravatlar şıklığınıza şıklık katar. Temalı, figürlü ve çok renkli kravatlar iş dünyası için uygun değildir. Resmiyet derecesini daha da yükseltmek için ya kendinden desenli ya da düz kravat seçilmelidir

Süveter ve yelekler de erkeklerin günlük iş hayatında kullanabileceği giysilerdir. Özellikle kilolu beyler için tavsiye edilebilir. En prestijli aksesuarlardan biri de hiç kuşkusuz kol düğmesidir. Erkekler iş dünyasında kol düğmeleri, saat ve nikâh yüzüğü haricinde aksesuar kullanmamalıdır

Ayakkabıların sivri burun olmamasına özen gösterilmelidir. Çok sivri burunlu ayakkabı, eğitim ve görgü eksikliği olarak algılanır. Koyu renk ayakkabılar tercih edilmelidir. Rugan ayakkabı erkeğin gece ayakkabısıdır. Dolayısıyla gündüz iş elbiseleri ile giyilmemelidir.

Erkek giyiminde koyu renk kıyafetin altına beyaz, bej veya açık tonlarda çorap rengin giyilmemelidir. Çorap ayakkabıyla uyumlu siyah, lacivert veya kahverengi olmalıdır. Ütüsüz kıyafetlerin saygı uyandırmayacağı unutmamalıdır. Bilhassa pantolonun ütü çizgisi olmalıdır.

Akşam iş yemeklerinde ise mutlaka siyah takım elbise tercih edilmelidir. Gece kıyafetlerinin içine çizgili gömlek yerine düz beyaz gömlek giyilmelidir.

Ceket cebinde küçük bir ipek mendil kullanılabilir. Mendil üçgen kokteyl ve ziyafetlerde kullanılır. Dikdörtgen kullanımı daha spordur ve günlük hayatta giyimine özen gösteren beyler tarafından kullanılabilir.

Kravat resmi iş yemeklerinin olmazsa olmazıdır. Ancak ilerleyen saatlerde kravatın cebe konması görgü kurallarına uymaz. Ayrıca gömleğin yaka düğmesi açılarak kravat kullanılması uygun değildir.

Kişisel Bakım

Hayattan memnuniyet için kişi kişisel bakımını ihmâl etmemelidir. Kişinin kendini olumlu ve mutlu hissetmesi için kendisiyle gurur duyması gerekir; bu da öncelikle kişisel bakımdan geçer.

Suna Okur ile Zarafet, Görgü ve Protokol

Bir insanın temizliği dişlerinin, tırnaklarının ve saçlarının temizliğinden anlaşılır. Ayrıca cildin temiz ve bakımlı olması önemlidir. Kişinin kendisine saygısı kişisel bakımından anlaşılır. Kişi kendisiyle barışıksa temizliğine özen gösterir. Görgülü bir insan, öncelikle temiz olmalıdır. Medeni bir insan, bunun için güne mutlaka duş alarak başlamalıdır. Diş ve tırnak temizliğine özen göstermelidir. Erkekler her gün traş olmalıdır. Dişler, günde iki kez fırçalanmalıdır. Çorap ve iç çamaşırlar her gün değiştirilmeli, gömlek veya bluz iki gün üst üste giyilmemelidir; çünkü iki gün üst üste giyilen giysi kokar. Sakal ve bıyık temiz ve bakımlı olmalıdır. Uzun saç ve sakal profesyonel hayat için uygun değildir. Burun ve kulak kıllarının fazla uzamasına izin verilmemelidir. Herhangi bir sebeple lekelenen ellerin lekesi giderilmelidir. Medeni insan kişisel bakımına özen gösterdiği gibi çevresinden ve çevresinin temizliğinden de sorumludur. Lüks arabasının camından çöplerini atan bir insan medeni olabilir mi? İş hayatında çalışma masamızın ve bilgisayar ekranımızın temizliğinden de sorumlu olduğumuz unutulmamalıdır.

El, Tırnak ve Ayak Bakımı

Eller, insanın karakteri ve hayatı hakkında birçok ipucu taşır. Yenmiş tırnaklar ve tırnak etleri, güvensizliği veya bazı şeylerin yolunda gitmediğini söyler. Eğer oje kirleri kapatmak için kullanılıyorsa hele siyah, mavi, sarı lacivert gibi insan vücudunda olmayacak renkler kullanıyorsa bu durum sorunlu bir ruh haline işaret eder.

Parfüm Kullanımı

Parfüm kişinin cildine uygun olmalıdır. Aynı parfümün değişik tenlerde faklı koktuğu unutulmamalıdır. Doğru parfüm kişiyi bloke etmemeli, şahsın öz kokusuyla birleşerek etkileyici olmalıdır.

Parfüm konusunda ucuza kaçılmamalı ve kaliteli kokular alınmalıdır. Parfümünüz sizden önce gitmemeli, sizden sonra da uzun süre ayrıldığınız mekânda kalmamalıdır. Erkekler sandal ağacı, öd ağacı, şekerli ve baharatlı parfümleri kullanmamalıdır; iş dünyasında ferahlık ve temizlik hissi veren parfümleri tercih etmelidirler. Hanımlar, iş hayatında daha çok beyaz çiçek kokularını, manolya, beyaz zambak, hanımeli gibi kokuları tercih etmelidirler. Baharatlı ve şekerli kokular daha çok gece ve eğlence içindir.

İş Dünyasında Kadın ve Erkeklerde İmaj Kırıcı Davranışlar

- Sakız çiğnemek ve sakızı balon yapıp patlatmak
- Çok esnemek ve ağzı kapatmadan, sesli esnemek
- Sürekli olarak bir şeyler yiyip içmek
- Dedikodu yapmak
- Telefonda yüksek sesle konuşmak
- Sabahları iş arkadaşlarıyla selamlaşmamak
- Çok fazla düzenli masa ile dağınık masa
- Duvarlara yapıştırılmış kartlar ve eski fotoğraflar
- Çok dolu olduğu için kapanmayan çantalar
- Naylon poşetlerde eşyalarını taşımak
- Parmak çıtlatmak
- Tırnak kemirmek
- Devamlı yüzü ellemek, gözden çapak almak

İş Dünyasında Tanışma Tanıştırma

İş dünyasında tanışma ve tanıştırma kurallarına çok dikkat edilmelidir. İşle ilgili bir ortamda diğerleriyle tanıştırılmamışsanız kendinizi önce kurumunuz sonra adınız soyadınız olmak üzere tanıtabilirsiniz. "Ben İTÜ Öğretim Görevlisi Nuan Ak"

İş dünyasında tanışma ve tanıştırmada sosyal hayatta olduğu gibi cinsiyet faktörü dikkate alınmadan otorite ve hiyerarşi göz önünde bulundurularak tanışma ve tanıştırma yapılır. Dolayısıyla yaş ve cinsiyet dikkate alınmadan ast üste tanıtılır.

İş dünyasında müşteri önemlidir. Bu durumda müşteriniz, şirketin CEO'sundan daha önemlidir. Unutmayın ki düsturunuz "Bay önemli, sizi bay daha az önemli ile tanıştırayım." şeklinde olmalıdır.

İş dünyasında iki kişiyi tanıştırmanız gerektiğinde taraflardan birinin adını hatırlamıyorsanız kibarca durumu belirtip lütfen adınızı söyleyebilir misiniz? demek uygun olur.

İş Yerinde Davranış Kuralları

Diğer insanlarla ilişkimiz karşılıklı saygı ve anlayışa dayanmalıdır. Bu iş dünyası için de geçerlidir. Aynı ortamda çalışan kişiler birbirlerinin hakkına ve hukukuna dikkat ederek ilişkilerini sağlam bir zemine oturtmalıdırlar. Uzun yıllar yüz yüze bakılacağı düşünülürse bir arada yaşamanın kurallarına riayet etmek kaçınılmaz hale gelir.

İş dünyasında nezaket ve görgü kuralları cinsiyete değil, pozisyona bağlıdır. Astlar her zaman üstlerine kapıyı tutmalıdır. Tercihen, kapıya ilk varan her kimse, kapıdan diğer geçecek olanlar için kapıyı tutmalıdır.

İş dünyasında bir iş arkadaşınıza soru sormak için kabinesine gittiğinizde telefonda konuşuyorsa kapıları olmasa da kabineler özel alanlardır; dolayısıyla telefon konuşmasını dinlememek için daha sonra gelmeniz gerekmektedir. Eğer kapalı bir odada telefonda konuşan biri olsaydı kapıyı çalmanız ve gerekirse beklemeniz uygun olurdu.

Ofiste kabineler arasında bağırarak konuşmak dikkat dağıtıcı ve kaba bir harekettir. Kabineniz nasıl sizin özel alanınızsa diğer kabineler de başkalarının özel alanlarıdır. Dolayısıyla yüksek sesle müzik dinleyerek veya ağır kokulu bir yiyecekler yiyerek başkalarının dikkati dağıtmamalı ve rahatsız etmemelidir. Aynı şekilde dağınık bir çalışma alanı başkalarına "Ben profesyonel değilim!" imajını verir. İş dünyasında altın kural, başkalarına size davranılmasını istediğiniz gibi davranmanızdır.

Çalışma ortamında iletişim kurarken her yerde olabileceği gibi, tartışabilir ya da fikir ayrılığı yaşayabilirsiniz ancak asla kimsenin sözünü kesmemeli ve sesinizi yükseltmemelisiniz. Bu davranış diğer kişinin ne düşündüğünü umursamadığınız anlamına gelir. Eğer muhatabınızı gerçekten umursamıyorsanız en başından konuşmaya başlamamalısınız. İş dünyasında çalışma arkadaşlarınıza gösterdiğiniz saygı oranında saygı göreceğinizi unutmamalısınız.

Her ne kadar ofisi temizleyen bir ekip olsa da masanızın ve çekmecelerinizin düzeni ve temizliği size aittir. Yine ofislerde ortak kullanılan buzdolabının ve mutfağın temizliği ofis personeline aitse çalışma arkadaşlarınızla bir temizlik planı yapmanız ve ortak alanların temizliğinin bir kişinin üzerine yılmaması ofisteki huzuru temin için uygun olur.

İşveren olarak günün birinde bir çalışanı işten çıkarmak zorunda kalabilirsiniz Böyle nahoş bir durumda mümkün olduğunca açık yüreklilikle konuya girilmeli, karşı tarafı da mümkün olduğunca az üzecek şekilde durum açıklanmalıdır. Çalışanların özel günlerinin işveren tarafından kutlanması ve bayram, yılbaşı gibi özel zamanlarda personele hediye verilmesi çalışanların azmini ve motivasyonunu arttıran güzel davranışlardır.

Randevu verdiğiniz konuğu bekletmeyiniz. Konukları ayakta karşılayınız ve oturmaları için yer gösteriniz. Konuğu kapıda karşılamışsanız önden yürüyerek konuğa yol gösteriniz. Ofisinize gelen herkes misafiriniz olarak algılanmalı ve mutlaka ikramda bulunulmalıdır.

İş ortamında yaka kartınız sağ tarafınızda olmalıdır çünkü el sıkışırken gözler kolu takip ederek yaka kartını bulacaktır. Yaka kartını cebe veya bir başka yere asmak uygun değildir.

Biriyle yüz yüze bir iş görüşmesi yaparken telefonunuz çaldığında telefona cevap verirseniz karşınızdakine, o anda yaptığınız telefon görüşmesinin daha önemli olduğu mesajını verirsiniz. Eğer önemli bir telefon bekliyorsanız bunu görüştüğünüz kişiye önceden belirtmelisiniz.

İş yemeklerinde cinsiyetin önemi yoktur; Bir erkek, hanım bir iş arkadaşıyla yemek yerken herkes yediği yemeğin parasını ödemelidir. Bir davet söz konusuysa ödemeyi davet eden yapmalıdır. Eğer davet edilen sizseniz faturayı ödemeyi teklif etmemelisiniz. İki gün içinde göndereceğiniz bir teşekkür mektubu yeterli olacaktır.

Önemli bir iş görüşmesinde müşteriniz eliyle patates kızartması yiyorsa siz de aynısını yaparsınız. Her ne kadar fast food restoranları dışında patates kızartması elle yenmese de müşterinizin kendini rahat hissetmesi için onunla uyumlu olmanız gerekir.

Bir kokteylde içeceğiniz sağ elinizdeyken bir müşteri veya bir başkası ile tanıştırıldığınızda tokalaşmak için içeceğinizi derhal diğer elinize almalısınız. Aslında iş görüşmelerinde ve kokteyllerde içeceğinizi sol elinizde tutarak "ıslak tokalaşmaları" engellemelisiniz.

Makam ve mevki sahibi birisiyle yemek yerken telefonunuz çalarsa özür dileyerek telefonu hemen sessize almalısınız.

Bir müşteri veya tedarikçiyle görüşme bittikten sonra, o kişiye resepsiyona veya asansöre kadar eşlik edilmelidir.

Yurt Dışında İş Görüşmeleri Esnasında Dikkat Edilmesi Gereken Kurallar

Rusya'da iş görüşmesi yaparken davet edildiğiniz bir yerde size ikram edilen yiyeceği veya içeceği geri çevirmeniz büyük bir nezaketsizlik olarak kabul edilir. Dolayısıyla Rusya'da size ne ikram ediliyorsa yiyip içmeye kendinizi hazırlamalısınız.

Hindistan'da bir iş görüşmesinde, iş yaptığınız kişileri avuç içleri yapıştırılarak "Namaste" diyerek selamlamak gerekir. Bu, Hindistan'da klasik selamlaşma şeklidir. Bunu takiben hafif bir tokalaşma yapılabilir. Hindistan'da iş görüşmelerinde et veya hayvan derisinden yapılmış bir hediye götürmemeye dikkat etmelisiniz; çünkü bu ülkede inekler kutsal sayıldığından hediyeniz hakaret olarak algılanacaktır.

Çin'de kartvizit bir prestij sembolüdür. Dolayısıyla Çin'de size verilen kartvizitleri büyük bir saygıyla almalı ve dikkatlice inceleyip toplantı bitene kadar masanın üzerinde bulundurmalısınız. Siz de başkalarına vermek üzere kartvizitinizi yanınızda bolca bulundurmalısınız. Çin'de kartvizit vermemek kabalık olarak kabul edilir.

Japonya'da iş yemeklerinde bir Japon içkisi olan "sake" içilirken kural; fincanınıza kendi içkinizi doldurmamanızdır. Daha az resmî buluşmalarda, sadece ilk turda herkes birbirinin fincanını doldurduktan sonra kendi fincanınızı doldurabilirsiniz.

Güney Kore'de bir iş toplantısına girdinizde en üst mevkili iş adamının yanına gidip saygıyla eğilmek gerekir. Bu kişiler genellikle tokalaşmak üzere elini uzatacaktır. Tokalaşmak üzere elinizi önce siz uzatmamalısınız.

Singapur'da iş görüşmeleri esnasında karşı cinsler asla birbirine iltifatta bulunmamalıdır. Singapur'da iltifat sözleri hiç hoş karşılanmamaktadır.

Uzak Doğu'da yemek çubuklarının birbirine sürtülmesi hakaret sayılmaktadır. Bu hareket restoran sahibine ucuz çubuklar aldığını ve kıymıklardan kurtulmak için birbirine sürttüğünüzü ima eder ve hiç hoş karşılanmaz.

Amerikalılar iş görüşmelerini olabildiğince seri bir şekilde yapmaya çalışırlar. Elbette her yerde olduğu gibi Amerika'da dakiklik çok önemlidir. Bu sebeple özellikle iş görüşmelerine zamanında gidilmelidir. Amerikalıların iş görüşmelerini hızlı yapmaları sizin nezaketinizden ödün vermenizi ya da gülümsememenizi gerektirmez. Zarif ve tebessümlü olmak Amerika'daki görüşmeleri olumlu yönde etkileyecektir. Amerika'da tuz ve karabiber "evli" sayıldığı için, bir iş yemeğinde biri tuzu veya karabiberi istediğinde ikisi birden verilmelidir.

Fransa'da iş görüşmelerinin tartışmaya dönüşmesi yadırganmamalıdır. Fransa'da tartışma her ne kadar bir eğlence formu olsa da sesi yükseltmek son derece kaba bir davranış olarak görülmektedir. Bu sebeple tartışırken de seviyeyi muhafaza etmeye sesi yükseltmemeye dikkat etmek gerekir.

Güney Kore'de bir iş görüşmesine katılacaksanız ve Koreli mevkidaşınıza bir hediye takdim ediniz. Güney Kore'de hediye takdim edilirken ilk aşamada kabul edilmemesi kibarlık olarak görülmektedir. Bu sebeple hediyeyi kabul ettirmek üzere ısrar etmelisiniz. Ayrıca size hediye verilirken siz de hediyeyi hemen kabul etmemeli ve siz de aynısını yapmalısınız.

PROTOKOL

Resmi ve diplomatik törenlerde, resmi ilişkilerde uyulması gereken resmi kurallardır. Protokol dar anlamda kamu belgelerinin aslı, uluslararası konferansların ve anlaşmaların tutanaklarına denir. "Protokol imzalandı." ifadesi bu anlamdadır. Bunun yanı sıra geniş anlamda kullanılan protokol kelimesi, kamudaki törenlerde, toplantılarda resmi davet ve ziyafetlerde yöntem ve biçim yönünden uyulması gereken resmi kurallardır. Sosyal alanda bütün ilişkilerimizde nezaket ve sosyal davranış kuralları dâhilinde davranırken resmi ortamlarda devlet görevlilerinin mevzuatla belirlenmiş protokol kurallarına uyması beklenir.

Protokolün Amacı

Protokol gereksiz bir şıklık veya iş dünyasında insanları sınırlayan ve hayatı zorlaştıran kurallar silsilesi olarak yorumlanmamalıdır. Verdiğim eğitimlerde günümüz gençleri protokolü genellikle gereksiz ve anlamsız kurallar yığını olarak yorumlamaktaysa da protokol kurallarına öncelikle şahsımızın, sonra temsil ettiğimiz kurumun, yurt dışında da devletimizin ve milletimizin onurunu ve itibarını korumak üzere uymamız gereken kurallar olarak bakmak gerekir.

Bu kuralları bilen kişi, girdiği toplumlarda ne yapacağını bilememenin verdiği güvensizliği yaşamayacaktır. Bu kuralları bilmek ve uygulamak insana güven verir, doğal olarak saygınlık kazandırır. Çünkü bu kuralları bilen ve uygulayanlar hemen fark edilir.

Özellikle yöneticiler protokol kurallarını iyi bilmek ve bu kurallara uymak zorundadır. Yöneticinin kurallara uyması kurumsal temsil niteliğinin gereğidir. Yöneticinin kurallara uyması, uygun giyimi, imajıyla, uygun ve nazik davranışlarıyla, bilgili konuşmasıyla, saygı ve nezaket kurallarına uymasıyla ortaya çıkar. Örgütünü gerektiği şekilde temsil edemeyen bir yönetici öncelikle personeli tarafından hak ettiği saygıyı göremez, sonra da üstleri açısında olumlu değerlendirilmezler.

Protokolün Uygulandığı Alanlar

Kamusal alanda mekân olarak protokol kurallarının uygulandığı beş yer vardır. Protokol, makam odalarında, makam otomobillerinde, resmi toplantılarda, resmi törenlerde resmi davet ve ziyafetlerde tam manasıyla uygulanır. O halde kamu personeli bilhassa bu ortamlarda protokol kurallarına uyulması gerektiğini bilmelidir.

Makam Protokolü

Kamı kurum ve kuruluşlarında yöneticilerin kurumu temsil gereği oturdukları oda ve işgal ettikleri mevkiye " makam" denir. Türk kamu yönetiminde "makam" kurumsal otoriteyi temsil ve ifade eder. Kamusal hayatta, makamın özel bir önemi, etkinliği, üstünlüğü ve ayrıcalığı vardır. Bu anlayışa göre kişiler geçicidir; ama makamlar kalıcıdır. Bizim gösterdiğimiz saygı o makamı dolduruna değil, makamadır ve makama saygı esastır.

Makamda Protokol

Makam odalarında astın veya ziyaretçinin protokol kurallarına kurallara uymaması, saygısızlık yapması kişiye değil, makamın kendisine yapılmış kabul edilir. Kurallar makam sahibi tarafından da uygulanmalıdır.

Makam sahibi ev sahibi gibidir. Konuklarını karşılar ve uğurlarken protokol kurallarına uymalı, devlet protokol veya il protokol listesinde makam sahibinden önce gelenler yöneticinin üstü ve dengi olanlar, onur konukları, yabancı konuklar, önemli şahsiyetler yönetici tarafından makam kapısında karşılanır ve makama alınırlar. Başka kurumlardan gelen ve yöneticinin astı konumunda olan kimseler, iş için görüşmeye gelenler sekreterlik kapısından, sekreter veya protokol görevlileri tarafından makama alınırlar. Bu arada, makam sahibi yönetici davetsiz, randevusuz, habersiz gelen üst ya da eş düzey ziyaretçiyi makamından kalkarak ve kendilerine yaklaşarak makam ortasında; ast ziyaretçileri ise, makam koltuğunda ayağa kalkarak ve el sıkışarak karşılar.

Makamda konukların oturtulduğu yerin de anlamı ve önemi vardır. Makam sahibi kapıda veya makamın ortasında ayakta karşıladığı üst ve eş düzey ziyaretçiler ile davet ve kabul edilen tüm konuklar konuk kabul köşesine buyur edilerek ağırlar. Üst ziyaretçilerin ve onur konuklarının ikramını makam sahibinin sekreteri yapar. Ast ziyaretçiler, kurum personeli, iş sahipleri, müşteriler makam masası önündeki ziyaretçi koltuğuna buyur edilirler.

Makamda yöneticinin gösterdiği koltuğa oturulur. Yönetici yer göstermediğinde veya bir ast izin alarak oturmak istediğinde yöneticiye göre soldaki koltuğa oturur. Birden fazla ast makama girdiğinde unvan ve kıdem sırasına göre en kıdemli sağ ön; ikinci kıdemli sol ön; üçüncü kıdemli sağ arka; dördüncü ve en kıdemsiz olan, sol arka koltuğa otururlar. Bir yönetici üst veya eş düzey konuklarını makam masasının önündeki ziyaretçi koltuğuna oturtup kendisi de makam koltuğuna oturursa konuklarını astı pozisyonuna düşürmüş olur. Yöneticinin konuk kabul koltukları yoksa üst ve eş düzey konuklarıyla birlikte ziyaretçi koltuklarında karşılıklı oturmalıdır. Konuklar hâkim konumda sırtı duvara yüzü geniş alana bakacak biçimde oturtulmalıdır.

Yönetici makamdaki tavırlarıyla da göz doldurmalıdır. Makamda geçerli olan kuralların temelinde nezaket kuralları olduğu için, bir yönetici makamında üstleriyle veya konuklarıyla toplantı, görüşme yaparken ziyaretçi ve personel kabul etmez. Acil ve zorunlu olmadıkça telefonda konuşmaz ve evrak imzalamaz. Bu kurallar konuğa verilen önemi gösterir. Acil durumlarda yönetici konuktan, üstten izin alınarak süratle bazı problemleri halledilebilir.

Yönetici astlarına emir ve direktifleri daima makamında oturarak vermelidir. Astların odasına denetim ve ziyaret için gittiğinde tespit ettiği aksaklıkları hemen orada söylemek yöneticiyi küçültür. Yönetici astların odasında sadece gözlemcidir. Tespit ettiği aksaklıkları ve vereceği direktif ve emirleri, uyarıları makamında söylemelidir.

Ast ve üst makamlar sosyal hayatta birbirlerine yakın hatta akraba bile olsalar bu samimiyet ve yakınlık resmi ortamlara taşınmamalıdır. Makamdaki ilişkilerde daima resmi, mesafeli, saygılı ve ölçülü olunmalıdır. Ancak dışarıda özel ve sosyal ilişkilerde yöneticinin izni çerçevesinde astın saygı çerçevesinde biraz serbest olması mümkündür, fakat üçüncü kişinin yanında sosyal hayatta bile resmi olmak gerekir.

Yönetici daima ev sahibidir. Kabul ettiği her konuğa ev sahipliği yapmalı, saygılı ve kibar davranmalı, ikramda bulunmalıdır. Ast ziyaretçilerin ve eş düzey konukların ikramını makam hizmetlisinin yapması uygundur. Makam sahibi konuklarına ikramda bulunurken özel bir makam içeceğinin olması inceliktir. Makamda misafirlere ikram önce konuğa yapılmalıdır. Birden çok konuk varsa en üstten, hanım varsa önce hanım konuktan başlayarak servis yapmalı, son ikram makam sahibine yapılmalıdır. Bu kural, makamı ziyarete gelen başka kurumların astları için de geçerlidir. İçecek servisi sağdan yapılmalı çayın kaşığı, sağda ve tabakta olmalıdır.

Bir yönetici dolu bir makama geçici olarak vekalet ediyorsa odasında oturmalı, makam sahibinin odasını kullanmamalıdır. Ancak boş bir makama vekaleten atanan yönetici vekalet ettiği makamın odasını kullanır.

Ast-Üst İlişkilerinde Protokol

Kurum temsil kabiliyeti dolayısıyla, protokolü bilen ve yerinde uygulayan personelin yöneticilerini ve kurumlarını daha iyi temsil edeceği kesindir. Ast-üst ilişkileri, resmi ortamda ve üçüncü kişilerin yanında protokol kurallarına uygun, özel ve sosyal ortamda birebir ilişkilerde ise saygı ve nezaket kurallarına uygun olmalıdır. Bu sebeple astlar, özel ve sosyal hayatlarında üstleriyle samimi olsalar bile, bu samimiyet resmi ortamlara taşınmamalı, toplantı ve törenlerde üçüncü kişilerin yanında protokol kurallarına uygun olarak üstlerine davranmalıdırlar.

İnsanların tavrı bizden menkuldür, düsturu gereği davranışla ilişkileri daima etkiler. Ast-üst arasındaki protokol işlemleri genellikle şube müdürlerinden itibaren başlar. Şube müdürlerinin üstleriyle olan ilişkileri protokole uygun astlarıyla olan ilişkileri ise daha çok sosyal niteliktedir. Protokol kurallarına gör astlar, makam sahiplerine uygun makam unvanıyla hitap etmelidir. Bir genel müdüre astının '' Müdürüm, Müdür Bey, Rasim Bey'' gibi hitaplarda bulunması yanlıştır. Ast böyle hitap etmekte kendine göre üstüne samimi ve saygılı davrandığını zannetmektedir. Oysa resmi ortamda yöneticinin mevkisinin ve makamın gerektirdiği biçimde hitap edilmelidir. Hitap makama uygun olmazsa onun unvanını ve makamını kabul etmemek anlamlarına gelir.

Ast yöneticinin makamına ceketinin önünü iliklemiş olarak girmeli ve "Saygılar Genel Müdürüm, Saygılar Efendim" diye selamlamalıdır. Hanımların ceket önü iliklemeleri gerekmez. "Saygılar" resmi selamlama sözcüğüdür.

Makama sahibinin el uzatma üstünlüğü olduğu için, makama girince ve makamlardan çıkarken, yönetici tokalaşmak için el uzatılmadıkça hanım dahi olsa makam sahibine el uzatılmamalıdır. Makamda ve resmi ortamda bir üst makam tokalaşmak üzere el uzatınca hanım ve erkek astlar kendine el uzatmak zorundadırlar.

Ast-üsttün makamında otururken bacak bacak üstüne atmamalıdır. Ast üstün ikram teklifini kabul eder. Üst makamların ikramı kabul edildikten sonra teşekkür edilmelidir. Makam hizmetlisi çay bardağını makam masasının üzerine bıraksa da ast çayını ziyaretçi koltuğunun önündeki sehpada içmeli, makam masasını kullanmamalıdır.

Üst, asta hal hatır sorduğunda ast teşekkür etmeli ancak, "Siz nasılsınız." diye sormamalıdır. Astın üste hal hatır sorması seviyeyi eşitlemek ve saygısızlık olarak değerlendirilir

Üst telefonda konuşurken ast makam odasındaysa ve konuşma özelse odadan çıkmalıdır. Konuşma özel değilse ve makam sahibi astın çıkmaması için işaret etmişse odada kalınmalı ancak telefon konuşması dinlenmemelidir.

Ast bir yöneticinin makamında otururken içeriye kendi amiri ya da bir üstü geldiğinde makam sahibi yönetici ayağa kalmadıkça kendisi ayağa kalkmamalı, oturduğu yerde toparlanmalı, içeri giren makam sahibine göz göze gelindiğinde hafifçe başıyla selam vermelidir. Makam sahibi yönetici ayağa kalkınca ast hanımda olsa ayağa kalkmalıdır. Yöneticinin ziyaret veya görüşme sırasında konuşmasının yavaşlaması yeni bir konu açmaması başka bir işle meşgul olması ayağa kalkması veya asta "Teşekkür ederim." demesi üzerine ziyaretin ya da görüşmenin bittiği anlaşılmalı ve ast ayrılmak için izin istemelidir. Makamdan çıkan bir astın arka arka yürüyerek kapıdan çıkması doğru değildir.

Bir yönetici hiçbir zaman kendi yardımcısını veya astını atlayarak alt kademedeki astlara doğrudan emir vermemelidir. Alt kademedeki bir ast yöneticiden doğrudan emir aldığında bu durumu önce kendi amirine iletmelidir. Ancak bir yönetici alt kademedeki personelinden doğrudan bilgi alabilir. Ast bu durumda da önce kendi amirine bilgi vermelidir. Ast kendi amirini atlayarak üstlerine bilgi vermemelidir, makam atlanmamalıdır.

Zorunlu ve acil durumlar olmadıkça yönetici sabah işe gelir gelmez, dışarı çıkarken makamda önemli konukları toplantısı varken zamansız, habersiz rahatsız edilmemelidir.

Üstlerle beraberken astın uyması gereken önemli bir protokol kuralı da üst ile beraberken durma ve oturma yeridir. Toplantıda ve törende otururken, ayakta dururken veya yürürken ast daima üsttün solunda olmalıdır. Astların yüksek dereceli üstlerini bir adım sol geriden takip ederek yürümesi uygundur. Ast, yöneticinin yardımcısı ise tam yanında yürür.

Protokolde üsttün sağına ve önüne geçmek onu küçültmek demektir. Birden çok ast, üstle beraber olduğunda, üst daima orta merkezde; birinci en kıdemli ast, üstün sağında, ikinci ast üsttün solunda, üçüncü ast sağında, dördüncü ast da solunda olmak üzere dururlar.

Bir üst makam astın odasına girince ast, hemen ayağa kalkar ve üste yaklaşarak onu karşılar. Üst astların bürosuna girince yalnızca büro amiri ayağa kalkar ve onu karşılar, odada bulunan diğer memurların ayağa kalkması gerekmez . Toplantıda kurum sahibi yönetici içeri girince hanım memurlar dâhil herkesin ayağa kalkılması saygı ve nezaket gereğidir.

Törenlerde ise makam sahibi gelince sadece ön sıradakiler ayağa kalkar, ancak sosyal ortamda bir dinlenme tesisinde amir ya da yönetici gelince ayağa kalkılmaz sadece başla selamlanır.

Aynı bina içinde üst, astını haberli olarak ziyarete geliyorsa ast, üstünü asansör kapısında ya da kat merdiveninde karşılamalı ve aynı yerde uğurlamalıdır.

Dış kapıda karşılama ve uğurlama sadece kurum amirine aittir. Ara kademe yöneticileri üstlerini ve konuklarını sadece kendi katlarında karşılar ve uğurlarlar.

Taşıt Protokolü

Resmi araçlar ve makam otomobilleri protokolün kurallarının geçerli olduğu yerlerdir. Ancak taşıt protokolü, özel, sosyal ve resmi taşıtlarda farklıdır.

Makam otomobilinde ve resmi taşıtlarda, resmi protokol kuralları, otomobil sahibinin kullandığı özel taşıtlarda ve taksilerde görgü ve nezaket (sosyal protokol) kuralları geçerlidir.

Makam otomobillerinde ve resmi taşıtlarda onur koltuğu sağ arka koltuktur. Makam sahibi daima sağ arka koltuğa oturur. Makam sahibi otomobilde olmadığında ve makam otomobiline makam sahibi bir başka kişi binerse arka sağ koltuk (makam koltuğu) boş bırakılır. Kişi arka sol koltuğa oturur. Makam otomobilinde arka sağ koltuğuna makam sahibi dışında, makam sahibinin eşi, vekili ve üstü veya onur konuğu oturabilir. Makam otomobilinde makam sahibi olduğunda eş daima arka sola koruma, mihmandar, sekreter ön sağ koltuğa oturur.

Koruma görevlisinin, mihmandar veya tercümanın, makam otomobilindeki yeri, daima öndeki sağ koltuktur. Resmi taşıtlara binen resmi onur konuğu, arka sağ koltuğa buyur edilir ve makam sahibi, otomobile aldığı resmi üst konuğun soluna geçer.

Makam otomobillerinde onur konuğu, resmi konuk ve üst makamın otomobile binmede ve inmede önceliği vardır. Üst otomobile binmeden astlar binmez, otomobilden onur konuğu veya üst makam inmeden astlar inmezler. Otomobile biniş ve iniş daima kıdeme göredir. Otomobile binişte ve inişte makam sahibinin önceliği vardır.

Özel otomobilde onur koltuğu öndeki sağ koltuktur. Ön koltuğa daima hanım, yaşlı, resmi veya sosyal statü sahibi kişiler oturur. Özel otomobilde ön koltuğa binmeyip arka koltuğa oturmak, otomobili kullananı ücretli şoför yerine koymak demektir ki bu davranış saygısızlık kabul edilir

Otomobili sahibi kullanıyor ve eşi refakat ediyorsa hanım eşinin yanındaki ön sağ koltuğa, otomobile alınan erkek konuk arka sağ koltuğa oturur. Konuk hanım ise her ne kadar Batılı kurallara göre konuk hanım ön sağ koltuğa oturtulursa da bizim örf ve adetlerimiz ve görgü kurallarımız gereği, otomobili kullanan erkeğin hanımı, hanım misafirini sağ arka koltuğa davet eder; kendisi de arka sol koltuğa misafirin yanına oturur.

Otomobili kullanan kişi ve eşi, resmi bir çifti otomobillerine aldıklarında Batı'da hanım konuk ön sağa, otomobili kullananın eşi arka sağa erkek konuk da arka sola oturursa da bizim kültürümüzde otomobil kullanan erkek ile konuk erkek öne, eşleri arkaya geçer. Ev sahibi konuk hanımı nezaketen sağa alır, kendisi sola geçer.

Özel şoförün kullandığı otomobilde ve takside erkek arka sola oturur. Takside arka sağ koltuk onur koltuğu olup taksiye önce erkek, sonra hanım bindiği için hanımlar takside arka sağ koltukta oturur. Taksiye önce erkek biner sola geçer hanım sonra biner ve sağa oturur. Taksiden önce hanımın sonra beyin inmesi uygundur. Bir hanım eşiyle özel otomobile veya taksiye binerken erkek kapıyı açarak, hanımın binmesine yardımcı olduktan sonra kendisi biner.

Tören Protokolü

Törenler devlet ve hükümet adamlarının ve üst düzey yöneticilerin davetli olarak katıldıkları ve protokol kurallarının en çok uygulandığı etkinliklerdir. Törenler devletin olduğu kadar kurum ve kuruluşların büyüklük ve üstünlük göstergesi olduğu için protokol kuralları içinde yürütülür ve en ufak bir aksaklığa meydan vermeyecek biçimde düzenlenir. Çünkü aksamalar ve kusurlar töreni düzenleyen devletin veya kurumun saygınlığını zedeler. Cumhurbaşkanının katıldığı törenlere devlet töreni, Başbakan mülki idari amir, askeri, adli ve akademik zevatın vali ve kaymakamların katıldıkları törene de resmi tören denir.

Törende Konuşma Protokolü

Kongre, konferans, toplantı ve törenlerde takdim, hitap, selamlama ve konuşma konusunda belli protokol kuralları vardır.

Takdim Kuralları

Takdim konusunda dikkat etmesi gereken kurallar şunlardır. Tören görevlendirilmiş biri tarafından sunulmalıdır. Sunucu törenin başında onur konuğu geldikten sonra, onur konuğuna ve diğer konuklara hoş geldiniz dedikten ve programı okuduktan sonra konukları istiklal marşı ve saygı duruşu için davet eder.

Törene davetli olduğu halde gelemeyip telgraf gönderenlerin mesajlarının okunma kuralları şöyledir: Açılış konuşmasını kurum amiri veya töreni düzenleyen kurumun yöneticisi yaptıktan sonra, program sunucusu, onur konuğunun üstlerinden gelen telgrafları okur. İlk olarak törende hazır bulunan onur konuğunun üstündeki zevattan gelen telgraflar metinleriyle asttan üst'e okunur. TBBM Başkanı, Başbakan, Genelkurmay Başkanı, Ana muhalefet Partisi Başkanı Eski Cumhurbaşkanı, YÖK Başkanından gelen telgraflar ile kurumun bağlı olduğu bakanın telgrafı törende mutlaka okunur. Onur konuğunun eş düzeyinin telgraf metinleri okunmaz. Yalnızca adı, soyadı ve unvanları zikredilerek kendilerine teşekkür edilir. Onur konuğunun altında olanlardan telgraf çekenlere yalnızca teşekkür edilir. Cumhurbaşkanından telgraf geldiğinde ise başka hiçbir telgraf okunmaz. Ayrıca Cumhurbaşkanının bulunduğu bir törende, protokole dahi olup törene katılmayan zevatın telgrafları Cumhurbaşkanına saygısızlık olacağı için okunmaz.

Konuşmacılar protokol önde gelme sırasının tersine, en kıdemsizden (asttan) başlamak suretiyle kürsüye konuşma yapmak üzere davet edilirler. En son konuşmayı onur konuğu yapar. Onur konuğunun konuşmasından sonra kendisinden izin alınarak dahi, bir başka konuşmacının söz alması uygun değildir. Hatta onur konuğunun konuşmasına teşekkür etmek için kurum amiri tekrara konuşma yapamaz.

İl ve ilçelerde düzenlenen konferans, toplantı ve törenlerde önce törenle ilgili kuruluşun amiri, sonra mahalli, mülki idare amiri varsa daha üst düzey devlet yetkilisi konuşma yapar.

Konuşmacılar önce kurumu veya unvanı, varsa akademik titri veya rütbesini, sonra da sayın kelimesini ekleyerek adı soyadı söylenerek takdim edilirler.

İGDAŞ Genel Müdürü/Prof./Dr./Sayın/...

Takdimlerde "kürsüye teşrifini" demek yanlıştır. Çünkü teşrif şereflendirmek anlamında olup "–i teşrif" şeklinde söylenmelidir. Konuşmacıyı ast konuşmacıları kürsüye davet ederken "Sayın Ali Yılmaz'ı konuşmalarını yapmak üzere kürsüye davet ediyorum" derken; üst konuşmacıları "Konuşmalarını yapmak üzere Sayın Başbakanın kürsüyü teşriflerini arz ederim." demek daha doğrudur.

Hitap ve Selamlama Kuralları

Konuşmacıların konuklarına ve katılımcılara hitap etmeleri ve onları selamlamaları konusunda belli protokol kuralları vardır. Tören, toplantı, konferans, kongre, panel, seminer ve sempozyumlarda konuşmacılar topluluğa hitap ederken üç yöntem uygulanır.

- Törene katılan bütün konuklar en üstten, en asta doğru önde gelme sırasına göre zikredilirler.

Örnek: Sayın Bakan, Sayın Müsteşar, Sayın Genel Müdürler, Sayın Öğretim Üyeleri, Sayın Konuklar, Sevgili Öğrenciler ve Değerli Basın Mensupları

Törende onur konuğuna hitap ederken daima unvan söylenir. "Sayın Bakan, Sayın Vali" denir. Sosyal ortamda birebir ilişkilerde olduğu gibi samimiyet ve yakınlık ifadesi olarak törenlerde " Sayın Bakanım, Sayın Valim" demek doğru değildir. Ancak kurumsal törenlerde "Sayın Genel Müdürüm, Sayın Başkanım" denebilir.

- Törene katılan onur konuğu ile devlet organlarının temsilcileri ve tüm konuklar zikredilir. Örnek: Sayın Danıştay Başkan, Sayın Bakan, Sayın Komutan, Sayın Milletvekilleri, Sayın Rektör, Değerli Konuklar ve Basın Mensupları (Basının Değerli Temsilcileri)

- Törende bulunan tüm konukları üsten astlara doğru unvanlarına göre tam ve doğru olarak sıralamak genellikle mümkün olmamaktadır. Konuşmacının anmayı unuttuğu önemli bir kişi olabilir ve bu durum nahoş karşılanır. Bu sebeple en uygun yöntem, yalnızca törene katılan onur konuğu ile tüm konukları ya da katılımcıları tek olarak zikretmektir.

Örnek: Sayın Bakan, Sayın Konuklar ve Değerli Katılımcılar

- Cumhurbaşkanının teşrif ettiği tören, toplantı, kongre ve konferanslarda yalnızca Cumhurbaşkanına hitap edilir. Salonda bulunan protokole dâhil diğer zevat kesinlikle zikredilmez.

- Onur konuğu konuşmasında yalnızca "Sayın Konuklar ve Değerli Basın Mensupları" diye hitap eder.

- Tören, toplantı, kongre ve konferanslarda topluluk daima saygı sunularak selamlanır ve konuşmanın bitiminde de tüm konuklara saygı sunularak konuşmaya son verilir.

- Konuşmanın " Hepinize saygılar sunarım" diye etkileyici bir biçimde bitirilebilir. Konuşma iyi dilek ve temennilerle bitirilebilir. Konuşmanın sonunda saygılar sunulduktan sonra baş hafif eğilerek topluluk selamlanmalıdır.

Tribünlerde ve Salonda Oturma Düzeni

Kamu kurum ve kuruluşlarda törenlerin düzenlediği tribünlerde ve salonlarda önde gelme sırasına göre uygun oturma düzeni vardır. Bir numaranın oturacağı koltuğu belirtmek için koltuğun önüne küçük çiçekli bir sehpa konur. 1 numara çiçekli sehpanın arkasındaki koltuğa oturur. Protokol dâhil diğer şahsiyetler de önde gelme sırasına göre onur konuğunun sağına ve soluna otururlar.

Törenlerde protokol olarak ayrılan yerler, devlet ya da il protokol listesinde yer alan kurum dışından davet edilen protokole dâhil zevata ait olup Törene davetli protokole dâhil zevatın oturulacakları yerler devlet ya da il protokol düzenine uygun olarak belirlenir. Haklı bir mazerete dayanarak törene katılmayan kurum ve amiri söz konusu davete kendisini, temsilen bir astını gönderdiğinde bu ast temsilen, kurum amirinin protokoldeki yerine oturmaz. Kurum amirleri sırasının sonunda veya arkasında kendisi için kendi unvanına uygun yere oturur. Temsilci yardımcı ise yardımcılar sırasında, müdürse müdürler sırasında yer almalıdır.

SOSYAL HAYATTA
BAŞARININ İLK ADIMI HİTAP

Hayatta başarıya ulaşmanın yollarından biri de karşımızdakiyle nasıl konuşacağımızı ve nasıl hitap edeceğimizi bilmekten geçer. Hitap iletişimin başlangıcı olup doğru hitap da etkili iletişimi başlatırken yanlış hitap saygısızlık kabul edilir ve iletişimi olumsuz yönde etkiler. İlk izlenimi oluşturmada hitap önemli bir yere sahiptir.

Muhatabımıza uygun şekilde hitap edebilmek, aldığımız terbiyenin en güzel göstergesidir. Kişiler kendilerine uygun şekilde hitap edilmediğinde rahatsız olurlar ki bu durum iletişimin önünde engel teşkil eder. Bilhassa iş dünyasında resmî görevlerde bulunan kişilere uygun hitapta bulunulmadığında krizler yaşanabilir. Sade bir vatandaşın hitabındaki kusur, hoş görüyle karşılansa da resmî ortamlarda resmî hitap biçimlerini çalışanların öğrenmesi ve uygulaması gerekir. Özellikle resmî ortamlarda gelenekleşmiş hitapların dışına çıkmamak ve aykırı olmamak gerekir. Devlet adamlarına, mevki makam sahibi kimselere makam unvanıyla hitap edilmelidir. Müdür Bey hiçbir zaman "Ahmet Bey", Müdüre Hanım da hiçbir zaman "Ayşe Hanım" olmamalıdır.

Devlet büyüklerine, statü sahibi yaşlı kimselere rahatsızlık verecek şekilde sık olmamak kaydıyla, hitap ederken "Sayın" kelimesi kullanılabilir.

Suna Okur

Sayın Bakanım

Sayın Başkanım

Sayın Genel Müdürüm

Sayın Valim gibi

İlke olarak tanımadığımız kimselere, bizden büyüklere, mevki makam sahiplerine ve hanımlara "siz" diye hitap edilir. Yeni tanıştığı kimselere ve tanımadıklarına "sen" diye hitap edenler kaba ve görgüsüz kabul edilir. Tanımadığımız veya yeni tanıdığımız kişilere" beyefendi, hanımefendi" hitabı uygundur.

Sosyal ortamda eşler, özel hayatın hitaplarını (Örn: aşkım, aşkitom, hayatım) kullanmamalıdırlar. Sosyal ortamda erkek eşine "Pınar Hanım", kadın eşine "Hasan Bey" demelidir. Bu hitaplar üçüncü kişilerin eşlere tavırlarını belirler. Bir erkek, eşinden "bizimki, avradım, karı" diye söz ediyorsa kendi saygınlığını zedeler. Bir hanım da eşini "bizim herif" gibi kaba ve küçültücü hitaplarla anmamalıdır. Ebeveynler, çocukları mevki, makam sahibi oldu diye "Müdür Bey", "Doktor Hanım", "Hoca Hanım" hitaplarında bulunmamalıdırlar. Bu hitaplar görgüsüzlük kabul edilir. Bazı ailelerde çocuklar, anne ve babaya isimleriyle hitap etmektedirler. Bunu modernlik olarak yorumlamamalı, bu hitapların ailede oluşması beklenen sevgiyi ve saygıyı zedeleyebileceği unutulmamalıdır. Çocuklar annelerine "anne" veya "anneciğim", babalarına "baba" veya "babacığım", kardeşlerine de "kardeşim", "abla" veya "abi" demeliler.

Resmî Hitap Biçimleri

Resmî ortamlarda, törenlerde, makam odalarında toplantı ve törenlerde, devlet ve hükümet adamlarına yöneticilere hitap şöyledir:

Toplantı ve törenlerde, aidiyet eki almadan şahsın makam unvanına sayın kelimesi getirilerek hitap edilir. Sayın Başbakan, Sayın Sağlık Bakanı Sayın Vali gibi.

Ancak birebir ilişkilerde, kurumsal ve sosyal ortamlarda üstlere aidiyet eki kullanılarak hitap edilebilir.

Sayın Genel Sekreterim, Sayın Dekanım, Sayın Valim gibi.

Yarı resmî ve sosyal ortamlarda, soyadın başına sayın sıfatı getirilerek hitap edilebilir.

Bozkurt, Sayın Ak gibi.

İş dünyasında çalışanlar, birbirlerine adının "hanım, bey" sıfatı ile hitap ederlerse "Fazla samimiyet tez ayrılık getirir." atasözünün işaret ettiği gibi, anlaşmazlıklar ortaya çıkmadan bertaraf edilmiş olur. Üstler, astlara resmî ortamlarda "Müdüre Hanım" derken sosyal ortamda "Pınar Hanım" diyebilir. Ancak üstün, asta adıyla hitap etmesi uygun değildir. Ancak ast, yöneticinin bir yakınıyla özel ortamda adıyla hitap edebilir. Akrabalık söz konusu olduğu için özel hayatta "dayı, abi, abla" şeklinde hitap etse bile sosyal ve resmî ortamlarda ya da başkalarının yanında bu hitapları kullanmak saygısızlık kabul edilir.

Yöneticilere hitap resmî ortamda :

Sayın Vali

Sayın Emniyet Müdürü

Yarı resmî :

Sayın Emniyet Müdürüm

Müdür Bey

Müdüre Hanım

Sosyal :

Beyefendi

Efendim

Ali Bey

Ayşe Hanım

Kurumsal :

Üstat

Hocam

Özel :

Abla

Abi

Ali,

Pınar 'dır.

"Sayın" sıfatı, resmî hitapta ve takdimde isimden önce kullanılır. İGDAŞ Genel Müdürü Sayın ......

Akademik titrlerde ve rütbelerde de "sayın" sıfatı, isimden önce kullanılır. Orgeneral Sayın Ak, Prof. Dr. Sayın Doğan CÜCEL.

Çünkü sayın olan şahsın kendisidir. Ne makam unvanı, ne titr, ne de rütbe sayın olarak anılmamalıdır. Makam ve meslek sahibi kişilerle konuşurken ve kendilerinden söz ederken adlarının yerine unvanları kullanılabilir.

Hoca Hanım, Doktor Bey, Avukat Hanım gibi.

Kurumsal hitap kabul edilen "hocam" ve "üstat" gibi sıfatlar, resmî ilişkilerde, törenlerde, toplantılarda ve takdimlerde kullanılmamalıdır. Kurumsal dünyada, "vekil" ve "yardımcı" sıfatını taşıyan kişilere birebir ilişkilerde üst unvan ile hitap edilebilir. Belediye Başkan Yardımcısına, âmir o ortamda yoksa Sayın Başkanım denebilir. Genel Müdür yardımcısına da "Sayın Genel Müdürüm" denebilir. Ancak resmî ortamda üstün yanında, toplantıda, törende ve resmî takdimde "Sayın Vali Yardımcısı" veya "Vali Yardımcısı Sayın Ali KOÇ" denir. Bir makama vekâlet eden kişiye, vekâlet ettiği makam unvanıyla hitap edilir. Ancak takdimde, yazılı ve resmî hitapta "Vali Vekili Sayın Ali AK" demek gerekir. Yapılan yanlışlardan biri de, geçmişteki görevi dolayıyla kişiye eski sıfatıyla hitap etmektir.

"Eski Belediye Başkanı, Eski Devlet Bakanı" yerine "Önceki Belediye Başkanı, Önceki Devlet Bakanı" demek daha doğru olur. Görevden ayrılan ve emekli olan valilere, büyükelçilere ve paşalara sosyal ortamda ve birebir ilişkilerde "Sayın Valim, Sayın Generalim" hitabı uygunken resmî ortamlarda, resmî hitapta, takdimde ve resmî yazıda "Emekli General Sayın Yücel Alp, Sayın Emekli Büyükelçi, Sayın Emekli Vali" hitabı uygundur. Akademik personel emekli olsa da "emekli profesör" veya "emekli doçent" hitapta uygun olmaz. Sadece takdim ve resmî hitapta eski görev yeri belirtildiğinde kadro unvanının önünde eski veya emekli sıfatı kullanılır.

Prof. Dr. Ahmet Buhan Fırat Üniversitesi Emekli Öğretim Üyesi, gibi.

Elçi, Başkonsolos, Büyükelçi, Bakan, Başkan, Cumhurbaşkanı gibi yüksek makam sahibi yabancı devlet adamlarına "Ekselansları" hitabı uygundur. Özel ve sosyal ortamda yaşça ve mevkice büyüklere, devlet ve hükümet adamlarına "Muhterem Beyefendi, Muhterem Hanımefendi" ya da "Pek Muhterem Beyefendi, Pek Muhterem Hanımefendi" hitapları uygundur. Devlet ve hükümet adamlarının eşi topluluğuna tanıtılırken adı kullanılmaz ve eşlere adıyla hitap edilmez. Üst düzey yönetici ve eşinden bahsederken "Sayın Valimiz ve muhterem eşi" denir. Hanımefendi topluluğa takdim edilirken Sayın Valimizin Muhterem Eşi, Sayın Sağlık Bakanımızın muhterem Eşi denir.

İlke olarak erkek yöneticinin eşine "Hanımefendi", hanım yöneticinin eşine de "Beyefendi" diye hitap edilir. Bir hanım resmî görevli eşine resmî ortamda makam unvanıyla hitap eder. "Sayın

Başbakan, Sayın Vali", gıyabında da "Sayın Başbakanımız, Sayın Valimiz" der. Ancak sosyal ortamda adına "Bey" sıfatı ekleyerek hitap edilebilir; "Ali Bey, Hasan Bey" gibi.

Tanıdığınız unvan ve mevki sahibi kişilere topluluk içinde, adının sonuna Bey/Hanım sıfatı getirerek hitap etmek nezaket gereğidir. Mevki ve makam sahibi kimselere samimiyetimizi göstermek için toplulukta adıyla hitap etmek de görgüsüzlüktür. Evde çalışan hanımlardan genel olarak "kadın" diye söz edilse de, "yardımcım" sıfatı daha uygundur. Muhatabınıza yerli yersiz "dayı, üstadım, şekerim, evladım, hacı, şef" gibi hitaplar sempati yaratmaz; aksine nezaket dışı kabul edilir.

Bir şirkette üst düzey yönetici personelinden kendisine ismiyle hitap etmelerini istemişse bu isteğe rıza gösterilir. Erkek işçiler yaşça sizden büyükse "Aziz Efendi" denebilir. Yaşıtlara da sadece adıyla hitap edilebilir; "Aziz" gibi.

SELAMLAŞMA

Selam vermek ve almak ciddi bir iştir ve iyi yürekli, asil bir insan selamından anlaşılır. Eskiden toplumumuzda çokça üzerinde durulan selamlaşma ritüeli, bugün bir takım yanlış yorumlarla çoğu zaman gerektiği gibi yapılmıyor.

Selamlaşma, ilişkilerin sağlıklı bir zemine oturması için sevgimizin, saygımızın ve nezaketimizin bir ifâdesidir. Selamlaşarak muhataba ilgimizi, sevgi ve saygımızı sunmuş oluruz. Küçüğün büyüğü, astın üstü selamlaması saygının ifâdesiyken, büyüğün küçüğü selamlaması, sevgisinin ifâdesidir.

Sosyal Hayatta Selamlaşma Kuralları

Selam verirken bedenin aldığı şekil muhataba çok şey söylemektedir. Bunun için selam, samimiyetle, içten ve olabildiğince vakur bir edayla verilir ve alınır. Selam verirken hafif bir baş hareketi de yapılmalı; küçüklere selam verirken bu hareket hafif, yaşlı ve makam sahibi bir kimseyle selamlaşırken baş hareketi biraz daha derin olmalıdır.

Selamlaşırken selamlaştığımız kişiyle göz teması kurulmalı, eller ceptese çıkarılmalı ve tebessüm ederek selamlaşma yapılmalıdır. Bu esnada her türlü yapmacık halden kaçınılmalıdır.

Eş düzeydekiler selamlaşırken hafifçe baş eğerek selamlaşır. Erkekler selamlarken her ki el yanda aşağı sarkık, kadınlar ise ellerini birleştirerek başı hafifçe eğerek selamlarlar.

Selam verirken hafif baş hareketinin yanı sıra sesli olarak "günaydın, iyi günler, iyi akşamlar" kullanılan en yaygın sosyal selamlardır. Bunun yanı sıra "selamünaleyküm" daha ziyade dinî bir selam olup her çevrede kullanılmaz. "Merhaba" çok samimi bir sosyal selam olup resmî ortamlarda kullanılmaz. Üst makamlara kullanılması halinde saygısızlık olarak kabul edilir. Resmî selam "saygılar" kelimesidir.

Önemli bir kural: Selam nasıl verilmişse öyle alınır. "Günaydın" diyen birine, "iyi günler" diye cevap verilmez. "Merhaba" selamı "günaydın" kelimesiyle cevaplanmaz. Son zamanlarda duyulan "selamun hello, selam..." veya "Nasıl gidiyor, ne haber..." gibi kelimelerle selamlaşılmaz. Bu tür selam kelimelerini kullananların toplumun alt kesiminden geldiğine hükmedilir.

Sosyal hayatta selamlaşma ritüelinin kendine özgü bir sırası vardır. Buna bağlı olarak gençler yaşlılara önce selam vermelidir. Erkekler kapalı ortamdaysa hanımlara önce selam vermelidir. Açık alanda hanımlar erkeklere önce selam verirler. Bir hanım tanıdığı bir erkeği sokakta görmezden geliyorsa erkeğin hanımın önüne atlayıp "Selamsız sabahsız nereye..." uyarısı hiç de şık değildir. Çünkü bir hanım, açık alanda bir erkekle selamlaşmasının görülmemesini isteme hakkına sahiptir. Dışarıdan gelen içeridekine önce selam vermelidir; o halde asansöre binen, içeridekileri selamlamalıdır. Ayrılanlar kalanları önce selamlamalıdır. Merdivenden inen çıkana, arabadaki yayaya önce selam vermelidir. Selam verilen de kibar bir şekilde selamı almalıdır. Aynı yaş ve seviyede olanlardan önce selam veren daha zarif algılanır.

Selam almak önemlidir, karşılıksız bırakılmamalıdır. Tanımadığınız biri yanlışlıkla selam vermişse bile selam alınır. Selam veren sevmediğiniz biriyse bile selam alınmalıdır. Ancak hanımlar tanımadıkları bir erkeğin selamını almayabilir.

Aynı binada oturanlar ve aynı işyerinde çalışanlar tanışmamış veya tanıştırılmamış olsa bile selamlaşırlar. Restoranda tesadüf edilen tanıdıkları yemek yerken rahatsız etmemek için, yanlarına giderek değil de uzaktan başla selamlamak daha doğrudur.

Oturan bir hanım, bir erkek tarafından selamlanmışsa hafif baş eğerek selam alır. Selamlayan erkek yaşlı ve statü sahibi birisiyse hanımın ayağa kalkarak selamı alması daha uygundur.

Kalabalık bir yerde bir tanıdığı selamlamak için kişinin sözünü bitirmesini ve göz göze gelmeyi beklemek gerekir. El, kol sallayarak dikkat çekmeye çalışmak, sözü bölmek ya da araya girmek uygun değildir.

Sinema, tiyatro gibi yerlerde tanıdıklar -göz göze gelince- hafif bir baş selamıyla selamlanmalıdırlar. Doktor muayenehanesine sonradan gelenler, içeridekileri "Geçmiş olsun" sözüyle selamlar.

Bir eve misafir olunduğunda önce ev sahibesi, sonra ev sahibi selamlanır. Daha sonra da diğer konuklar selamlanabilir. Ayrılırken de önce konuklar, sonra ev sahibesi ve ev sahibi selamlanır. Ancak kalabalık toplantılardan ayrılırken konukları tek tek selamlamak gerekmez. Yakında bulunanlar ve ev sahipleri selamlanarak toplantıdan ayrılmak mümkündür.

Bir erkek, açık alanda yanında eşi varsa tanıdık bir hanımı önce selamlayabilir. Ayrıca erkekler tanıdığı bir çifte sokakta tesadüf ettiklerinde önce erkeği, sonra hanımı selamlamalıdırlar. Beraber yürüdüğünüz kimse biriyle selamlaşmışsa sizin de selam vermeniz nezaketen gerekir. Bu durumda duyarsız kalıp görmezden gelmek uygun değildir.

Topluluk içinde olan bir tanıdığınıza selam verip yanındakileri görmezden gelmek uygunsuz bir davranıştır. Önce topluluğu "Merhaba, iyi akşamlar" gibi sözlerle selamlayıp sonra tanıdığınızla selamlaşıp konuşabilirsiniz.

Suna Okur

Dışarıda selamlaştığınız, ayaküstü konuştuğunuz bir dostunuzla konuşurken güneş gözlüğü çıkarılmalıdır. Şayet konuşma uzayacaksa ve güneş rahatsız ediyorsa izin istemek suretiyle gözlük takılabilir. Ayrıca zarif bir erkek, bir hanımı eli cebindeyken selamlamaz.

Biriyle selamlaşırken ona adıyla veya makam unvanıyla selam vermek; onu önemsemek, ona değer vermek anlamındadır. "Günaydın Ahmet Bey.", "Günaydın Müdüre Hanım." gibi.

Selamlaştıktan sonra hal hatır sormak, muhatabımızla ilgilenmek ve ona değer vermek anlamındadır. Ancak astlar, üstleriyle selamlaştıktan sonra hal hatır sormamalıdır. Çünkü astlar ve yaşça küçüklerin büyüklere hal hatır sorması uygun değildir.

Günde birkaç kez karşılaşan kişiler her defasında selamlanmamalıdır. İlk görüşmede selamlaştıktan sonra diğer görüşmelerde göz göze gelindiğinde tebessüm etmek yeterlidir.

Sokakta adres sorulan kişiye ve mağazada size hizmet verenleri selamlamak nezaket gereğidir. Evin mensupları eve girince karşılayanı selamlamalı, evden ayrılan herkes uğurlanmalıdır. Ailede bu karşılama ve uğurlama ritüelinin oturması, aile fertlerinin kendilerini iyi hissetmeleri ve aileye mensubiyet duygusu yaşamaları için çok önemlidir. Eve gelen karşılanır, giden uğurlanır. Son zamanlarda modernitenin yanlış anlaşılması neticesinde, ne yazık ki bu gelenek ihmâl edilmektedir. Aile sofralarına otururken herkes selamlanarak yemeğe oturur.

Milli marş çalınırken ayağa kalkılır, yürüyorsa durulur, cephe alarak baş hafif öne eğilmek suretiyle marşa eşlik edilir.

Yolculukta yanınızda oturan kişiler "İyi yolculuklar" denerek selamlanır. Tanınmış kimseler görüldüğünde tebessümle ve baş selamıyla selamlanır; ancak bu şahıslar rahatsız edilmemeli, durdurulup konuşulmaya çalışılmamalıdır.

Mabetlerde selamlaşma, o mekânın kutsallığı dikkate alınarak abartısız ve mümkün olduğunca baş selamıyla yapılmalıdır. Ancak ibadet eden kimseleri selamlayarak selam almak zorunda bırakmak uygun bir davranış değildir.

Resmî Ortamlarda Selamlaşma Kuralları

Resmî ortamlarda, her zaman ve daima ast üste, kıdemsiz kıdemliye önce selam verir. Üst makam veya kıdemli kişi, verilen selamı alır. Aynı seviyede olan şahıslardan önce selam veren daha nazik kabul edilir.

Devlet ve hükümet adamları, topluluk ve hanımlar "saygılar" sözüyle selamlanmalıdır. "Saygılar Efendim, Saygılar Hanımefendi, Saygılar Sayın Valim, Hepinizi saygıyla selamlıyorum, Saygılar sunarım." gibi.

Saygı sunmak resmî bir selamlama biçimidir. Eş düzeydekiler, saygılar sözünü "Saygı bizden." cevabıyla karşılar. Ast üste "Saygılar efendim." dediğinde üst makam teşekkür ederek selam almalıdır.

Üst makamdan kişileri, resmî ve sosyal ortamda görmezden gelmek ve selam vermeden yanından geçmek saygısızlıktır. Çalışma hayatında da gün içinde defalarca görülen üst makam, her defasında değil; ilk karşılaşmada ve son görüşmede selamlanmalıdır. Resmî ortamda üst içeri girince astları, hanım dahi olsa, ayağa kalkarak üst makamı selamlamalıdır. Yönetici asistanları veya sekreterler, yöneticileri her içeri girip çıktığında ayağa kalkıp selamlamak zorunda değillerdir. Sabah içeri ilk girdiğinde ve akşam ayrılırken ayağa kalkıp selamlamak yeterlidir.

Sosyal ortamlarda (tiyatro, lokal, restoran) tesadüf edilen bir üst makam için ayağa kalkmak gerekmez. Üst ile göz teması kurup baş ile hafifçe selam vererek ayağa kalkar gibi yapmak yeterlidir.

TANIŞMA ve TANIŞTIRMA

Sosyal hayatta ve iş dünyasında ilişkilerin başlatıcısı olan tanıtma ve tanıştırma önemli bir konudur. Çünkü ilişkilerin sağlıklı başlaması veya ölü doğması işte bu işlem esnasında belirginleşir.

Tanışma ve tanıştırma farklı fiillerdir. Tanışma kişinin kendisini başkalarına tanıtmasıyken işteş çatılı bir fiil olan "tanıştırma" kelimesi iki kişiyi birbirine tanıtma işini anlatır ve başkası tarafından yapılır.

Tanıtma ve tanıştırma, özel, sosyal ve resmî ortamlarda bazı farklılıklar göstermektedir. Bu çok önemli ritüel, çalışılarak doğallık kazanmalıdır. Hem tanıtma hem de tanıştırma işi, çok kibar ve ölçülü bir biçimde yapılmalıdır.

İlke olarak tanışma ve tanıştırma, ilk karşılaşma anında ve ayakta yapılmalıdır. Tanıştırılma esnasında oturan bir erkek, hanım-erkek kimle tanıştırılırsa tanıştırılsın ayağa kalkmalıdır. Ancak yaşlı ve statü sahibi erkeklerin ayağa kalkması gerekmez.

Hanımlar, bir erkekle tanışma işlemi esnasında ayağa kalkmayabilir. Ancak ülkemizde tanışma işlemi esnasında ayağa kalkmayan bir hanımın davranışı genellikle olumsuz yorumlanmaktadır. Bir hanım, yaşça kendinden küçüklerle tanıştırılıyorsa ayağa kalkmaz. Ancak statü bakımından yüksek ve yaşlı erkeklerle tanıştırılırken hanımlar da ayağa kalkarlar.

Sosyal ortamda bir erkekle bir hanım tanıştırılırken erkek, kadına takdim edilir. Tanıştırma işlemi esnasında önce kimin adı söyleniyorsa o muteber anlamındadır. Dolayısıyla, bir kadınla bir erkek tanıştırılırken hanımın adı önce söylenmelidir; "Pınar Hanım, sizi Akif Bey'le tanıştırabilir miyim?" veya "Pınar Hanım, sizi Akif Beyle tanıştırabilir miyim?" gibi. "Tanıştırayım" gibi bir emir cümlesi kurulmaz; ayrıca "Tanıştırmak istiyorum, Tanıştırabilir miyim?" ifâdeleri kibarca izin alma anlamını da taşır.

Küçükler büyüklere takdim edilir. Genç kız, yaşlı erkeğe ve hanıma takdim edilir. Bekâr hanım, evli hanıma takdim edilse de sosyal statüleri dikkate alınarak takdim sırası gözetilmelidir. Yakındakiler (akrabalar, eşler) uzaktakine veya yabancılara takdim edilir. Bu sebeple "Ayşe Hanım, sizi eşim Zuhal Hanım'la tanıştırmak istiyorum." cümlesi doğrudur.

Evde veya makam odasında, gelen konuk üst makama, takdim edilir. Ast konuk önce gelse bile, sonra gelen üste ast makam takdim edilir.

Tanıştırırken astları üstlerin, erkekleri hanımların yanına götürmek gerekir. Bir ast, üst makam veya statü sahibi biriyle ile tanıştırılmak üzere yanına götürüldüğünde tanıştırma işlemi için uygun bir zaman aralığı yakalanmaya çalışılmalıdır. Kişi meşgulse ya da konuşuyorsa alelusûl yapılan tanıştırma işlemi, tanıştırılan kişiyi zor durumda bırakır ve muhtemelen ilişki ölü doğar.

Özel ortamda tanıtılan kişinin sadece adı soyadı söylenirken sosyal ortamda tanıtılan kimseyi ilgilendiriyorsa takdim edilen kişinin adı soyadı, mesleği ya da unvanı söylenir; "Asuman SARTAN Hanım, beyin cerrahisinin tanınmış doktorlarındandır." gibi.

Sosyal ortamda bir ast üste takdim edilirken "Sayın Genel Müdürüm, izninizle size meslektaşım Ahmet Üstün'ü takdim etmek isterim." gibi cümleler kurulur.

Tanışma ve tanıştırmada, tanışanların karşılıklı olarak duygularını ifâde etmeleri nezaketen gereklidir. Büyükler ve üst makamlar "Memnun oldum" dediğinde küçükler ve astlar "Ben de" demek yerine "Şeref duydum, Onur duydum." veya "Müşerref oldum." cümlelerinden biriyle karşılık vermelidir. Samimi ortamlarda, yaşları ve statüleri eşit olan iki arkadaşınızı "Sizleri tanıştırayım; Ali Bey, Ahmet Bey." diyerek tanıştırabilirsiniz. Sosyal ortamlarda ve iş dünyasında daha önce tanıştığınız birine arkadaşınızı tanıtma görevi size düşer. "Sizi arkadaşım Ahmet Bey'le tanıştırabilir miyim?" diyerek tanıştırma işini yapmanız gerekir.

Tanıştırma esnasında tanıtılanla tanıştırılan arasında ilişkiyi güçlendirmek istediğinizde şahısların ortak yönlerinden veya sizin tanıştırma amacınızdan söz edebilirsiniz. "Pelin hanım sizi Ahmet Bey'le tanıştırabilir miyim? Ebru sanatıyla ilgilendiğinizi biliyorum Ahmet Bey'de ünlü ebrucularımızdandır." şeklinde bir tanıtım, iletişimin sağlıklı kurulmasını da temin edecektir.

Özel veya sosyal ortamlarda kişinin kendisini mesleğiyle ya da makamıyla takdim etmesi görgüsüzlük kabul edilir. "Ben Doktor Asım, Ben Avukat Ayşe Aklar" denmez. Bu durum kişinin mevkisini, mesleğini gözünüze sokma çabası olarak algılanır ve şahısla ilgili ilk izlenim olumlu şekillenmez. Çünkü mesleğini ön plana çıkaran ve unvanıyla övünen kimseler toplumda saygı uyandırmazlar.

Kişi kendini sadece adıyla takdim ediyorsa "Ben Ayşe", "Ben Ahmet" diyorsa bu tanıtma biçimi, "Bana sen diyebilirsin, çok da muteber biri değilim." mesajı taşır. Kendinizi tanıtırken adınız ve soyadınızla takdiminiz "Lütfen bana siz deyiniz." anlamı taşımaktadır. İşle ilgili bir yere gidilmişse mutlaka kendinizi takdim etmeniz gerekir. Önce makam unvanınızı, sonra da adınızı söyleyerek sosyal ortamlarda ve iş dünyasında kendinizi tanıtırsınız.

"Ben Ziraat Bankası Beşiktaş şubesinden Zuhal Aydın." gibi.

Telefonda "Ben Ayşe Hanım, Ben Ömer Bey" diye hanım, bey sıfatıyla kendinizi tanıtmayınız. Bazen şıklık olsun diye "Bendeniz Kemal KARPAT" şeklinde tanıtımlar duyarsınız. Oysa bendeniz "kulunuz köleniz" anlamındadır ve tanıtım için uygunsuz kelimelerdendir.

"Kendimi takdim etmeme izin verir misiniz?" girişi de fazla abartılı ve yapmacık bulunmaktadır.

Bir hanım, bir erkekle tanışmak için çok istekli olmamalıdır ve bir hanım kendini bir erkeğe tanıtmamalıdır. Bir erkek de bir başkası vasıtasıyla bir hanımla tanışmalıdır. Bir erkeğin, doğrudan gidip bir hanımla tanışması olumlu bir davranış değildir. Sosyal hayatta bir erkek, karı koca bir çifte tanıtılacağı zaman, önce erkeğe sonra hanıma tanıtılır. Ancak iş dünyasında bir erkek, bir çifte tanıtılacağı zaman şahıs çiftten statüsü yüksek olana önce takdim edilir.

Sosyal hayatta bir erkek, bir hanım vasıtasıyla bir başka erkeğe takdim edilmemelidir. Böyle bir durumda kalınmışsa erkek durumu önceden fark ederek kendisini tanıtabilir. Hanım, sizleri tanıştırayım dediğinde, beyler adlarını birbirlerine söylemelidirler. Ancak iş dünyasında bir hanım, iki erkeği birbirine tanıtabilir.

Özel ve sosyal ortamlarda, bir kişi topluluğa tanıtılacaksa şahsın adını ve soyadını yüksek sesle söylemek yeterlidir. Tanıtılan kişi de birkaç kez başını eğerek topluluğu selamlamalıdır. Büyük davet ve ziyafetlerde, davet sahibinin davetlileri birbirine tanıştırması uygun değildir. Davetliler birbirleriyle tanışabilirler. Bir düğün yemeğinde yan yana oturduğunuz insanlara, masadaki adınızın yazılı olduğu kartı göstererek "Bütün gece beraber oturacağız, bir mahzuru yoksa tanışabilir miyiz?" diyerek adınızı soyadınızı söyleyebilirsiniz.

Az sayıda davetlinin olduğu toplantılarda ev sahibi davetlileri yaş, cinsiyet ve statülerini göz önünde bulundurarak uygun bir biçimde birbirlerine tanıtmalıdır. Ancak bir kişiyi alıp tüm davetlileri dolaşarak tek tek tanıtmak, tanıtımı yapılan kişi açısından küçültücüdür.

Eş, başkalarına tanıtılırken sadece "eşim, karım" veya "kocam" denmez; adı da söylenmelidir. "Aliye Hanım, sizi eşim Gül Hanım ile tanıştırmak istiyorum." veya "Aliye Hanım, sizi eşim Ahmet Bey'le tanıştırabilir miyim?" gibi zarif cümlelerle tanıştırma işlemi yapılabilir.

Aileden veya akrabalarınızdan birini başkasıyla tanıştırırken sadece adını söylemek yeterlidir ve soyadına gerek yoktur. "Kız kardeşim Ülkü" veya "Kayınbiraderim Kadir" tanıtımı yeterlidir. Tanıştırma işleminden sonra konuşmaya başlayan daima bayan olmalıdır. Resmî ortamlarda ise tanıştırma işleminden sonra, üst mevki ve rütbece yüksek olanın konuşmaya başlaması gerekir. Astlar ve küçükler saygıyla büyüklerin ve üst makamların konuşmasını bekler.

İş dünyasında tanışmamak, tanıştırmamak, bu konuda çekingen davranmak uygun değildir. Tanıştırılmayan kimse kendini ihmal edilmiş, dolayısıyla da mutsuz hisseder. Bu sebeple iş dünyasında tanıştırılmamışsanız daha fazla beklemeden kendinizi tanıtabilirsiniz. Özellikle de müşterileri şirketin yöneticileriyle ya da büyükleriyle tanıştırma konusunda istekli olunuz. Ancak tanıştırma işini, tarafların konumlarını da dikkate alarak yapmak gerekir. Çünkü yerli yersiz her gelenin yöneticilere takdim edilmesi de uygun değildir.

Tanıştırma işlemi esnasında, şahısların isimlerini doğru telaffuz etmeye özen gösteriniz. Şayet bir tarafın ismini hatırlayamadığınızda "Affedersiniz, isminiz?" demekte bir sakınca yoktur. Sizi tanıdığını hatırlayamayan insanları da "Bil bakalım ben kimim?,

Hadi bakalım nerede tanışmıştık?" gibi sınayıcı cümlelerle zor duruma sokmamak gerekir. Tanıştığınızı hatırlamayan kimselere "Ben Nazan Balkır, Şişli Lisesi'nin pilav gününde tanışmıştık." gibi hatırlatıcı cümlelerle yardımcı olmak gerekir.

Resmi Ortamda Tanışma Tanıştırma Kuralları

Resmî ortamda bir kişi yöneticiye takdim edilirken önce unvanı, sonra sayın sıfatı, ardından da adı ve soyadı söylenir.

İGDAŞ Genel Müdürü Sayın Ahmet EZÖZ

Yarı resmî ve sosyal ortamlarda ise kişinin makamı ve unvanı, ad ve soyadından sonra söylenir.

"Sayın Faruk GÜLSOY Marmara Üniversitesi Dekanı" gibi. Sayın sıfatı, ad – soyadı kullanıldığında isimden önce olmalıdır.

Sosyal ortamlarda tanıtım esnasında her zaman için rütbe, titr veya mesleki unvanlar isimden önce, görev unvanı da sonra söylenmelidir.

Prof. Dr. Ahmet KILIÇ Fırat Üniversitesi Dekanı

Resmî ortamlarda ise kişi kendini tanıtırken önce unvanını, sonra adını ve soyadını söyler.

TÜBİTAK Başkanı Hasan TÜZÜN, Avukat Ali ERSÖZ, gibi.

TOKALAŞMA

Sosyal hayatta ve iş dünyasında tokalaşma, sevginin ve güven duygusunun ifâdesidir. Hatta tokalaşmayı bir tür selamlaşma biçimi olarak da tanımlayabiliriz. Bu sebeple tokalaşma samimiyetle, yapmacıktan uzak, doğal ve içten olmalıdır. El sıkma tanışırken, karşılarken, uğurlarken, vedalaşırken, tebrik ederken, taziye verirken güven, saygı, sevgi ve birlikteliğin ifâdesidir.

Tokalaşırken, tokalaşılan şahısla karşılıklı durulmalı, sağ elin parmakları birbirine yapışık, başparmak havada ve eller birbirine paralel olmalıdır. Muhatabın eli yumuşak bir şekilde tam manasıyla tutulur, gözlerine tebessümle bakıp bir iki kez hafifçe sallamak suretiyle tokalaşılır. El, parmakların ucundan tutularak fazla yumuşak veya çok sert sıkılmamalıdır. Tokalaşırken muhatabın eli, iki ile beş saniye arasında tutulur ve birden değil, yavaşça bırakılır. Tokalaşırken el, dostluk gösterisinde bulunmak ve samimiyet belirtisi olarak ayrıca, taziye verirken iki saniyeden uzun tutulabilir. Fakat bu tokalaşma biçimi alışkanlık haline gelmemelidir; hemcinsiniz bile olsa tokalaşılan kişinin eli uzun süre tutularak konuşmaya devam edilmemelidir.

Tokalaşırken öne doğru çok eğilmeden ve kolu dirsek hizasından yukarıya çok kaldırmadan tokalaşılmalı; üst kolu sıkıp bedene yapıştırarak ürkek bir tokalaşmaktan da kaçınılmalıdır. Küçük yaşlardan itibaren çocuklarla tokalaşılarak bu ilk izlenimde önemli rol oynayan ritüel doğallaştırılmalıdır.

El sıkma, çeşitli kültürlerde farklılıklar gösterir. İş dünyasında Amerikalı hanım ve erkekler devamlı ve hararetle el sıkışırlar. Hanımların önce el uzatması kuralı bu ülke için geçerli değilken, Arap ülkelerinde hanımlarla tokalaşılmaz. Japonlar çok hafif bir el temasıyla tokalaşırken, Fransızlar hafif bir kez sallamak suretiyle tokalaşırken, Almanlar bir kez, çok sıkıca tokalaşmayı tercih ederler. Kültürden kültüre farklılıklar gösteren tokalaşmayla ilgili ülkemizde bilinmesi gerekenler şunlardır:

Özel ve sosyal hayatta, bir hanım elini uzatmadan erkeğin tokalaşmak üzere elini uzatması uygunsuz bir davranıştır. Ayrıca sosyal hayatta el sıkmak için ilk hareket yaşça büyük olandan gelmelidir.

İş dünyası ve resmî ortamlarda statü, mevki ve makam sahipleri el uzatmadan astlar el uzatmamalıdırlar. Eş düzeyde olanlarda, tokalaşmada önce davranan zarif biri olarak algılanır. Uzatılan el havada kalmamalıdır. Elinizi uzattığınızda karşı taraf elini uzatmazsa bu nasıl sizi inciten ve aşağılayan bir davranışsa muhatabınız da aynı duyguları yaşayacaktır. Dolayısıyla uzatılan el düşmanınızın bile olsa tokalaşılmalıdır.

Birden çok büyüğün olduğu bir ortamda el sıkmaya büyüklerden başlanır. Erkekler oturduğu yerden el sıkamaz; dolayısıyla ayağa kalkmalıdırlar. Hanımlar tokalaşırken ayağa kalkmayabilirlerse de mevki makam sahibi, seçkin ve yaşlı kişilerle tokalaşırken hanımların da nezaketen ayağa kalkması beklenir.

Kalabalık davetlerde herkesin elini sıkarak dikkatleri üzerinize toplamak uygun değildir. Tanıdıklara tesadüf edildikçe selamlaşılır. Selamlaşma esnasında diğer davetlilerle de tanışılır. Kalabalık olmayan davetlerde ve toplantılarda ise herkesin eli sıkılmalıdır.

Bir eve gidildiğinde, misafir hanım önce ev sahibesiyle, sonra ev sahibiyle; misafir erkek önce ev sahibesiyle, sonra da ev sahibiyle tokalaşmalıdır. İki çift karşılaştığında önce hanımlar, sonra beyler tokalaşmalıdır.

Beyler hanımlarla tokalaşırken eldivenlerini çıkarmak zorundadır. Ancak hanımlar, kıyafetlerinin tamamlayıcısı olan süs eldivenlerini çıkarmak zorunda değillerdir. Bunun yanında, soğuktan korunmak için giyilen kalın eldivenleri hanımların da çıkarması beklenir.

Yemek yiyen birine tokalaşmak üzere el uzatmak abestir. Uzaktan selamlaşmak yeterlidir. Eller kirli, tozlu, terli veya yağlıyken tokalaşmak da uygun değildir. Böyle bir ortamda, özür dileyerek durum belirtilmelidir. Bu esnada eli bir yerlere veya elbiseye silerek tokalaşmak da hiç doğru bir davranış değildir.

Resmi Ortamda Tokalaşma Kuralları

Resmî ortamlarda tokalaşma kuralları ise şöyledir: Bir resmî makama girildiğinde, el uzatma hakkı makam sahibine aittir. Büroda oturanlar için de bu kural geçerlidir. Dışarıdan gelen, içerideki – makamda, büroda oturan – elini uzatmadan resmî ortamlarda misafir veya ziyaretçi bir hanım bile olsa el sıkışmak için aceleci davranmamalıdır. Sakin bir şekilde bekleyerek uzatılan eli sıkmalıdır.

Resmî ortamlarda tokalaşırken hanımlar da ayağa kalkar. Çok kişinin olduğu resmî ortamda el sıkmaya üst makamdan başlanır. Ayrıca resmî ortamlarda el ve yanak öpülmez. Sosyal hayatta saygı ve sevgi göstergesi olan el ve yanak öpmek, samimi ve özel ilişkiler için geçerli olup açık alanda, sokakta ve taşıtlarda uygun değildir. Sizi arabasıyla evinize bırakan şahıs arabadan inmiş ve sizi uğurluyorsa tokalaşılır, samimiyete göre el veya yanak öpülebilir; ancak şahıs arabadan inmemişse ve samimiyetiniz yoksa kendisine teşekkür edilir, tokalaşmak da şart değildir.

Kartvizit Vermek

Eskiden çok geniş bir kullanım alanı olan kartvizitler bugün iletişimi kolaylaştırmak amacıyla taraflar arasında kullanılmaktadır. Kartvizit, ismin akılda kalması ve iletişim bilgilerinin kalıcı olması amacıyla muhataba verilir.

Kartvizit, tanıştıktan hemen sonra, ziyarete giden tarafından ziyaret edilene verilir. Kartvizit alan kişinin kendi kartvizitini karşı tarafa vermesi nezaketen gereklidir. Şayet mukabele edemeyecekse kartviziti verememe sebebi belirterek özür dilemelidir. İş görüşmelerinde kartvizit, tanışma esnasında veya tanıştırıldıktan sonra verilir. Görüşme bittikten sonra kapıdan çıkarken kartvizit verilmesi uygun değildir.

Eş düzeyden biri kartvizit verdiğinde aynıyla mukabele edilmelidir. Ancak çok üst düzeye kartvizit doğrudan verilmez. Gerekiyorsa asistanına veya sekreterine görüşmenin sonunda çıkarken kartvizit bırakılabilir.

Tanışma işleminden sonra "Size kartvizitimi vereyim." girizgâhıyla kartvizit sağ elin baş ve işaret parmakları arasına alınarak ve muhatabın yüzüne tebessümle bakılarak verilir. Ayrıca kartvizitin verilen kişiye göre ters olmamasına dikkat edilmelidir. Kartvizit alan şahıs ayaktaysa dikkatle inceleyip şahsın adını öğrendikten sonra kartı kartvizitliğe veya çantaya dikkatlice yerleştirmelidir. Eğer toplantı yapılıyorsa toplantı bitene kadar alınan kartvizit masada tutulmalıdır.

Kartvizitin arkasını çizmek doğru bir davranış değildir. Sosyal hayatta iş görüşmelerinin dışında, bir hanımın tanışık olmadığı bir erkeğe kartvizit vermesi de doğru değildir. Bazen kartvizitinizi verdiğiniz şahıs kartınızın üzerine bir şeyleri not alıyorsa, onunla yüzünü yelliyorsa veya ikiye katlıyorsa görüşmenin sağlıklı gitmediği veya iletişimin sağlıklı kurulamadığı düşünülebilir. Bu tür davranışlar muhataba değer verilmediğinin ifâdesi olarak algılanabilir.

KONUŞMA ADABI

Babaannem "Konuşacaksan önce karnında konuş, sonra konuş" derdi. Yılların tecrübesiyle söylenmiş bu söz, konuşurken içten geldiği gibi düşünmeden ve uluorta konuşulmaması gerektiğini ne güzel ifâde etmektedir. İletişimin başlatıcısı da, bitiricisi de sözü doğru ve adabına uygun söyleyebilmekle alakalıdır. Günümüz insanı, ne yazık ki genellikle karşısındakini düşünmeden, kırılacağını, incineceğini hesaba katmadan hatta bencilce duyguların ilhamıyla, bile isteye kırmak için söz söylemekte ve diliyle insanları incitmektedir. Oysa "Tatlı dil yılanı bile deliğinden çıkarır." diyen atalarımızın sözü dikkate alınsa hayatımızdaki birçok anlaşmazlık bertaraf edilebilir. "İki dinle, bir söyle." cümlesi de önce dinlemenin ve dinlemeden konuşmamanın ne kadar önemli olduğu vurgulamaktadır.

Bu konuda öncelikle bilinmesi gereken en ve genel kural; söze büyük başlar. Yaşça ve mevkice büyük olanın söze başlama ve sözü yönetme hakkı baştan kabul edilmelidir. Büyük konuştuğunda, yaşça ve mevkice küçük olanın dinlemesi gerekir. Büyüklerin sözü bitmeden konuşulmaz ve sözleri kesilmez. Misafirlikte ev sahibesinin; sosyal hayatta da aynı yaşta iki kadından statü sahibi olanın sözü başlatmada önceliği vardır.

Bizim kültürümüzde karşılaşılan herkese selam verilirdi. Bu güzel alışkanlığı yaşatmak için göz göze geldiğimiz ve her gün karşılaştığımız kimselerle selamlaşmalı, konuşurken de şu iki sihirli kelimeyi - teşekkür ederim ve lütfen kelimelerini - sık sık kullanmayı ihmâl etmemeliyiz. Yanlış yapıldığında "affedersiniz" demek, hata yapınca yürekten özür dileyebilmek yüce gönüllü olmanın göstergesidir. Atalarımız "Üslubu beyan, aynıyla ihsan." cümlesiyle insanın olduğu gibi konuştuğunu, konuşmanın da insanı temsil ettiğini söylerlerdi. Dolayısıyla konuşurken asla yemin ederek konuşulmamalıdır. En kötüsü de küfürlü ve argo kelimelerle konuşmaktır. Ayrıca konuşurken edepsiz şakalar yapmak cinsel içerikli veya imalı fıkralar anlatmak da toplumdan dışlanma sebebi olabilir. Bu tür anlatımlar, görgüsüzlüğün ve ahlak zafiyetinin göstergesidir.

İyi konuşma, daima olumlu ve yapıcıdır. Bu sebeple, insanların iyi ve olumlu özelliklerinden söz etmek, hem bizim hem de ortamın enerjisini olumlu yönde etkileyecektir. Bir kimsenin hareketlerinin hatalı olduğu ve düşüncelerinde yanıldığı yüzüne söylenirse anlaşmazlıklar doğar ve iletişim kopar. Eksikler ve kusurlar muhatabın egosunu uyandırmayacak uygun bir dille söylenmelidir. İtiraz yaratacak, anlaşmazlık doğuracak konulardan uzak durulmalıdır. Yokluğunda insanların arkasından konuşulmamalıdır. Dedikodu yapan insanla ilgili iki şey düşünülür; ya kıskançtır veya çok mutsuzdur. Her iki sıfat da üzücüdür ve aydın, olgun insan başkalarının hatalarına değil, kendini geliştirmeye odaklanmalıdır.

Rickover'ın "Küçük insanlar kişileri, normal insanlar olayları, büyük insanlar fikirleri tartışır." sözü de bu durumu özetlemektedir. Ayrıca ilke olarak kişinin yüzüne söylenmeyecek sözler, arkasından da söylenmemelidir. Laf taşımak ve insanların arasını bozmak, zayıf karakter özelliğinin göstergesidir.

Konuşurken "Anladınız mı?, Anlaşıldı mı?, Tamam mı?" gibi ifâdelerden kaçınmak gerekir. Başkaları sormadıkça akıl ve öğüt verici konuşmalar yapmamak gerekir. Konuşma anlaşılmadığında "hı" demek, "hayır" manasında "çık" demek, tasdik için "hı hı" gibi ifâdeleri kullanmak, karşımızdakini dikkate almadığımızı düşündürebilir.

Başkalarının yanında sık sık maldan, mülkten, paradan, gezilen görülen yerlerden, alınan şeylerden söz etmek, sorulmadığı halde alınan şeylerin parasını söyleyerek çocuklarla eşle övünmek uygun değildir.

Ayrıca eşten, akrabalardan, çocuklardan şikâyet etmek, onların eksik ve kusurlarını sayıp dökmek, güvenilmez muhatabımızın güven duygusunu zedeler. Çünkü en yakınlarının dedikodusunu yapabilen ve onların kusurlarını deşifre edebilen bir insana ne kadar güvenilebilir... Eleştiri sık yapılır; fakat başarılar, iyilikler ve güzelliklerin söylenmesi konusu genellikle ihmâl edilir. Takdir etmek güzeldir. İltifat gereklidir. Ancak bunlar da dozunda olmalıdır. Bir insanı iltifatlara boğmak, gizli niyetlerin göstergesi olabileceği gibi alay olarak da algılanabilir.

Tanıştığımız kimselere hemen özel hayatlarına dair sorular sormak, oturduğu semti, eşinin memleketini, işini, maaşını, kilosunu veya yaşını sormak görgüsüzlük addedilir.

Konuşurken emir kipi kullanmak uygun değildir. Hiç kimse emredilmekten hoşlanmaz. Astlara ve toplumun alt kesiminde hizmet veren kimselere emir kipiyle konuşmak, "yap, getir, götür, al, gel" denmemelidir. Talimatların soru cümlesi şeklinde söylenmesi daha naziktir; "Getirir misin?, Yapar mısın?, Verir misin?" gibi.

Toplulukta doğru olmayan veya sizin düşüncenize uymayan şeyler söyleniyorsa hemen tepki göstermeyip sabırla dinledikten sonra "Size saygı duyuyorum ancak benim de bu konuda şöyle bir düşüncem var." diyerek düşüncelerinizi beyan edebilirsiniz. "Yalan söylüyorsunuz, hayır öyle değil!" yerine, "Ben sizinle aynı fikirde değilim. Bu konuda ben farklı düşünüyorum." demek daha kibar bir ifâde biçimidir.

Topluluk içinde, tanımadığınız insanların yanında siyasetten, dinden ve spordan konuşulmamalıdır. Çünkü bu konular potansiyel kavga sebebidir. Ayrıca dinler, cemaatler, milletler, ırklar ve cinsler ile ilgili kaba, küçük düşürücü, hakaret içeren konuşmalar yapılmamalıdır. Bunlar espri konusu olmamalıdır. Ayrıca konuşurken genelleme yapmaktan kaçınmak gerekir. "Kayserililer şöyledir, Karslılar böyledir." demek, hem toplumsal bütünlüğümüzü zedeler hem de bizi küçültür.

Özel hayata dair sorulan her soruya, işimizle ilgili gizli konulara ait sorulara cevap vermek zorunda değiliz. "Özür dilerim. Bu soru cevaplayamayacağım kadar özel." cevabı, muhatabımızın kendisine çeki düzen vermesini sağlayacaktır.

Konuşurken kimsenin sözü kesilmemeli, cümlenin bitmesi, kişinin nefes alması beklenmelidir. Yanlışlıkla birinin sözü kesildiğinde özür dilenmelidir. Konuşan iki kişinin arasına girmek, kulak misafiri olmak ve uzaktan laf yetiştirmek doğru davranışlar değildir.

Konuşma pinpon topu gibidir. Toplulukla konuşmayı tekeline almak ve kimseye konuşma hakkı vermemek doğru bir davranış değildir. Gözden düşmenin de en kestirme yolu çok konuşmaktır. Ayrıca çok konuşan kişiler deşifre olacağı için itibarını da kaybedebilir. Toplumun içinde hiç konuşmamak da uygun değildir. Unutulmamalıdır ki "Gölgede kalanın gölgesi olmaz".

Topluluk içinde anlaşılabilir bir dilde konuşulmalı, mesleki dil (jargon) sadece meslektaşlarla birlikteyken kullanılmalıdır. Meslektaşların olmadığı bir ortamda jargon kullanarak konuşmak ukalalık olarak algılanır.

Ev sahibinin kalabalık bir misafir grubundan bir kişiyle konuşması diğer misafirleri yok sayması ya da sadece bir kişiyle ilgilenmesi de saygısızlık olarak kabul edilir.

Sır saklamak ince bir iştir. Size güvenerek sırrını emanet eden bir kimsenin sırrını deşifre etmemek, bu bilgilerin daima sır kalmasına özen göstermek gerekir. Kişinin başarıları ve övgüye değer yönleri topluluk içinde söylenebilir; ancak hata ve kusurları nazik bir biçimde ve yalnızken kendisine söylenmelidir.

Konuşma esnasında hiç kimseye arkanızı dönmemelisiniz. Farkına varmadan arkanızda kalmış kimselerden özür dilemeli ve konuşurken muhatabınızın yüzüne bakarak konuşmalısınız. Bu arada konuşmanız jestlerle desteklenmelidir. Ses tonunuz muhatabınızı rahatsız etmeyecek düzeyde, konuşma hızınızı da takip edilebilecek nitelikte olmalıdır. Çok hızlı veya çok yavaş konuşmak, bağırarak veya kısık bir sesle konuşmak iletişimin bozulmasının sebeplerindendir.

Resmî ortamlarda üstlere, mevkice büyüklere ve hanımlara daima siz diye hitap edilir. Kişi resmî olarak kurumu adına konuşuyorsa "ben" değil, "biz" ya da "kurumumuz, bankamız" demelidir.

Resmî yemek ve sohbetlerde mevki, makam, rütbe bakımından üst unvan ve mevkide olanlar söze başlar. Astlar dinlemede kalmalı, soru sorulunca veya söz verildiğinde konuşulmalıdır. Resmî ortamda yöneticiyi veya iş sahiplerini dinlememek saygısızlıktır.

İş ortamında patronların, âmirlerin aleyhinde konuşulmaz, onların eksiklerinden kusurlarından söz edilmez. İş ortamında saygı dolu, kibar bir sesle, doğal ses tonuyla konuşulmalı, konuşurken fazla jest yapmaktan kaçınılmalıdır.

Konuşurken muhataba gereğinden fazla yaklaşmak ve nefesi muhatabın yüzüne değecek şekilde konuşmak uygun değildir. Ayrıca topluluk içinde bulunulacağı zaman soğan, sarımsak ve ağır kokulu yiyecekler yiyerek muhatap rahatsız edilmemelidir.

Küçükler büyüklere, astlar üstlere başarılar dileyemez. Yanaklarından öperim, sevgiler sunarım gibi ifâdeler kullanamaz. Bu cümleler üstlerin astlara, büyüklerin küçüklere hitaben kullanacağı cümlelerdir.

Küçükler büyüklere, arkadaşlarına ya da akranlarına hitaben kullandıkları "Hadi canım!, Tamam canım." gibi samimi cümleler kullanmamalıdır. Küçükler ve astlar, büyüklerin, mevki ve makam bakımından üstlerin halini hatırını soramaz. Küçükler ve astlar, büyüklere, mevki ve makam sahiplerine "merhaba" diyemez. Çünkü merhaba "Rahat ol, benden sana zarar gelmez." anlamını taşıyan çok samimi bir sosyal selamdır. Ancak akranlar ve eş düzey için kullanılabilir.

Biri size selam verdiğinde yüzüne bakarak selamı aynıyla cevaplamalısınız. Günaydın diyene merhaba denmez. Ayrıca sesli selam verene sadece bakıp baş sallamak kabalıktır.

Konuşurken tebessüm ediniz. Tebessüm sese enerji katar. Özellikle iş dünyasında tebessüm ve göz teması ilişkiyi güzelleştiren unsurdur. Ancak acıklı ve üzücü olayları gülerek anlatmak uygunsuz bir davranıştır. Konuşurken yerli yersiz kahkaha atmak, devamlı kıkırdayarak konuşmak uygun değildir. Mevlânâ'nın, "İnsanların neye güldüğüne bakarak aklını; nasıl güldüğüne bakarak da ahlakını anlarım" sözü de topluluk içinde herkesin dikkatini çekecek biçimde sesli gülmenin uygun olmadığına işaret etmektedir. Hayır demek ince bir sanattır. İngilizler "Bir diplomat evet diyorsa belki, belki diyorsa hayır demektir. Hayır diyorsa o adam diplomat değildir." sözüyle hayır demeden reddetmenin önemine dikkat çekmektedirler. "Hayır" kelimesini kullanmadan ne yapamayacağınızı değil, ne yapabileceğinizi kibarca belirtebilirsiniz.

İş dünyasında yöneticiye ancak karar öncesi sebepler izah edilerek karşı çıkılabilir. Uygulama aşamasında hayır demek, yöneticiyi engellemek olarak algılanır. İş dünyasında sık sık hayır diyen kimseler sorunlu olarak algılanabilir.

Ayrıca biri konuşurken sorular sormak ne kadar iyi dinlediğinizin göstergesidir. Biri konuşurken başka yere bakmak, başka şeylerle ilgilenmek, ilgisiz davranmak, arkaya dönmek, dinlememek ve muhatabı adam yerine koymamak olarak algılanır.

Eleştiri

Eleştiriler çare odaklı olmalı, geçmişe yönelik değil, gelecekte yapılacaklara yönelik olmalıdır. Hiç kimse hata yapmak istemez. Fakat hata yapıldıktan sonra bunun devamlı söylenmesi ve yüze vurulması o hatayı düzeltme şansı da sunmaz. Aksine ilişkilerin zedelenmesine veya bitmesine sebep olur.

Eleştiri, kişinin şahsiyetine, zekâsına, inancına saldırı mahiyetinde değil, olayla ve yapılan hatalarla sınırlı kalmalıdır. Kişiyi aşağılamak veya değersizleştirmek maksadıyla eleştiri yapılmamalıdır.

Eleştiride bulunacağınız zaman, kişiyle yalnız olmaya özen gösterilmelidir. Ayrıca "Sandviç Metodu" denilen, önce güzel bazı yönlerden, övgüye değer şeylerden söz edip sonra hatalı, kusurlu, aksayan şeyler dile getirilip ardından pozitif cümlelerle ve olumlu beklentilerle konuşmayı tamamlamak gerekir.

Çalışanların üstlerini ve iş arkadaşlarını eleştirmeleri doğru bir davranış değildir. Bir yerden ayrılanın ardından eleştirirde bulunmak da dedikodudan farksız bir tutumdur.

Her an her şeyi eleştiren insanlardan uzak durmak gerekir. Çünkü bunların eleştiri okları gün gelip bizi de yaralayacaktır.

İnsanların içinde sizi kabaca ve acımasızca eleştiren insanlar karşısında sakin kalmaya ve hemen savunmaya geçmemeye özen gösterin. Kızgınlıkla verilen cevaplar, ilişkilerin bitme sebebi olabilir. Sakin kalıp durumu anlamaya çalışıp ortam kontrol altına alınmalıdır.

TELEFON ADABI

Telefon, iş hayatında ve özel hayatta hassasiyetle kullanılması gereken bir iletişim aracıdır. Bu konuda uyulması gereken kurallar göz ardı edildiğinde özenle oluşturduğunuz olumlu etkiler, kötü bir telefon konuşmasıyla yerle bir olabilir. Şirketler ve kurumlar iyi bir izlenim için büyük meblağlar öderler; ancak uygunsuz bir telefon konuşması, iyi izlenimlerin bozulmasına sebep olabilir. Bu nedenle özel ve sosyal ortamlarda ve iş dünyasında herkesin telefon konuşma kurallarını çok iyi bilmesi gerekir.

Şu da unutulmamalıdır ki; telefonla konuşmak göz teması, mimikler, jestler olmadığı için yüz yüze konuşmaktan daha zordur.

Genel ilke olarak telefon iki defa çalmadan açılmamalıdır. Cevaplarken "Alo, buyurun." yerine "Efendim" kelimesi kullanılmalıdır. Telefon eden üst makamsa "Buyurun Efendim" denebilir. Telefon eden kişi karşı tarafı selamladıktan sonra unvan ve adını soyadını söyledikten sonra konuşmaya "müsait misiniz?" sorusuyla devam etmelidir.

"Günaydın ben İSTİB Genel Sekreteri Özlem ÖZAYDIN Sevil Hanımla görüşebilir miyim?" gibi.

Şayet aranan kişi telefonu açmışsa "Buyurun ben Sevil." diye cevap vermelidir. Aranan kişi yoksa "Sevil Hanım henüz gelmediler, ben yardımcı olabilir miyim?" veya "Notunuzu iletebilir miyim?" şeklinde arayana yardımcı olunmalıdır. Karşı taraf kendini takdim etmemişse "Kimsiniz?" denmemeli, "Kim aradı diyelim? Kimin aradığını sorabilir miyim?" gibi zarif cümleler kullanılmalıdır. Sizinle konuşurken kendini tanıtmamış olan muhatabınıza "Kiminle görüşüyorum?" sorusu, "Kimsiniz?"den daha uygundur.

Telefon ederken aranılan numara dikkatle tuşlanmalıdır. Yanlış numara düştüğündeyse telefon karşı tarafın yüzüne kapatılmamalı, kibar bir şekilde özür dilenmelidir. Yanlış bir numaranın arandığı kuşkusu varsa "Kimsiniz?, Neresi orası?, Kaç numara orası?" gibi sorular kullanılmamalı "Özür dilerim, Canan Hanımla mı görüşüyorum?" denmelidir. Arayan kişi tarafınızdan hatırlanmamışsa "Özür dilerim çıkartamadım biraz daha kendinizi tanıtır mısınız?" denmelidir. Telefonu kapatma hakkı arayana aitse de yaşça ve statü bakımından büyüklerle yapılan telefon görüşmelerinde telefonu önce kapatma hakkı büyüklere aittir. Bu kural hanımlar için de geçerlidir. Konuşma bittiğinde bir süre büyüğün telefonu kapatmasını bekleyiniz. Büyükler ve üstler telefon görüşmesini bitiriş kelimelerini söyleyip kapatınca siz de telefonu kapatabilirsiniz. Küçükler "tamam, oldu, haydin, iyi günler" gibi sözcükleri söyleyemezler. Eş düzeyde olanlarla görüşmelerde ise telefonu kapatma hakkı arayana aittir.

Telefonda konuşurken, iş hayatında odaya âmiriniz veya bir üst makam girerse ayağa kalkıp görüştüğünüz şahsa "Bir dakika." deyip elinizle ahizeyi kapatıp "Müsaadenizle efendim." diyerek konuşmaya devam edebilirsiniz. Şayet konuşma uzayacaksa ve çok önemli değilse "Müsaadenizle ben sizi sonra arayabilir miyim? Şu an çok müsait değilim." diyerek izin aldıktan sonra konuşmayı bitirebilirsiniz. Odanıza gelen üst makama veya büyüğe rağmen, izin istemeden konuşmaya devam etmek saygısızlıktır.

İş ortamında, kalabalık bir mekânda veya başkasının odasındaysanız size gelen bir telefonu dışarı çıkarak cevaplandırabilirsiniz.

Telefon görüşmesi esnasında etrafa emirler yağdırmak, laf yetiştirmek, telefonda konuşurken bir şeyler yemek ve kalemi ağza götürmek uygun olmayan davranışlardır.

Telefonda konuşurken ses doğal, samimi ve içten olmalıdır. Telefonda konuşurken ses değiştirmek, yapay bir tonlamayla konuşmak ve yüksek sesle konuşmak karşı tarafta olumlu bir izlenim bırakmaz. Çok hızlı, tonlama ve vurguya dikkat etmeden, dursuz duraksız süratli konuşmak anlaşılmayı engeller. Telefonu açmadan boğaz temizlenmeli, konuşma esnasında tebessüm edilmelidir. Canlı ve enerjik bir ses tonuyla konuşmak, telefonda iletişimin başarısını artıran en önemli unsurdur.

Telefonla yapılan görüşmeyi yanınızdakiler de duysun istiyorsanız hoparlör, karşı tarafın iznini almak suretiyle açılabilir. Arayanın izni olmadan konuşmayı başkalarına dinletmek çok ayıptır.

Telefonla konuşurken ikinci bir telefon çaldığında özür dileyerek çalan telefon açılmalı, arayanın kim olduğu öğrenildikten sonra astsa beklemeye alınmalı, üst makamsa hemen görüşülmelidir. Çalan telefonu açıp hiçbir şey demeden konuşmaya devam etmek, arayanı gereksiz bekletmek ayıptır. Bu arada bekletilen bir üst makam, yaşlı bir kimse veya âmiriniz de olabilir.

Telefonda konuşurken aksırmak veya öksürmek zorunda kalınmışsa kesintiden sonra "Affedersiniz." diyerek konuşmaya devam edilmelidir.

Astlar aynı binadaki üstlerini telefonla arayıp bilgi vermek yerine, odasına giderek bilgi aktarımında bulunmalıdır. Gizlilik derecesi olan konular telefonda konuşulmamalıdır. Uzun uzun konuşarak muhatap telefonda esir alınmamalı, telefonun ihtiyaçları gidermek üzere kullanılan bir iletişim aracı olduğu ve fazla meşgul edilmemesi gerektiği akıldan çıkarılmamalıdır.

Telefonu kapatmadan önce "Görüştüğümüze sevindim" denmeli, teşekkür edilip "iyi günler, iyi akşamlar" gibi sosyal inceliklere dikkat edilmelidir. Güzel duygular uyandıracak cümlelerle telefon görüşmesi bitirilmelidir.

Konuk olduğunuz bir işyerinde veya evde işyeri veya ev sahibinin izni olmadan telefon konuşması yapılmamalı ve izin alındıktan sonra konuşmanın süresi kısa tutulmalıdır. Şehirlerarası ve uluslar arası görüşmeler için çok acil ve önemli değilse görüşme talebinde dahi bulunulmamalıdır.

Özel telefonlar sabah 10:00 dan önce ve akşam 22:00 den sonra aranmamalıdır. Çok acil ve önemli bir konuda belirtilen saatler dışında özel telefon arandığında özür dilenerek durum belirtilmelidir. Cumartesi öğleden sonra, pazar tam gün özel telefonlar keyfi aranmaz. Bu saatler, insanların kendilerine ve sevdiklerine ayırdıkları özel saatlerdir.

Bir mekânda, orada olmayan birinin telefonu çaldığında telefon açılmamalı, şahıs geldiğinde telefonun çaldığı haber verilmelidir. Müsait olmadığınız bir anda telefona cevap vermişseniz müsait olmadığınızı belirtip "Ben sizi müsait olursanız 17.00 den sonra arayabilirim." diyerek sözünüze riâyet ediniz. Müsait olmadığınızı söyledikten sonra, "Beni akşam 17.00 den sonra arayın" demek doğru olmaz. Çünkü cevap veremeyen siz olduğunuz için şahsı sizin aramanız uygundur.

Ayrıca "Müsait misiniz?" sorusuna "Çok müsait değilim, çabuk anlatın." cevabı karşı tarafı zor durumda bırakan uygunsuz bir cevaptır.

Evde misafir veya ziyaretçi varken çok gerekli ve önemli olmadıkça telefon edilmemeli ve fazla konuşulmamalıdır. Aramak zorunda kaldığınızda misafirden izin alarak arama yapılabilir.

Günümüzde iş dünyasında görüşmeler genellikle telefon aracılığıyla yürütülmektedir. İşyerinde telefon eden kişi, telefonu cevaplayan kişiyi selamlayıp kendini tanıttıktan sonra kiminle görüşmek istediğini belirtmelidir.

"Ben Nuran Akalın, Başkan Bey ile görüşebilir miyim?" gibi.

Kamusal ve özel kuruluşlarda yönetici asistanı veya sekreter önce kurumu tanıtıp selam vermelidir.

"TEBO İyi günler size nasıl yardımcı olabilirim?"

"Vakıfbank, ben Nilay. İyi günler, size nasıl yardımcı olabilirim?" gibi.

Özel kaleme veya sekreterliğe telefon edildiğinde telefonu açan adını söylemek zorunda değildir. Sorulduğunda söyleyebilir.

Başkasına ait telefonu açan kişi "Hülya Ulusoy Hanımefendinin telefonu şu anda meşguller. Size nasıl yardımcı olabilirim?" şeklinde cevap verebilir.

Makam mevki sahibi kişilere telefon edildiğinde "saygılar" sözüyle selamlanırken astlar "iyi günler" diyerek selamlanmalıdır.

Özel ve sosyal konuşmalarda, selam ve saygı sözünden sonra üstlere "Nasılsınız?" sorusu sorulmaz. Çünkü üst makamlara hal hatır sormak uygun bir davranış değildir.

Bir yönetici arayıp da bulamadığı astına gelince kendisini aramasını söyleyebilir. Fakat ast, aradığı bir üstünü bulamayınca üstün sekreterine "Söylersiniz beni bir arasın" demesi uygunsuz bir davranış olur. Ast, cevap verene "Aradığımı iletir misiniz?" diyebilir. Ancak zorunlu olmadıkça astın üstü telefonla araması doğru değildir.

Bir yönetici, bir ast veya bir hizmetlinin telefona çıkacağı ihtimaline karşı, özel ve gizli olmadıkça, hiç kimseyi doğrudan aramaz ve sekreteri aracılığıyla görüşmelerini yapar.

İlke olarak üst makam, astın sekreteriyle görüşmez. Buna bağlı olarak bir üst astını ararsa üstün sekreteri ast makamı telefona alıp yöneticiye bağlar. Ast makamın üstü ararsa astın sekreteri üst makamı arar. Üstün sekreteri ast makamı alıp yöneticisine bağlar. Eş düzeydeki yöneticilerin görüşmesinde, iki tarafın sekreteri de aynı anda yöneticileri aktarmalıdır. Bu zor olduğu için genel kural, önce arayanın telefona çıkması şeklindedir. Devlet ve özel sektör ilişkilerinde, devlet kuruluşlarının yöneticileri öncelik taşır. Dolayısıyla özel kuruluşun yöneticisi, devlet sektöründen bir yöneticiyi aradığında resmî kuruluşun sekreteri, özel kurumun yöneticisini alır, kendi yöneticisine bağlar.

Aradığımızda cevap alamadığımız bir telefonu gün içinde defalarca aramak uygun değildir. Şahıs müsait olduğunda bize cevap vereceği için sabırla beklemek gerekir. Hem iş hem cep telefon numarası olan kimseleri, öncelikle iş telefonundan aramak gerekir.

Telefonun aranma sesi standart sese olmalıdır. En olmadık yerde yanık bir türkünün çalmaya başlaması veya popüler bir parçanın cep telefonlarında çalma sesi olarak ayarlanması uygun değildir. Yönetici telefonda konuşuyorken odasına girilmemelidir. Ast içerideyken üstün telefonu çalarsa özel ve önemli bir telefonsa ast izin isteyerek odadan çıkmalı, işi bitmemişse telefon görüşmesi bittikten sonra odaya girmelidir. Üstün odasına girerken cep telefonunun sesi kısık moda alınmalı, arayanlara ancak odadan çıktıktan sonra cevap verilmelidir.

İş yerinde telefon görüşmeleri mümkün olduğunca kısa tutulmalı, özel görüşmeler mesai saatleri dışında yapılmalı, iş yerinin telefonu özel görüşmeler için meşgul edilmemelidir.

Cep Telefonuyla Konuşma Adabı

Günümüzde neredeyse çocukların bile elinde olan ve sabit telefonların yerini alarak çok yaygın kullanılan cep telefonlarıyla konuşurken telefon adabında belirtilen kurallar aynen uygulanmalıdır.

Eşinizle kafa dinlemek veya günün stresini atmak üzere gittiğiniz bir restoranda, yan masadakilerin bağıra çağıra yaptığı telefon görüşmesi bütün gecenizi berbat edebilir. Zarif bir insan kendisinden pay biçerek etrafı rahatsız etmeyecek davranışlar içinde olan insandır.

Kamuya açık mekânlarda, otobüste, metroda ve kalabalık yerlerde yüksek sesle konuşulmamalı, özel hayata dair bilgiler yabancılara dinletilmemelidir.

Misafirin veya büyüklerin yanında cep telefonunuz çaldığında izin isteyerek telefonu açmak nezaket gereğidir.

Cep telefonuyla biri arandığında arayan önce kendini tanıttıktan sonra müsait olup olmadığı sorularak konuşmaya devam edilmelidir.

Bazen sokakta veya caddede insanların hem yürüyüp hem de telefonda derin bir sohbete daldığını ve çok sayıda insanın bu halde olduğunu görürsünüz. Oysa cep telefonu ihtiyaç gidermek için kullanılmalıdır. Bir sohbet aracı olmadığı unutulmamalıdır. Görüşmeler kısa tutulmalı, telefon fazla meşgul edilmemelidir.

Cep telefonunun nezaket gereği ve can güvenliği dolayısıyla sessize alınması veya kapalı tutulması gereken yerler vardır. Eğitimde, konferansta, tiyatroda ve cenazelerde nezaketen cep telefonları sessize alınır. Ayrıca yoğun bakım ünitelerinde, benzinlikte ve uçakta cep telefonları can güvenliği dolayısıyla kapatılmalıdır.

Telefonun kapalı olması gereken yerlerde unutkanlıkla açık bırakılmışsa çaldığında cevap vermeden ve özür dileyerek derhal telefonu kapatmak en doğru harekettir.

Makam odasına girerken cep telefonu kapatılmalı ve asla açılmamalıdır. Ancak dışarıdayken üstlerin veya yöneticilerin yanında telefonun çalması durumunda ve önemli bir telefon görüşmesi olduğu düşünülüyorsa üst makamdan izin isteyerek açılmalı, alçak sesle konuşulmalı ve görüşme mümkün olduğunca çabuk bitirilmelidir.

İş yemeklerinde ve resmî ziyaretlerde, cep telefonunu yemek masasının üstüne koymaktan kaçınmak gerekir. Yemek yerken telefon görüşmesi yapılmamalıdır.

Toplantılarda ve toplantı odasında cep telefonları sessize alınmalı, çok acil ve önemli görüşmeler, toplantı başkanından izin alınarak toplantı salonunun dışında yapılmalıdır.

Cep telefonuyla arandığınızda müsait olmama durumunda "ben sizi birazdan arayacağım" diyerek müsait olmadığınızı bildirebilirsiniz. Müsait olmadığınızda nezaketen olumsuz şartlarda konuşmaya devam etmek iki tarafı da zor durumda bırakır.

Özel ve kişisel telefonu numarası kişinin mahremiyetidir. Dolayısıyla izin almadan başkalarının ev ve cep telefonlarının numaraları üçüncü şahıslarla paylaşılmamalıdır.

İş ilişkileri içinde olunan kişilerin hem cep hem sabit numarası varsa kişi öncelikle sabit numaradan aranmalıdır. Çok acil ve önemli konularda sabit hattan ulaşılamadığında şahıs cep telefonundan aranabilir.

Yöneticilerin, sekreteri veya asistanı aracılığıyla başkalarını kişisel cep telefonundan aratması uygun değildir. Kişisel cep telefonu kime aitse onun tarafından kullanılır. Ancak astları veya başkalarını, onların cep telefonundan sekreteri aracılığıyla arayabilir.

E – POSTA ADABI

E-posta, kullanıcıların elektronik ortamda yazdıkları ve birbirlerine gönderdikleri iletilere verilen addır. Bugün hızlı ve düşük maliyetli olduğu için çokça tercih edilen bir iletişim yöntemidir.

E-posta kullanımının yaygınlaşması ile bu iletişim aracının kullanım kuralları belirginleşmiştir. E-postanın hızlı ve pratik olması birçok sıkıntıyı da beraberine getirmiştir. Her gün çok sayıda gereksiz maili açıp okuyup silmek başlı başına külfetli bir iştir. İş dünyasında zaman en kıymetli metadır, bu sebeple gereksiz mailler zaman kaybına sebep olmaktadır. E-postanın güvenilir bir iletişim aracı olmadığını da belirtelim. Bu sebeple çok gizli ve çok özel iletilerin elektronik ortamda gönderilmesi uygun değildir. Bazen açık bir kartpostaldan farksız olduğu unutulmamalıdır.

Bir e-postada iki bölüm vardır, bilgi ve metin kısmı. Başlık bilgilerini düzenlerken e-postanın kime gittiğine bir kez daha göz atmakta fayda vardır. Çünkü bazen isim benzerliklerinden dolayı mailiniz çok farklı kimselere gidebilmektedir.

Başlık bölümünde bulunan bilgi kısmına her mailde yöneticinizi eklememeye özen göstermelisiniz. Yöneticilerin her mailde bilgiye yazılması, gereksiz bir yığın maille uğraşmalarına ve zamana kaybına sebep olmaktadır. Yöneticiyi bilgiye koyarken "Bu maildeki bilgilerden yöneticim gerçekten haberdar olmalı mı?" sorusunu kendimize sormalıyız. BCC, (gizli karbon kopya)kullanımı etik olmalıdır. Birisiyle yazışırken bir başka şahsı BCC'ye eklersek, yazıştığımız kişi, BCC'de olanı göremez. İletişimde şeffaflık ilkesi ihlal edilmiş olur. Ancak BCC kullanımı bazen toplu gönderilerde listedeki şahısların birbirilerinin adresini görmemeleri için kullanılabilir ki bu kullanımı çok zariftir.

E-posta dağıtımlıysa astlara ve üstlere birlikte gidiyorsa öncelikli olarak üst makamların adresini, sonra da kıdem sırasına göre astları listelemek gerekmektedir. Bilgi kısmında üst makamın adresi, astlardan sonra yazılmamalıdır.

Konu bölümüne hakkında, dair, ait ibareleri yazılmaz çünkü bunları yazmak muhatabımızın zekâsına hakaret olarak yorumlanmaktadır. Ayrıca konu, içeriği özetleyen birkaç kelimeden olmalıdır. Konu kısmında kısaltma yapılmamalıdır. "Rapor" uygunsuz bir konu başlığıdır çünkü daha sonra arandığında bulmayı kolaylaştıracak anahtar kelimelerden yoksundur. Bunun yerine mesela "Güncellenmiş 2014 Bütçe Raporu" gibi birkaç detayı barından bir konu başlığı, arandığında bulmayı kolaylaştıracağı için daha iyi bir başlıktır.

E-posta metnini oluştururken mail daima hitapla başlar. Hitapsız mail gönderilmez. Metni oluştururken cümleler tam ve anlamlı olmalı, kelimelerde kısaltma yapılmamalıdır. Özellikle saygı bildiren kelimelerde kısaltma yapmak saygısızlık olarak değerlendirilir. Sayın yerine sn, saygılar yerine syg, teşekkürler yerine tşk diye kısaltılmaz, kelimeler tam yazılmalıdır.

Baş sağlığı mesajı, tebrik, özür, nikâh veya nişan davetiyeleri elektronik ortamda gönderilmez. Bu tür gönderiler muhatabımızı dikkate almadığımız veya davete katılmasını istemediğimiz şeklinde yorumlanabilir.

Tamamı büyük harfle yazılan mailler bağırmak anlamındadır. Elektronik ortamda bir kelimeyi bile -kısaltmalar hariç- büyük harfle yazmaktan kaçınmak gerekir. Türkçe karakterlerin yaygınlaşması için mail Türkçe karakterle yazılmalıdır.

Gülen yüz, ağlayan yüz gibi "smiley"ler iş ortamında tanışıklığımız veya görüşmemiz olmayan kimselere kullanılırsa laubalilik olarak değerlendirilir. Smiley'ler ancak çok samimi olduğunuz kimselerle yapılan gayrı resmî yazışmalarda kullanılır.

Her mailden sonra okundu teyidi istenmesi güvensizlik olarak algılanmaktadır. Mailin sonunda iletişim bilgilerinin bulunması gerekir. Muhatabınız bir başka iletişim yönetimini kullanmak istediğinde nezaketen işini kolaylaştırmak gerekir. Unutulmamalıdır ki muhatabınız üslubunuza bakarak sizi değerlendirme yoluna gitmektedir. Bu sebeple, bilhassa kurum içi maillerde, emredici tonlardan uzak durmak gerekir. Başkasının yüzüne söylenmeyecek şeyler elektronik ortamda yazılmamalıdır. E-postanın yazıldığı alan, nezaket ve görgü kurallarından azade değildir. Özellikle kaba söz ve imadan mail yazarken de kaçınmak gerekir.

Elektronik İletişim

İnternetin kullanımı ile ilgili bazı kurallar, internetin yaygınlaşmasıyla gelişmeye başlamıştır. İnternet kullanımı ve sosyal paylaşım siteleri için geçerli görgü kurallarını şunlardır: Birkaç gün önce tanışılan ve herhangi bir samimiyet geliştirilmemiş insanlara sosyal paylaşım sitelerinde arkadaşlık teklif etmek görgüsüzlüktür. Ayrıca arkadaşlık teklifi için yaş, mevki ve statü göz önünde bulundurulmalıdır. Listenizde olanlara blogunuzu, sayfanızı, grubunuzu beğenmeleri için baskı yapmak, bu isteğe uymayanları tekrar tekrar uyarmak uygun bir davranış değildir. Fotoğraf albümündeki kişilerin haberi olmadan, kendilerine sorulmadan fotoğraflarını yayınlamak ayrıca adlarını fotoğrafın üstüne yazmak kaba bir davranıştır.

Kişisel notlar veya ilaç reklamları için arkadaşların Facebook duvarlarını kullanmak, buralara laubali mesajlar yazmak, takma ad kullanarak sosyal paylaşım sitelerinde kaba, çirkin, ayıp sayılacak şeyler yazmak ve siyasi yorumlarda bulunmak eğitimsizliğin ve saygısızlığın göstergesidir.

Unutmamak gerekir ki internet ortamında insanlar, bizi yazdığımız şeylere göre yorumlayacaklardır. Bu sebeple, yazdıklarımızı bir kez daha gözden geçirmekte fayda vardır.

Sosyal paylaşım sitelerinde ruh halinizi yazmak, mahrem konuları paylaşmak, ne yiyip içtiğinizi ilan etmek, gezilen yerlerin reklamını yapmak, insanları özendirmeye çalışmak görgüsüz olarak değerlendirilme sebebidir.

Toplu maillerde gizli karbon kopyayı kullanmadan kişilerin adreslerini gizlememek, kişilerin mahremine saygısızlık olarak değerlendirilir. Çünkü ev ve cep telefon numarası nasıl şahsa sorulmadan bir başkasıyla paylaşılmazsa e-posta adresleri de aynı muameleyi hak etmektedir.

Son zamanlarda popülerleşen "Bu e-postayı 10 kişiye gönder, göndermezsen..." gibi mailleri başkalarına göndermek görgüsüzlüktür.

Gelen e-postanın doğruluğunu denetlemeden ve haber olma ihtimalini dikkate almadan, savunduğunuz politik görüşü destekleyen bir e-postayı ilgili ilgisiz herkese göndermek uygunsuz ve daha sonra üzülme sebebiniz olabilecek bir davranıştır. Gelen e-posta, listelere hiçbir filtre kullanılmadan gönderilmemelidir. Sanal ortamdaki ilişkilerimize, yüz yüze kurduğumuz iletişimde olduğu gibi, gereken özeni göstermeli ve hassas davranmalıyız.

Bir arkadaş görüşmesinde, yemekte veya toplantıda devamlı cep telefonuyla oynamak, mesaj yazmak ve etrafla ilgilenmemek görgüsüzlük olarak değerlendirilir.

DAVET

Davetler ve buna bağlı olarak misafir ağırlama usûlünü bilmek her zaman için bir meziyet olarak değerlendirilmiştir. Dede korkut hikâyelerinde bile, "Misafiri gelmeyen kara evler yıkılsa daha iyi..." gibi bir değerlendirme öteden beri toplum olarak misafire ve misafirlik adabına verdiğimiz önemi gözler önüne serer. Toplum olarak misafirperverliğimiz ile tanındığımıza göre davet ve misafir ağırlama ile ilgili incelikleri şöyle sıralayabiliriz:

Davetlerde önemli olan ikramın bolluğu değildir. Önemli olan tatlı dil, güler yüz, sevgi ve saygıyla davetlilerimize muamele etmemizdir. Bir davetin başarısı, onu düzenleyenin her şeyi inceden inceye düşünmesi ve planlaması ve hazırlamasında gizlidir. Bu sebeple sorunsuz bir davet vermek için sadece yemek listesini hazırlamak yeterli değildir. Hazırlık şekli için de ayrıntılar dikkate alınmalı, detaylar üzerinde düşünülmelidir. Kalabalık davetlerde bütçe uygunsa yardımcı personel kullanmak, davetin güzel geçmesi için kolaylık sağlayacaktır.

Davetlere birbiriyle uyumlu, bir araya gelmesi sorun olmayacak ve birbirleriyle tanışması uygun insanlar davet edilmelidir. Davetli listesinin uyumlu olması, davetin başarısını temin edecek en önemli unsurlardandır.

Davetlerde birbirine statü ve makam bakımından çok yakın konukları çağırmak(örneğin iki genel müdür, üç vali davet etmek gibi) karşılamadan oturmaya ve uğurlamaya kadar sorun teşkil edecektir. Bu sebeple onur konuğu bir numara olmalıdır. Bir başka kutlamayla çakışmaması ve davetin planlandığı şekilde gerçekleşmesi için davet günü ve saati dikkatle tespit dilmelidir

Onur konuğu ve hatırlı kimselere davet bizzat makama gidilerek yapılmalı, davetiye elden bırakılmalıdır. Onur konuğu varsa ve konuklar davetiye ile çağrılacaksa onur konuğunun isminin davetiyede yer almasına özen gösterilmelidir. Davet, bir onur konuğu şerefine verilecekse çok önceden bu davet ziyareti gerçekleştirilmeli ve onur konuğunun uygun olduğu tarihe göre davet tarihi belirlenmelidir. Ayrıca onur konuğunun davet etmek istediği kimseler olup olmadığı da öğrenilmelidir. Davet edilmesi düşünülen diğer kişiler hakkında da onur konuğuna yüzeysel bir bilgi verilmesi uygun olur.

Davet eden kişi daha önce kendisini davet edenleri davet etmelidir. Ancak burada bilinmesi gereken önemli kural, davete aynıyla cevap verilme şartının olmamasıdır. Sizi öğle yemeğine davet eden bir dostunuzu siz akşam davet edebilirsiniz.

Davetlileri karşılamak, gelenlerin hoşça vakit geçirmelerini sağlamak ve birbirleriyle tanıştırarak hepsiyle yakından ilgilenmek ev sahibinin görevidir.

Davet sahibi, bütün konuklarına özel bir ilgi ve ihtimam göstermelidir. En üzücü olan, davet sahibinin bazı konukları el üstü, tutarken bazılarını da dışlamasıdır. Davet vermedeki püf noktası; tüm konuklar, o günün en kıymetlisi olduğu düşüncesiyle evinizden veya davetinizden ayrılmalıdır. Davetteki konukseverliğiniz dostlukları pekiştiriyorsa yorulduğunuza değecektir. Ancak herkese gösterilen nezaketin yanı sıra, yaşlı ve mevkice önemli kişilere ilave bir saygı göstermek, diğer davetliler tarafından anlayışla karşılanacaktır; ancak bütün ilgiyi bu şahıslara yöneltmemek gerektiğinin de altını çizelim.

Davetler evde ve dışarıda olmak üzere öncelikle ikiye ayrılır. Unutulmamalıdır ki, konukları evde ağırlamak külfetli bile olsa restoranda ağırlamaktan daha zarif ve daha anlamlıdır.

Ev Davetleri

Ev davetleri, yapılış saatine ve ikram türüne göre kendi içinde çeşitlilik göstermektedir.

Şehir hayatı, iş yoğunluğu ve günlük koşuşturmalar her ne kadar ev davetlerini olumsuz etkilese de, mabedimiz ve mahremimiz olan evin konuklara açılması, ilişkilerin daha sıcak ve yaşanası olması açısından son derece önemlidir.

Kahvaltı Daveti

Günün ilk yemeği olan kahvaltı, son zamanlarda resmî temaslarda dahi kullanılan, iş ve özel görüşmelerin yapıldığı bir davet çeşidi olmuştur. Hatta okullarda velilerle görüşmelerde bile kahvaltılı görüşmeler gelenek haline gelmiştir. Kahvaltı davetinde biçimsellik olmadığı ve daha serbest bir davet biçimi olduğu için özensiz davranılmamalı, şık bir kahvaltıyla akıllarda kalıcı olunmalıdır.

Masaya uygun kahvaltı takımları, Türk çay bardağı seti, içecek bardakları, yumurtalık, kahvaltılık çatal bıçak takımı, tuzluk ve şekerlik konulmalıdır. Masanın ortasına zeytin, peynir çeşitleri, çeşitli ekmekler, börekler, çörekler, reçel çeşitleri, salam, sucuk ve domates-biber-salatalığın yanı sıra yeşillikler(roka, nane, dereotu) konur. Misafirler geldiklerinde hemen masaya davet edilmeli, davetlilerin çay – kahve tercihi belirlendikten sonra misafirlerin talebine göre, sorularak yumurta pişirilmeli; bu esnada ekmekler kızartılır ve isteklere göre kenarı alınmış ekmekten yapılan tostlar hazırlanır. Genellikle sabahın erken saatinden saat 10.30'a kadar süren kahvaltılarda, servis için misafirler de ev sahibine yardımda bulunabilirler.

Brunch

Güne geç başlayanlar için daha kapsamlı ve daha geç vakitte düzenlenen sabah kahvaltısı ve öğle yemeğinin birleştirildiği bir davet biçimidir. Genellikle saat 10.00 ve 15.00 arası yapılır ve daha ziyade hafta sonları tercih edilir. Brunch daveti telefonla veya yüz yüze yapılabilir. Kahvaltının sıcak-soğuk etler, börekler, kekler, pastalar, kompostolar ve tatlılarla zenginleştirilmiş bir çeşidi olmakla birlikte, yine de kahvaltılık malzeme ağırlıklı bir davettir.

Kahvaltı sofralarında kullanılan takımlar, üzerinde masa örtüsü bulunan bir masaya yerleştirilir. Yiyecekler de masaya yerleştirilir. Bir nevi açık büfe tarzında servis yapılır.

Açık Büfe

Konuk sayısının fazla olması durumunda açık büfe tercih edilebilir. Gayrı resmî ortamlarda herkesin servisini kendisinin yaptığı bir davet türüdür. Brunch gibi hazırlanır; tek fark davet saatinin değişmesidir.

İyi hazırlanmış bir büfede: ayakları görünmeyecek biçimde masa örtüsü örtülerek düzenlenmiş birkaç masa üzerine, standart yemek sırasını takip edecek biçimde yiyecekler yerleştirilmelidir. Masada servis gereçlerinden (tabak, çatal, bıçak, kaşıktan) sonra giriş yemeği, mezeler, zeytinyağlılardan sonra ana yemekler, tatlılar ve meyveler sergilenir.

Her bölümün başında servis tabakları bulunur. Açık büfede her şey sağdan sola doğru dizilir. Açık büfelerden yemek alırken, kıtlıktan çıkmış gibi tabakların tıka basa doldurulmasının ne kadar çirkin göründüğü düşünmelidir. Ayrıca yiyecekler bitecekmiş gibi her şeyden bir anda tabaklara almak, soslularla, yoğurtlu yiyecekleri ve asla bir araya gelmemesi gereken tatlılarla, tavuk butlarını, balıkları aynı tabağa koymak görgüsüzlük olarak kabul edilmektedir.

Açık büfede öncelikle tüm büfe dolaşılarak yiyecekler gözden geçirilmelidir. Böylece yiyeceklerin ne olduğu ve yerleri belirlendikten sonra, yeme alışkanlığınıza bağlı olarak önce bir giriş yemeği tabağa alınır ve masaya dönülür. Mezelerden ikinci kez almak istendiğinde büfeye ikinci kez gidilebilir. Büfenin özelliği, isteyen istediği kadar istediği yemekten alır. Her şeyin baştan sona tadına bakılması da gerekmez. Eğer büfe dışarıda düzenlenmişse her yiyecek grubu için tabak mutlaka değiştirilmelidir. Ancak evde hazırlanan büfelerde davetli, uygun yemek türlerini aynı tabağı bir kez daha kullanmak suretiyle alır.

Büfede nadide yiyecekler ve pahalı yiyecekler masanın sonundadır. Büfe C –B – A bölümlerinden oluşacak şekilde düzenlenir. C bölümü diye adlandırılan bölümde, genellikle alışılmış yiyecekler ve mezeler bulunur. Daha sonra gelen B bölümünde etler, soslar ve köfteler bulunur. A bölümünde ise genellikle nadide yiyecekler bulunmaktadır. Yiyecek alırken diğer davetlilerin de bu yiyeceklerden tadabilmeleri için çok fazla alınmamalıdır ve tadımlık porsiyonlar alınmasına dikkat edilmelidir.

Açık büfe daveti oturmalı değilse çorba ikram edilmez. Oturmalı olmayan davetlerde, bıçağa da ihtiyaç duyurmayacak ve çatalla yenebilecek yiyecekler tercih edilmelidir. Dolayısıyla sıcak, soğuk yemekler, tatlı ve meyvelerden oluşan bu ikramlarda peynir çeşitleri, ince dilimlenmiş söğüş etler, hindi ve tavuk etleri, somon, karides, zeytinyağlılar, döner, köfte, kuzu veya dana fırın, sigara böreği, börek çeşitleri, kızarmış küçük köfteler ve meze tarzı salatalar sunulmalıdır. Meyve olarak da kavun, karpuz, üzüm ve ayıklanmış çilek, kiraz, erik ikram edilebilir. Kışın meyve çeşidi az olduğu için ağırlıklı olarak kekler, pastalar, sütlü tatlılar ikram edilebilir.

Çay Daveti

Günümüzde hanımların arkadaşlarıyla buluşmak, görüşmek amacıyla gündüz 14.00 -17.00 arasında düzenledikleri bir ağırlama modelidir.

Hanımlar bu toplantılarda genellikle çay ve yazın, çayla beraber soğuk içecekler de ikram ederler. Çay daveti genellikle evin salonunda, verandada veya terasta düzenlenir. Masa örtüsü ve yemek peçetesinden biraz daha küçük boyutlu kumaş çay peçeteleri davetinizin şıklığı açısından önemlidir. Çay davetleri gündüz olduğu için mum yakılmaz. Çay masası olabildiğince sade ve şık bir biçimde düzenlenir. Vazoda taze çiçekler bulundurulabilir. Masanın üzerine sıcak börek ve pideler çay servis edileceği zaman getirilir. Tuzlu ikramlar, börekler, tuzlu poğaçalar, tostlar, kanepeler ve salatalar masada daha önceden yerini alır. Çay tepsisi genellikle gümüş olur. Gümüş tepsiye örtü örtmek gerekmez. Ancak bardakların altına, çay tabaklarının içine küçük dantel kâğıt örtüler koymak gerekir.

Davet, masa etrafına toplamak suretiyle yapılacaksa misafirler masaya davet edilir. Konuklara oturdukları koltuklarda çay servisi yapılacaksa yiyecekler tek kişilik servis sehpalarının üzerinde ve servis tabaklarında ikram edilir. Şayet misafirler kalabalıksa açık büfe tarzında hazırlanan masalardan herkes dilediği kadar yiyeceği tabağına alır ve misafirlerin çayları tepsi içinde servis edilir. Misafire servis yaparken her şey tepsi içinde sunulmalıdır; elde servis yapılmaz. Tek bardak dahi tepsiye konur ve tepsi içinde sunulur. İlke olarak bardakları ev sahibesinin doldurması beklenir. Evdeki yardımcı servise yardım etse de çay servisini ev sahibesi yaparsa daha şık olur.

Çay davetlerinde erime ihtimali olan ve daha sonra servis edilecek tatlılar, tuzlu ikramı bittikten sonra masaya getirilir. Keklerin dörtte biri dilimlenmiş olarak masaya getirilmelidir. Kremalı pasta tabağa servis edilirken dilimin düzgün bir biçimde tabağa konması gerekir. Servis yaparken dilimin dağılıp bölünmemesine de dikkat edilmelidir; ince dilimler tabağa yatay olarak konulabilir. Tatlı ikramına geçildiğinde tabak, çatal ve bıçağın değiştirilmesi gerekir. Rejim gerekçesiyle pastaların kremalarını tabağa sıyırıp sadece keklerini yemek kaba bir davranıştır. Kremalı pasta ikramını rejim yaptığınız için yiyemeyecekseniz teşekkür edip gerekçenizi söyleyerek geri çeviriniz ya da çok ince bir dilim almak suretiyle ikramı kabul ediniz. Bazen kremalı pastanın kreması tabağın kenarına sıyrılıp bırakılmamalıdır. Kremanın bulaştığı çirkin görünümlü bir tabakla diğer misafirler rahatsız edilmemelidir.

Resmî Ortamda, Makamda ve Evde Çay-Kahve İçme Kuralları

Türkiye'de konuklara çay ve kahve ikram etmek gelenektir. Çay, günlük ziyaretçilere ikram edilirken kahve de hatırlı ve değerli konuklara ikram edilir. Resmî ortamlarda, çalışma hayatında ve evlerde her an çay-kahve ikramı söz konusu olduğu için, bunların ikramı ve içilmesi ile ilgili incelikleri de bilmek gerekir.

Resmî ortamlarda, makamda veya işyerinde konuğa imkânlarınız yeterli değilse, "Ne içersiniz?" diye sorulmamalıdır; zira konuk uygunsuz veya olmayan bir içecek isterse mahcup olabiliriz. Konuğa "Çay-kahve, size ne ikram edelim?" diye sorulmalıdır. Hatırlı konuklara kahve ikram edildiği unutulmamalıdır. Resmî ortamda konuklara "Kahvenizi nasıl emredersiniz?" diye sorulurken iş dünyasında, iş için görüşmeye gelenlere ve astlara "Çay-kahve, ne içersiniz?" sorusuna ast konuklar, ziyaretçiler ve iş için görüşmeye gelenler "Çay lütfedersiniz" demelidirler.

İş yerinde ve makamda çay içme süresi, görüşmenin süresini belirler. Çay içmeye ayrılan zaman, aslında ziyaretçiye ayrılan süredir. Makamda çay ikram edildiğinde ziyaret edilen yönetici veya makam sahibi çay içmeye başlamadan misafir veya ast, çaya içmeye başlamaz. Bu konuda genel kural: ikram eden başlamadan yiyip içmeye başlanmaz. Çay veya kahve içmeye ikram eden yöneticiyle birlikte başlanması bir görgü kuralıdır.

İkram edilen şey zorunlu olmadıkça veya bir sebep bulunmadıkça geri çevrilmemelidir. İkramı kabul edemediğinizde, sebebi beyan ederek kibarca teşekkür etmelisiniz. Makamda yönetici, yani ikram sahibi çay veya kahvesini bitirince ziyaretçi, yöneticiye ikram için teşekkür eder. İzin isteyerek kalkar.

Ev sahibi veya makam sahibi, evde ya da işyerinde nezaketen davet ettiği veya ziyaretini kabul ettiği misafir ne içiyorsa onu içip misafire refakat etmesi şık bir davranış olarak algılanmaktadır. Ev sahibinin (makamda, büroda) ikram ettiğinden yiyip içmemesi doğru değildir.

Ülkemizde poşet çay ve bitki çayları fincanda, demleme çaylar ince bardakta servis edilir. Kesme bardak, çayı soğuttuğu için kullanılmamalı, misafire kulplu ve kalın cam bardakta çay ikram edilmemelidir.

Çay ve kahve, evde hizmetçi tarafından yapılmış olsa bile geleneklerimize göre servisi evin hanımının yapması çok zarif bir tavırdır. Makamda ast ziyaretçilere ve eş düzeye ikramı makam hizmetlisi yaparken, üst düzey misafire ve onur konuklarına ikramı yönetici asistanı veya sekreter yapar.

Çay ve kahve mutlaka tepsiyle sunulur. Kaşık alana göre sağda, çay tabağının içinde olmalıdır. Kaşık fincanın veya bardağın içine koyulmamalıdır. Çay veya kahve konuğun eline verilmez. Masada oturanın önündeki sehpaya servis edilir. Çay, kahve ve bütün içecekler konuğun sağından servis edilirken boş bardaklar mümkün olukça soldan alınmalıdır.

Çay şekeri, şekerlikle ve şeker maşasıyla ikram edilir; şeker de elle değil, maşayla alınarak çaya atılır. Makamda, büroda veya işyerinde kapalı ve paketli kesme şeker ikram edilmelidir. Çayın yanına koyulan açık şekerin elle tutulduğu düşüncesi rahatsızlık verebilir.

Kahvenin yanında kürdana batırılmış lokum ikramı yapılabilir. Ayrıca son zamanlarda lokum, kişiye özgü, bir kişilik küçük lokumluklarda kahve ile ikram edilmektedir. İşyerinde kahveyle çikolata da ikram edilmektedir. Ancak birbirine yapışmış çikolatalar, ikramı kabul edeni zor durumda bıraktığı için, bonbon ikramı daha uygundur.

İşyerinde veya makamda, hizmet görevlileri misafirin kahvesini veya çayını makam masasına bırakmamaları konusunda uyarılmalıdır. Çünkü makam masası, makam sahibinin mahrem alanıdır. Bu alanın başkaları tarafından kullanılması, makam sahibinde husumet duygusunun uyanmasına, dolayısıyla görüşmenin verimsiz geçmesine sebep olacaktır. İkram, makam hizmetlisi tarafından yanlışlıkla makam masasına bırakılmışsa ziyaretçinin fincanı veya bardağı önündeki sehpasına alması uygun olur.

Çay veya kahve içerken çay bardağı veya fincan tabağıyla birlikte ele alınır. Tabak sehpada bırakılmaz ancak ikram masada yapılmışsa tabak masada kalabilir. Çay ve kahve tabağı, sohbet sırasında da elde tutulmalıdır. İçecekler zaman zaman öndeki sehpaya tabağıyla birlikte konmalı, sonra tekrar birlikte alınarak içilmeye devam edilmelidir.

Çay, şekerli içiliyorsa şeker maşayla bardağa atıldıktan 10 saniye kadar sonra ses çıkarmadan, bardağın kenarlarına sert hareketlerle kaşığı dokundurmadan hafifçe karıştırılır. Kaşık yalanmadan veya bardağın kenarında sallanmadan çıkarılır ve tabağın sağına bırakılır. Çay içerken kaşık bardağın veya fincanın içinde bırakılmaz.

Çay veya kahve höpürdetilerek içilmez. Mümkün oldukça sessiz ve küçük yudumlar halinde içilmelidir. Höpürdetme sesi genellikle içeceğin sıcak olmasından kaynaklanır; bu durumda biraz beklemek uygun olur.

Poşet çay ikram edilmişse poşet, kaşığın yardımıyla fincanın kenarında hafifçe sıkılır ve fincan tabağının kenarına koyulur. Poşet fincanın içinde bırakılmaz veya kül tablasına çay poşeti koyulmaz.

Yemek Davetleri

Yemek davetleri, ilişkilerin gelişmesi ve güçlenmesi için en çok tercih edilen davet biçimidir. Zevkli olduğu kadar zahmetli de olan bu davetlerde, her ayrıntının dikkatle gözden geçirilmesi ve davetin adım adım planlanması başarıyı beraberinde getirecek ve davetinizin akılda kalıcı olmasını sağlayacaktır.

Bu tür davetleri, garsonsuz ve davetlilerin de servise yardımcı olduğu görgü kuralları kapsamında düzenlenen özel yemek davetleri (gayrı resmî yemek daveti) ,garsonlar tarafından servisin yapıldığı sosyal amaçlı yarı resmî davetler ve her anında protokol kurallarının geçerli olduğu resmî davetler olmak üzere üçe ayırabiliriz.

Resmî yemekler genellikle akşam düzenlenir. Özel ve yarı resmî davetler, öğlen ve akşam yemeği olarak düzenlenmektedir.

Gayrı Resmî (Özel) Yemek Davetleri

Misafirler bu yemek davetine yüz yüze görüşmelerle veya telefonla çağırılırlar. Masa düzeni abartılmadan genellikle evde verilen davetler olup öğle ve akşam yemeği olarak düzenlenebilir. İkram abartılı olmamalıdır ve konuklar masada servise yardımcı olabilir. Bu tür davetlerde nezaket ve görgü kuraları geçerlidir. Davette önemli bir konuk varsa koyu renk giysiler tercih edilebilir. Böyle bir durum söz konusu değilse hanımlar için normal, şık bir elbise; beyler için kravatsız gömlek kumaş pantolon, kış mevsiminde de blayzer ceket tercih edilebilir. Gayri resmî yemek davetleri genellikle kışın 19.00 veya 19.30, yazın da 20.00 civarında başlar.

Yarı Resmî Ziyafetler

Daha ziyade kurumların sosyal amaçlarla verdikleri davetlerdir. Kurum personelinin veya meslektaşların tanışması ve dayanışması amacıyla, derneklerin de faaliyetlerini tanıtmak maksadıyla düzenledikleri yemeklerdir. Ayrıca kurum yöneticisinin toplantı salonunda konuklara verdiği yemek, iş sahiplerinin müşterilerine verdiği öğle ve akşam yemekleri de yarı resmî olarak nitelendirilebilir. Görevden ayrılan yönetici onuruna personelin düzenlediği veda ziyafeti de yarı resmî kabul edilir. Yarı resmî yemek daveti, gayrı resmî ve resmî yemek davetleri arasında bir davet türüdür.

Yarı resmî ziyafetlerde konuklar, telefonla veya basılı kartlarla davet edilirler. Kıyafet serbest olmakla birlikte öğlen ve akşam yemeklerinde koyu renk giysiler tercih edilmelidir. Masada mönü kartı olabilir. Mönüde en fazla beş çeşit yemek bulunur. Servis garsonlar tarafından yapılır. Davet sahibi veya misafirler servise yardımcı olmazlar.

Konuklar, yemek salonunun girişinde oluşturulan konuk kabul hattında davet sahibi ve eşi tarafından karşılanırlar. Konuklar resmî davet ve ziyafetlerde görevli personel, özel ve sosyal davetlerde de davet sahibinin yakınları veya bu işle görevlendirilenler tarafından karşılanır ve yemek salonuna getirilirler. Onur konuğunun şerefine verilen yemek davetinde konuk kabul hattında yemeği düzenleyen kurumun âmiri, sağında eşi, sağında onur konuğu ve eşi misafirleri karşılamak üzere konuk kabul hattını oluştururlar.

Resmî Davet ve Ziyafetler

Resmî yemek daveti son zamanlarda büyük ölçüde yarı resmî yemek daveti olarak yapılsa da protokol kurallarının her an uygulandığı davetlerdir.

Başbakan, bakanlar, kurum âmiri, müsteşar, başkan ve genel müdürlerin, il ve ilçelerde vali ve kaymakamların, resmî amaç ve nedenlerle verdikleri yemek davetleridir.

Bu yemek daveti, bastırılmış davetiye kartlarıyla yapılır. Davetliler de katılıp katılmayacağı bilgisini yazılı olarak yaparlar. Söz konusu davet, kurum binasında, konutta, hatta restoranda dahi yapılsa protokol kuralları geçerlidir.

Resmî ziyafetler, kurum adına yöneticinin temsil niteliği gereği düzenlettiği davetlerdir. Üst düzey konuklar veya onur konuğu şerefine, davetiyeyle katılımın gerçekleştiği ve giderlerini kurumun karşıladığı resmî nitelikli davetlerdir.

Resmî yemeklerde, erkek ve kadın konuklar resmî kıyafet giyinirler. Salon girişinde misafirlerin ismi anons edilir. Konukların oturacakları yer, salon girişindeki masa müşirinde gösterilir.

Yemek masaları en şık örtüler, şamdanlar, porselenler, kristal takımlar ve çiçeklerle süslenir. Masadaki servis tabağı içine veya tabağın sol başına konukların sadece unvanı ve soyadlarının yazıldığı yer kartları koyulmalıdır. Ancak baş masada oturacak onur konuğu için -yemek zaten onun şerefine verildiğinden- yer kartı düzenlenmez. Onur konuğunu, oturacağı yere ev sahibi buyur etmelidir. Onur konuğu oturduktan sonra diğer misafirler masadaki yerlerini almalıdır.

Resmî yemeklerde konukların oturacakları yerler, temsil ettikleri kurumların devlet veya il protokol listelerine ve ayrıca kişilerin unvanına, rütbe ve statülerine uygun olacak biçimde belirlenmelidir. Kurum personeli kendi unvanlarına uygun konuklarla eş düzeyde ve birlikte oturmalıdırlar. Bu tür yemeklerde, misafirlerin bir masada, ev sahiplerinin ise başka bir masada oturmaları veya masanın bir tarafına ev sahiplerinin diğer tarafına konukların oturtulması davetin amacına uygun değildir. Çünkü bu tür davetler sinerji oluşturmak ve yakınlaşmak maksadıyla düzenlenmektedir.

Resmî yemeklere geç kalmamak için gayret edilmelidir. Davetlilerin önemsemesi gereken bir husus, onur konuğuna ve davet sahibine saygı gereği, onur konuğundan önce davet yerine gitmeyi gerektirir. Bu tür davetlere onur konuğundan sonra gelmek abestir. Geç kalma süresinde tolerans 15 dakikadır. Yarım saatten fazla geciken konuk beklenmez. Astlar gecikeceklerini haber verseler de beklenmezler. Geciken onur konuğu ise en fazla bir saat beklenir. Onur konuğu gelmeden davet başlamaz.

Resmî davetlerde konuklar, yemeğin başlamasından otuz dakika önce küçük bir salona alınır, burada aperatif ikramı yapılır ve bütün konukların bir araya gelmesi sağlanır. Onur konuğu gelince ev sahibinin onur konuğu ve eşine hitaben yapacağı davetle yemek salona geçiş başlar. Salona önce onur konuğu, davet sahibi ve eşleri birlikte girerler. Yemek salonuna davet sahibi ve onur konuğundan önce girilmez. Daha sonra misafirler, mevki ve statülerine göre yavaş yavaş yemek salonuna girer ve masalarda yerlerini alırlar. Ev sahipleri, bulundukları masadaki misafirler oturduktan sonra yerlerine otururlar. Kalabalık davetlerde protokol görevlileri, misafirlere oturacakları yerleri göstererek yardımcı olurlar. Davete gelmeyenlerin masada yeri boş kalır. Önceden gelenlerin masadaki yerlerini değiştirmesi mümkün değildir. Çünkü salon girişindeki masa müşirinde konukların yerleri belirlenmiş, bu oturma planına uygun olarak da masaya isimlikler yerleştirilmiştir. Davet başladıktan sonra gelen konuk sessizce yerine oturmalıdır. Bu davetli, onur konuğunun ve dolayısıyla davet sahibinin masasındaysa ev sahibi masadan kalkmadan geç kalan konuğu yerine buyur eder.

Yemek ikramı 5 veya 6 çeşittir. Sadece cumhurbaşkanının verdiği davetlerde yemek yedi çeşit olur. Servis garsonlar tarafından ve protokol kuralları dâhilinde yapılır.

Resmî yemekler 20.30'da başlar. Resmî yemeğe en az 16 konuk davet edilir. Masanın kadın ve erkek bakımından dengeli olmasına gayret edilir.

Resmî davette son ikram kahvedir. Yemekten ayrılış için onur konuğu gözetilmelidir. Onur konuğu ayrılmadan yemekten ayrılmak doğru olmaz. Resmî yemeklerin bitiş saati genellikle 23.00'tür. Ayrılan her konuk, davet sahibinin yanına gider, teşekkür ve saygılarını sunarak davetten ayrılır. Davet sahibi sadece onur konuğunu kapıya kadar uğurlar. Bu durumda davet sahibinin eşi, diğer konuklarla salonda kalmalıdır.

Resmî yemeklerde çok dikkat edilmesi gereken bir konu, üst düzey bir şahıs veya onur konuğu yemek davetini kabul ettiği takdirde birbirine yakın seviyede birkaç konuk davet etmemelidir. Onur konuğu daima bir numarada olan kişidir. Davet sahibi, birbirine denk birkaç kişiyi davet edip içlerinden birini onur konuğu kabul ederse diğer konuklar bundan rahatsız olur. Bu durumdan dolayı, konukların oturma düzeninde de rahatsız edici durumlar ortaya çıkabilir. Onur konuğuna ev sahipleri özel bir ilgi gösterirken diğer konuklarla da saygı çerçevesinde ilgilenmelidirler. Bu konuya dikkat etmeden yapılan bir davet, itibar kaybına sebep olabilir.

Resmî yemeklerde salon girişinde konukların adının anons edilmesi, artık demode bir davranış olarak kabul edilmekle birlikte, isim anonsu yapılıyorsa üst düzey yöneticilerin ve tanınmış kimselerin adı söylenmeden sadece unvanı belirtilir.

"Sayın Başbakan ve Eşi" gibi.

Davetiyeler

Konukların nasıl davet edileceği de önemli bir konudur. Davetin yapılışında hangi yöntemin tercih edileceği davetin niteliğine, konuk sayısına, konukların yakınlık ve samimiyet derecesine göre değişir.

Sözlü Yapılan Davetler

Çay, öğle ve akşam yemekleri, gayrı resmî ve yarı resmî yemeklerde davetli sayısı sekizi geçmemişse davet sahibi davet etmek istediği konukları telefonla, hatırlı konukları da bizzat ziyaret etmek suretiyle davet eder.

Sözlü davette en önemli kural, davetin ev sahibesine yapılmasıdır. Ayrıca davet günü, saati ve yeri gibi konular dikkatle söylenmeli ve bu konuda yanlış anlaşılmalara meydan verilmemelidir. Davet kabul edildiğinde giyimle ilgili özel bir kural varsa bu belirtilebilir. Yarı resmî akşam yemeklerinde ve resmî yemeklerde koyu renk takım elbise giyilir ve bu ön şart davetiyede de belirtilir.

Sözlü davet telefonla yapılabileceği gibi yüz yüze de yapılabilir. Ancak bir dostunuza sözlü davette bulunurken yalnız olduğu zamanı tercih etmelisiniz. Bir başka tanıdığınızın yanında dostunuzu davet ettiğinizde davet edilmeyen kişi buna üzülebilir ve kendini dışlanmış hissedebilir.

Davetli sayısı fazlaysa telefonla bütün davetlileri çağırmak zor olacağı için davet yazılı yapılabilir.

Yazılı Davet

Konuk sayısının fazla olduğu çay, kokteyl, parti ve açık büfe davetleri kartla yapılır. Kartla davet, aslında telefonla davet gibi gayrı resmî davettir. Konuk sayısı yirmiyi geçtiği zaman, ev sahibesini telefon etmekten kurtarmak amacıyla yapılır. Son zamanlarda davet kartlarının, çok doğru bir uygulama olmamakla birlikte, elektronik ortamda gönderilmesi popülerleşmiştir. Ancak bu davetlerde L.C.V. (Lütfen Cevap Veriniz) kısmı işletilmeli, davetliler davete katılıp katılamayacaklarını mutlaka bildirmelidirler.

Basılı Davetiyeler

Resmî yemeklere ve resepsiyonlara davet, basılı davetiyeyle yapılır. Davetiyelerde üslup çok zarif olmalı, davetin türü ve amacı kısaca ve açık bir biçimde belirtilmelidir. Davetiye kartı ve zarf iyi cins, kaliteli bir kâğıt olmalıdır.

Kurumsal bir resmî davette, davetiyede kurumun ve davet sahibi yetkilinin adı-soyadı; davet eşliyse kurumun adı ve yetkilinin ad-soyadıyla birlikte refakat eden eş, bay veya bayan olarak sadece soyadıyla yazılır.

"İGDAŞ Genel Müdürü Ahmet BARAN ve Bayan BARAN" şeklinde.

Davetiyelerde davetlinin adı ve soyadının yazılacağı satır açık bırakılır. Bu satıra, elle ve siyah çini mürekkebiyle adlar yazılır.

Resmî sıfatları olanlara, resmî unvanıyla "Sayın Vali, Bayan MUTLU" resmî unvanı olmayan davetli çift, bay ve bayan kelimeleriyle, davetli erkeğin veya hanımın adı soyadı yazılır.

"Bay ve Bayan Tufan KARADENİZ" veya davet edilenin adı soyadı ve eşi "Bayan Betül ÖZTÜRK ve Eşi" şeklinde de yazılabilir.

Resmî davetlerde davet edilenin adı önce refakatteki eşin bay bayan sözcüğünden sonra soyadı yazılır. Sayın Ayşe AKAGÜNDÜZ ve Bay AKAGÜNDÜZ

Son zamanlarda kalabalık davetlerde metin içinde "eşinizle teşrifleriniz" ifâdesi kullanılmakta olup davet edilen kişinin adı ve soyadı sadece zarf üzerine yazılmaktadır.

Davetiye evli bir çifte gönderilmişse zarfın üzerine sadece erkeğin adı-soyadı yazılır.

Evli çiftin verdiği bir sosyal davette; "Ayşe ve Mehmet TURAN" şeklinde hanımın adı önce, erkeğin adı sonra yazılır. Davet edilenler de "Sayın Suzan - Çelik AKTÜRK" veya "Sayın Çelik AKTÜRK ve Eşi" olarak yazılabilir.

Valiler ve büyükelçiler, devlet adına davet ettikleri için resmî davetiyenin sonunda davetlilerin teşriflerini veya "onurlandırmalarını rica ederler.

Buna mukabil bakanlar ve yöneticiler, kurumları adına üst ve eş düzey konuklarını davet ettiklerinde davetlerini onurlandırmalarını saygıyla dilerler.

Özel davetlerde ise, davet sahibi davetlilerin davete katılmalarını veya onur vermelerini saygıyla bekler veya dilerler.

Davetli sayısının tespiti için, davetiye altına L.C.V rumuzu ve irtibata geçilecek telefon numarası yazılır. Cumhurbaşkanının davetlerinde L.C.V bulunmaz. Çünkü bu davete icap etmek gerekir. Bazı resmî davetlerde "mazeret halinde" ibaresi vardır. Davet edilen kişi ancak katılamayacağı zaman özür dileyerek katılamayacağını bildirmelidir. Kişi bildirmediği takdirde davete katılacağı kabul edilir. Kokteyl ve resepsiyonlarda ise mazeret halinde ibaresi yerine L.C.V rumuzu kullanılır.

Resmî yemek, resepsiyon veya kokteyllerde davetiye, şahsa ve unvana mahsustur. Davete icap edilmeyeceği zaman davetiye bir başkasına devredilemez. Gidilemeyecekse mazeret beyan edilip teşekkür edilir. Ancak bir yönetici, ast veya eş düzey kuruluşların davetine astını gönderebilir.

…. Genel Müdürü ve Bayan Ali ÖZTAŞ

….Kurumu A.Ş

Eskişehir Lokasyonunun açılış töreni münasebetiyle verecekleri kokteyli onurlandırmalarını Bay ve Bayan Ali PUSAT'tan saygıyla dilerler.

Kıyafet

Adres

Yer

Tarih

Saat

Kıyafet Koyu Renk Takım Elbise

L.C.V ………..

Devlet Konuk Evi

11.05.2014 18.30-20.30

Restoranda Davet

Bazen konuklarımızı evin müsait olmaması veya evin kalabalık sayıda konuğu ağırlamaya elvermemesi durumunda restoranda ağırlayabiliriz.

Restoran davetinde sizin bildiğiniz, yemeklerini tanıdığınız ve servisinden memnun kaldığınız bir restoran olmasına özen göstermelisiniz. Çünkü bilinmeyen bir yere gitmek, birçok riski de beraberinde getirir.

Restoran davetinde konuklardan bir saat önce restoranda bulunmak, rezerve edilen masayı, hazırlıkları ve size hizmet edecek servis personelini kontrol etmek için gereklidir. Gerekirse servis personeline bahşişini önceden vererek gecenin kusursuz olmasını sağlayabilirsiniz. Kontrolden sonra girişe yakın, kapıyı göreceğiniz bir yerde misafirlerinizi bekleyebilirsiniz. Onur konuğunuz önce gelirse onu hemen masaya götürüp yüzü geniş alana, sizin sağınızda ve sırtı duvara gelecek biçimde hâkim bir noktaya oturtmalısınız. Bu durumda diğer konukların karşılanması ve masaya getirilmesi konusunda şef garson uyarılmalıdır.

Ev sahibi içkili bir davet vermişse yemekten önce aç gelmiş konuklar düşünülerek konuklarına aperatif önerebilir. Son konuk gelene kadar beklenir. Davete diğer konukları bekletmemek için geç kalınmamalıdır. Ancak davete geç kalma süresinin en fazla 20 dakika olduğu da unutulmamalıdır.

Yemek ısmarlanırken daha önce gittiğiniz bir restoran olduğu için, konukları yönlendirebilirsiniz. Ayrıca sıkılgan ve kararsız konuklara seçimlerinde de yardımcı olabilirsiniz. Mönüden seçim yaparken başgarsonun önerisi de alınabilir. Konukların bilmesi gereken husus; mönüdeki en pahalı yemeği ve en pahalı içecekleri ve tatlıları söylememektir.

Yemek siparişi ana yemekle başlar. Ev sahibi "Giriş yemeği olarak çorba ister misiniz? Ara sıcak olarak ne arzu edersiniz?" diyerek konuklara yardımcı olmalıdır. Konuklar, yemek isteklerini ev sahibine bildirirler ve son siparişi garsona ev sahibi bildirmelidir.

Restoranda içecek siparişi, bütün konukların ne yiyecekleri belli olduktan sonra verilir.

Restoranlarda garson "Şefim", "Kardeş", "Garson" diye seslenerek ya da bardağa çatal, bıçakla vurarak yapılmaz. Unutulmamalıdır ki; garsona zarif tavrımız, servisin sorunsuz yapılmasını sağlayacaktır. Garson göz temasıyla ve baş hareketiyle çağrılır.

Altı kişiden az olan yemeklerde, masaya bir hanım geldiğinde veya masadan kalktığında erkek konukların da masadan kalkması gerekir. Masaya geri dönen hanım konuğu, beyler yine ayağa kalkmak suretiyle karşılarlar.

Hesap ödenirken konuklar hesabın ödenmesi için yardımcı olmayı veya ödemeyi teklif etmemelidir. Şayet daha sonra gönderilen faturanın ödemesi konusunda anlaşılmışsa davetten sonraki gün adrese gelen faturanın ödemesi yapılır. Davet sahibi, bir ara masadan kalkıp hesabı süratle ödeyebileceği gibi, davetliler gelmeden aşağı yukarı tahmin edilen meblağ da kasaya bırakılabilir; daha sonra restoranla bir şekilde hesaplaşma yapılabilir.

Masaya hesap gelmişse faturaya göz atan davet sahibi, bahşişi de ekleyerek ve göstermeden hesabı ödemelidir. Ancak adisyon fişinin uzun uzun misafirlerin önünde incelenmesi şık bir davranış değildir.

Bahşiş Vermek

Bahşiş aldığımız hizmete teşekkürümüzdür.

Ayrıca güzel hizmetin ve güler yüzün bundan sonra da devamı için gereklidir. Toplumun hizmet sektöründe çalışanların büyük çoğunluğunun, maaşlarından ziyade aldıkları bahşişle geçindikleri düşünülürse bu konuda biraz daha hassas davranmak gerekir.

Bahşiş vermenin kuralları yapılan işe, hizmetin süresine, mekâna ve muhatabımıza bağlı olarak değişiklik gösterecektir.

Bu arada, bulunulan mekânlarda olması gerekenden fazla bahşiş bırakarak komik durumlara düşenleri de fark etmişsinizdir. Bu para saçıcılar, verdikleri yüklü bahşişe rağmen alay konusu olmaktan kurtulamazlar. Çünkü abartılı her şey orada bir problem olduğunun işaretidir. Bunun yanı sıra, komik miktarlarda bahşiş bırakmak da saygınlığımızı zedeler. Çok az veya çok fazla bahşiş bırakmak uygun değildir.

Size hizmette yardım etmiş olsalar bile mekân sahiplerine, başgarsona, doktora veya hemşireye bahşiş verilmez.

Bahşiş otelde valeye, kat görevlisine, oda servisi yapan personele, resepsiyoniste; kuaförde manikür, pedikür yapan çalışanlara, kişisel bakıma yardımcı olanlara ve kuaför çırağına verilir. Restoranda, garsona, valeye, tuvalet görevlisine(bir kez) ve vestiyer görevlisine verilir.

Günlük hayatta, gece servis sağlayan market çırağına, kuru temizleme servis görevlisine, eve çiçek getirenlere ve eve servis yapan teknik personele verilir. Ayrıca aracınızı yıkayan şahsa bir miktar bahşiş bırakılır. Apartman görevlisine yılda birkaç kez vereceğiniz bahşiş de ilişkilerin daha verimli olmasını sağlayacaktır.

Bahşiş göze sokar gibi, herkese göstererek veya duyurarak verilmez. Kuaförde bazı hanımların, kuaför çırağının pantolon cebine el sokmak suretiyle bahşiş verişine şahit oluyorum. Kuaförden çıkarken kasada ücreti ödeyip uygun bir bahşişi, ödemek istediğiniz şahsı işaret ederek kasanın olduğu yere bırakabileceğiniz gibi, işiniz bittiğinde kuaför masasının veya manikürcünün arabasının kenarına tebessümle teşekkür ederek de bahşiş bırakabilirsiniz.

Son zamanlarda otellerde, restoranlarda ve kafelerde bulunan bahşiş kutusuna uygun bir miktar bahşiş bırakmak tercih edilmektedir.

Restoranda hesabı kredi kartıyla ödeseniz bile yanınızda bulunduracağınız bozuk paralarla bahşiş vermeniz uygundur. Bahşişin miktarı yapılan işe göre değişmekle birlikte sizin memnuniyetiniz ve maddi durumunuz da bu miktarda belirleyici olmaktadır. Restoranda hesabın %10'unun bahşiş olarak bırakılması gelenekselleşmiştir. Bahşiş şayet hesaba eklenmişse bu durumda tekrar bahşiş verilmez.

Çantanızda, yanınızda, arabanızda her an bozuk para bulundurmak, bahşiş verme konusunda sizi rahatlatacak bir alışkanlıktır.

Yemek Davetlerinde Oturma Planı

Protokolün en zor konularından biri, davetlileri önde gelme sıra düzenine uygun oturtabilmektir. Gayrı resmî, yarı resmî ve resmî davetlerde en önemli konu, davetlilerin masadaki oturma düzenidir.

Çok yorulduğunuz, çokça emek ve para harcadığınız bir davetin hüsranla sonuçlanmaması için, konukları mevki ve onurlarına yakışacak bir biçimde oturtmaya özen göstermelisiniz. Çünkü konukların, özellikle resmî yemeklerde, mevkilerine uygun oturtulmadıkları zaman salonu terk etmeleri doğaldır.

Davetlilerin Oturma Düzeni

Davetlilerin oturma düzeni, davette onur konuğunun ve eşlerin olmasına, davetlilerin sayısına ve yemek salonunun genişliğine göre belirlenir. Yani oturma düzeni bazı değişken şartlara göre belirlenmektedir.

Davette konuk listesini resmî ve sosyal mevkileri birbiriyle uyumlu, çeşitli meslek ve sanat dallarının mensupları oluşturmalıdır. Konuk sayısı belirlenirken yemek salonunun kapasitesi dikkate alınmalı, konuklar çok sıkışık mekânlarda ağırlanmamaya özen göstermelidir. Bu ev davetleri için de geçerlidir.

Davetlerde oturma düzenini belirlerken ev sahibi ve ev sahibesinin karşılıklı oturması en tercih edilen uygulamadır. Ev sahipleri, masanın iki başında veya orta merkezde genellikle karşılıklı otururlar. Mümkün olduğunca konuk eşler karşılıklı değil, aynı sırada ve yan yana oturtulmalıdır. Yuvarlak masada ise davet sahipleri karşılıklı oturur. Ev sahibinin sağına onur konuğu erkek, soluna ikinci davetli erkek; ev sahibesinin sağına birinci onur konuğu hanım, soluna da ikinci onur konuğu hanım oturmalıdır.

Ev sahibesinin de katıldığı davetlerde, erkek konuklar için birinci yer, ev sahibesinin yanıdır. Hanımların katılmadığı davetlerde birinci yer, ev sahibinin sağıdır. Hanımların katılmadığı davetlerde onur konuğunun yerini belirlerken, salon ve masa düzeni uygunsa onur konuğu, sırtı duvara yüzü ve geniş alana bakacak biçimde oturtulur.

Evli hanımlar, dul ve bekâr hanımlara göre daha öncelikli olmakla beraber, yaşlı ve bekâr hanımlara sosyal statüleri dikkate alınarak masada yer verilir. Genç kızların resmî bir sıfatı yoksa kadın konuklar arasında oturma düzeninde en sonda yer alırlar. Mümkün olduğunca masada iki erkeği veya iki hanımı yan yana oturtmaktan kaçınmak gerekir. Bunun için davetli sayısı bir çift sayı olursa erkek ve kadınlar yan yana düşmezler. Kalabalık olmayan davetlerde bu kural dikkate alınmalıdır.

Uzun Masa (Merkez Başlarda)

Masada ev sahibi ve ev sahibesinin oturdukları yer masa merkezi olarak ifâde edilir. Merkez, masa başlarındaysa birinci erkek konuk, ev sahibesinin sağına; birinci hanım konuk da ev sahibinin sağına oturtulur. Masanın ortasına doğru giderek sosyal statüsü düşük olanlar oturtulurlar. Çünkü merkez, sohbetin zayıfladığı yerdir.

Bu masa planı 10, 18 veya 24 kişilik davetlerde uygulanır. Kalabalık davetlerde fazla uzun masalar göze hoş görünmediği gibi, bu düzen, orta merkezde oturanların konuklarla uyumunu da olumsuz yönde etkiler. Dolayısıyla kalabalık davetlerde pek önerilmeyen bir masa düzenidir.

Uzun Masa (Merkez Ortada)

Masa merkezinin ortada olduğu yani ev sahibi ve ev sahibesinin orta merkezde karşılıklı oturduğu düzen, en fazla 14 konuğun davetli olduğu yemekler için uygundur. Yine birinci erkek konuk, ev sahibesinin sağında ve birinci hanım konuk da ev sahibinin sağında olmak suretiyle oturma planı yapılır. Davetli sayısı fazlaysa bu oturma düzeni tercih edilmemelidir. Çünkü masanın uçlarına doğru davetlilerin uyumu bozulacaktır.

Tek Uzun Masa (Merkez Ortada Kaydırılmış)

Bu düzene benzer bir oturma planında, ev sahipleri bir sandalye kaydırılarak masa merkezi masanın ortasında oluşturulur. Ev sahibinin karşısına erkek konuk, ev sahibesinin karşısına da hanım konuk oturur. Bu oturma planında ikinci önemli konuklar da ev sahibi ve ev sahibesinin yakın ilgisine muhatap olabilirler.

Ancak yine kalabalık, 10-18 kişiyi geçen davetlerde konuklar, masa merkezinin dışında ve kendi aralarında sohbete terk edilmiş gibi hissedebilir. Dolayısıyla bu da kalabalık davetler için uygun bir oturma düzeni değildir.

Bu oturma planı uygulandığında masa sonundaki yerlere davet sahibinin ailesi veya yakın dostlardan genç olanlar oturtulmalıdır.

Bu oturma düzeninde yemek servisi ikili yapılır. İki baştan başlayan serviste ilk ikram, birinci önemli konuk hanımdan ve ev sahibesinden başlar, önce hanımlara sonra erkeklere atlamadan sırayla yapılır. Ev sahibesi nezaketen servisi kabul etmeyip hanım konuklardan sonra kendisine servis yapılmasını da isteyebilir.

(Masa Merkezi Konuklara Verilmiş) Uzun Masa

Ev sahipleri saygı ve nezaket gereği, masa merkezini hatırlı ve önemli konuklara verebilirler; değer verdikleri konuklarını, sanatçıları ve bilim adamlarını böyle ayrıcalıklı konumlarda ağırlayabilirler. Bu durumda, masanın başlarında karşılıklı oturan onur konuklarından erkek konuğun sağına ev sahibi, onur konuğu hanımın soluna da ev sahibesi oturur.

Uzun Masa (Dört Merkezli)

Kalabalık davetlerde (18-24-36 kişilik) uygulanabilecek bir oturma düzenidir.

Onur konuğu erkeğin, ev sahibesinin karşısında dikdörtgen masanın başında; onur konuğu hanımın da ev sahibinin karşısında ve orta merkezde oturtulması suretiyle oluşturulan bir düzendir. Bu düzende ev sahipleri onur konuklarını karşılarına alırlar. İkinci önemli konuklar ev sahiplerinin, üçüncü önemli ve öncelikli konuklar onur konuklarının sağında otururlar. Diğer konuklar da eşleriyle yan yana oturtulmak suretiyle bütün konuklar, yanlarındaki ve karşılarındakileri konuklarla rahat bir iletişim içinde olabileceklerdir. Birkaç önemli ve öncelikli konuğun olduğu davetlerde bu biçim, en uygun masa oturma planıdır. Yemek servisine önemli konuğun eşi, ev sahibesi ve ev sahibesinin sağındaki kadın konuktan başlamak suretiyle atlamadan yapılması uygundur. Bu durumda üç servis de aynı anda başlamalıdır.

Özel Nitelikli Masa

Bu masa düzeni, konuklar yaş ve unvan bakımından birbirine denkse, onur konuğu çifte ayrı bir özen gösterilmek isteniyorsa ve bunlara ek olarak bu ihtimam diğer konuklar tarafından kabul edilecekse uygulanabilir.

Bu masa planında ev sahibesi, karşısına birinci önemli konuk erkeği oturtur. Ev sahibi, masanın orta merkezinde birinci önemli konuğun eşinin sağ tarafına oturur. İkinci önemli erkek konuk, ev sahibesinin sağına; üçüncü erkek konuk, ev sahibesinin soluna; ikinci konuk hanım, birinci konuk erkeğin sağına; üçüncü hanım konuk, ev sahibinin soluna oturtulur; Diğer konuklar, eşler yan yana gelmeyecek biçimde, yaş ve statülerine göre oturtulur.

(1.K.H)	(EV SAHİBİ)	(3.K.H)	(2.K.E)
(1.K.E)			(EV SAHİBESİ)
(2.K.E)	(4.K.E)	(4.K.H)	(3.K.E)

İki yemek servisi, biri ev sahibinin sağından, diğeri de solundan olacak şekilde başlatılır. Kadın-erkek ayırmadan servis yapılır.

U Masa (Merkez Ortada)

Bu oturma düzeni 18-32 kişi gibi kalabalık davetlerde uygulanabilir. Ev sahibesi ve ev sahibi, masanın ortasında ve yan yana oturur. Masanın orta bölümünde içe bakan kısmında davetli oturtulmaz ve iki uçta yer alan eşler karşılıklı otururlar. Bu düzen evde uygulanamaz.

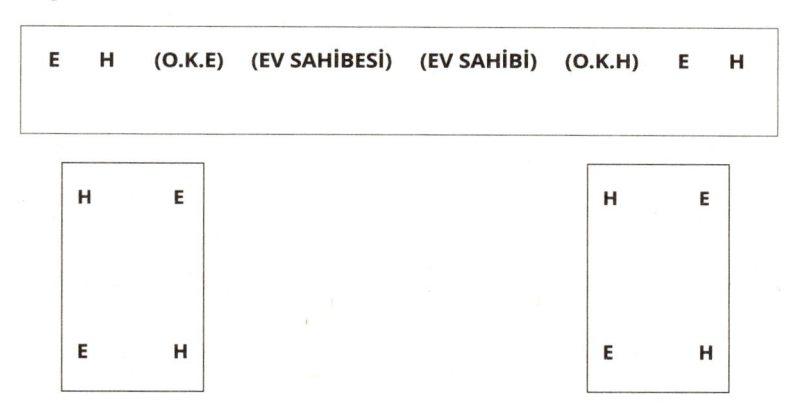

| E | H | (O.K.E) | (EV SAHİBESİ) | (EV SAHİBİ) | (O.K.H) | E | H |

H	E		H	E
E	H		E	H

Uzun Baş Masa ve Yuvarlak Masalar

40-60 kişilik eşli yemeklerde tercih edilebilir. Onur konuğu ve önemli konuklara uzun masada yer verilir. Baş masanın uç kısımları ve karşı tarafıyla yuvarlak masaların baş masaya arkası dönecek sandalyeler nezaketen boş bırakılır. Baş masanın önündeki yuvarlak masalara numara yerine harflerinin verilmesi, masanın önem ve önceliğini ortadan kaldıracak bir uygulamadır. Yuvarlak masalar davetli sayısına bağlı olarak artırılabilir. Servis, bütün konukların aynı anda yemeğe başlamalarını sağlayacak biçimde yapılmalıdır.

Onur konuğunun veya devlet başkanlarının oturduğu baş masada, zikredilen şahısların karşısına hiç kimse oturtulmaz. Yuvarlak masada oturanlar da devlet başkanına veya onur konuğuna rkalarını dönmeyecek biçimde oturtulurlar.

Oval Masa

8-10 kişilik ev davetleri için çok uygundur. Ev sahipleri masanın dar tarafında otururlar. Birinci erkek konuk, ev sahibesinin; birinci hanım konuk, ev sahibinin sağına oturtularak ve diğer konuklar da statü ve yaşları dikkate alınarak oturtulabilir. Masanın dar tarafına ve mutfağa yakın oturan ev sahibesi, buradan rahatlıkla servisi de yönetebilir. Ev sahibi de bu hâkim konumda konuklarıyla rahatlıkla ilgilenebilir.

Yuvarlak Masa

Gayrı resmî, protokolün olmadığı yemekler için çok uygundur. Açık büfe davetlerinde, düğün yemeklerinde, kurum içinde düzenlenen yılbaşı veya bayram yemeklerinde tercih edilebilir. Statü bakımından yaş ve mevkice büyük olanların sırtı duvara, yüzü geniş alana bakacak biçimde oturtulması uygundur. Bu tür davetlerde davet sahipleri, her masaya kısa süreli ziyaretler yaparak davetlileriyle sohbet edebilirler. Ancak bazı masaların atlanması ve ziyaret edilmemesi gözden kaçmayacaktır. Davet sahipleri bu konuda hassas davranmalıdır.

Ev Davetlerinde Oturma Planı

Ev davetlerinde masa merkezi, dikdörtgen veya oval masanın kısa kenarlarında karşılıklı otururlar. Ev sahibi sırtı duvara, yüzü geniş alana bakacak şekilde ve hâkim bir konumda otururken; ev sahibesi servis yapacağı için kapıya ve mutfağa yakın oturur. Birinci erkek konuk, ev sahibinin sağında; birinci hanım konuk, ev sahibesinin sağında; ikinci konuk erkek ev sahibinin solunda, ikinci hanım konuk da ev sahibesinin solunda olacak biçimde otururlar. Bu masa düzeninde, ev sahibesinin sağındaki hanım konuktan başlayıp servise kişi atlamadan devam edilir. Son servisler ev sahibesine ve ev sahibine, ev sahibesi tarafından yapılır.

Suna Okur

Davetlerde Mönü Düzenlenmesi

Mönü, onur konuğunun ve mümkünse diğer konukların yemek tercihi dikkate alınarak hazırlanmalıdır. Birçok zaman bu onur konuğunun yemek tercihi dışında pek de mümkün olamamaktadır. O halde, bazı temel prensipler her zaman dikkate alınarak davet mönüsü hazırlanmalıdır.

Öncelikle seçilen yemekler, hem göze hem de damağa hitap edecek biçimde olmalıdır. Önemli olan çok yemek ikram etmek değildir. Güzel bir karşılama, güler yüz, saygı, güzel bir masa üstü düzeni, iyi planlanmış bir oturma planı ile damağa ve göze hitap edecek (4-5 çeşit ve en fazla 6 olmalıdır) bir mönüdür.

Misafirleri ve dolayısıyla sizi memnun edecek bir mönü hazırlayabilmek için dikkat edilmesi gereken bazı kıstaslar vardır.

Öncelikle donmuş ve konserve gıdalar yerine, mevsime uygun taze sebze ve meyveler, yiyeceklerin tat ve görünümü açısından güzel olmasının temel unsurudur. Bu sebeple elinizle közlediğiniz patlıcanla yapılan bir patlıcan salatası ile konserve salata hem tat hem de görüntü açısından birbirinden farklı olacaktır. Misafire verdiğimiz değer dolayısıyla taze sebze ve meyve kullanılması daha uygundur.

Yiyeceklerin rengi konusunda Japonların hassasiyeti dikkat çekmektedir. Tabiatın bütün renklerini mümkün olduğunca yemeklerde kullanma gayreti, Japonlara kırmızı ve yeşil biberin yanına sarıyı, kırmızı domatesin yanına siyah domatesi, kırmızı kirazın yanına sarı kirazı, kırmızı karpuzun yanına sarı karpuzu ürettirmiştir. Yemekler masaya konduğunda renk açısından da göze hoş görünecek biçimde mönü hazırlanmalıdır. Salçalı bir yemeğin öncesinde salçalı bir çorba ikram etmek uygun olmayacaktır. Yemekte benzer malzemelerin çok sık kullanılması, hep aynı şeyi yiyormuş hissi vereceğinden ve davet sahibinin kolaya kaçtığını düşündüreceğinden uygun değildir.

Dolayısıyla mercimek çorbasının ikram edildiği bir davette, mercimek köftesi ve mercimekli salata tabii ki uygun ikramlar değildir.

Yemekler, ısı ve hazırlanışı bakımından da mevsimle uyumlu olmalıdır. Davetlerde tüm mönünün soğuk yemeklerden seçilmesi kadar, bütün yemeklerin - tatlı dâhil - sıcak servis edilmesi, bir yaz günü için hiç uygun olmayacaktır. Dolayısıyla, sıcak yemeğin ardından bir soğuk yiyecek ikramı uygun olur. Sıcak çorba ve sıcak ana yemekten sonra sıcacık bir künefe yanlış bir seçim olacaktır; soğuk tatlı tercihi uygundur. Hepsi sıcak veya hepsi soğuk yiyeceklerden oluşan bir mönü uygun değildir.

Dikkat edilmesi gereken konulardan biri de, yiyeceklerin pişiriliş tarzı aynı olmamalı; aynı tarzda pişirilen iki yemek mönüde birbirini takip etmemelidir. Mönüyü oluşturan yemeklerin hepsinin tencere yemeği olması uygun değildir. Değişik pişirme tarzları, kalabalık davetlerde davetlilerin memnuniyetini artırır. Tencere yemeği sevmeyen bir davetli, fırın yemeklerinden memnun olabilir. Ayrıca vejetaryen misafirleri zor durumda bırakmamak mönüde mutlaka için zeytinyağlı sebze yemekleri de olmalıdır.

Yabancı misafirler varsa milli yemekler ikram edilmeli; ancak milli yemek diyerek yabancı konuğun yiyememesi ihtimali olan yiyecekler; içli köfteler, çiğköfteler, lahmacunlar ikram edilmemelidir. Çünkü bu yiyecekler yabancı konuğun damak zevkine uymayabilir. Bunların yerine, dünyada genel olarak kabul gören ızgara et, haşlama, börek, pilav gibi ortak yiyecekler ikram edilebilir. Özel davetlerde, yöresel yemekler mönüde çeşni olarak bulunabilir. Ancak yabancı konuklara tümüyle Gaziantep, Hatay, Urfa mutfağından oluşan bir mönü sunmak yanlış olacaktır.

Mönü, davet sahibinin maddi imkânları ölçüsünde; fakat konuğu ezmeyecek bir biçimde hazırlanmalıdır. Maddi durumu çok iyi olmayan birine aşırı zengin bir sofrada ikramda bulunursanız sizi davet ettiğinde kaldıramayacağı bir külfetin altına girmek zorunda kalabilir. Aynı zamanda sade olacak diye basit bir ikram, misafirin değer görmediğini düşünmesine sebep olabilir. Ayrıca belirli periyotlarda görüşülen kimselere ne ikram ettiğinizi not etmeniz, her davette aynı yemekleri ikram etme hatasına düşmekten sizi korur.

Ev yemeklerinde mönü kartına gerek yoktur. Ancak, misafirler masaya davet edildikten sonra ev sahibesi "Bugün sizler için ... hazırladım." diyerek ikram edilecek yiyecekler konusunda konuklarını bilgilendirmelidir. Neyin ikram edileceğini bilen konuklar, kendilerini ona göre hazırlarlar veya yiyebilecekleri şeylerin miktarını ayarlayabilirler. Sadece yarı resmî ve resmî yemeklerde masada yemek mönüsü bulunur ve servis bu sıraya uygun olarak yapılır.

Yabancı konuklar ağırlanacaksa on beş gün önceden yemek tercihleri sunulmalıdır. Hazırlanan mönü konuklara gönderilmeli, tercihlerini belirlemeleri istenmelidir. Bu hazırlık, misafirlerin masadan aç kalkmasının önüne geçmek için yapılmalıdır. Yabancı konuklara Türkiye'de bulundukları sürede birkaç kez yemek daveti verilecekse aynı yemeklerin tekrar tekrar ikram edilmemesine de özen gösterilmelidir.

Mönü ve İkram Sırası

Klasik mönü; antre (başlangıç yemeği), ana yemek, salata ve tatlıdan ibarettir.

Bu sıralamayı detaylandırmak gerekirse:

1. Antre (Başlangıç Yemeği)

Yoldan gelmiş, iş temposundan yeni çıkmış davetlileri rahatlatacak ve mideyi hazırlayacak nitelikte küçük porsiyonda sunulan yiyecektir. Şunlar olabilir:

a) Deniz Ürünleri

Davet içkiliyse antre olarak deniz ürünleri, zeytinyağlı yiyecekler, midye, havyar, füme alabalık, somon veya karides kokteyl ikram edilir. Deniz ürünleriyle birlikte içki servisi de yapılır. Deniz ürünlerinden sonra çorba ikram edilebilir. İçki ikram edilmeyen bir davette başlangıç yemeği çorbadır.

b) Meze (Ordövr)

Ordövr denen soğuk yiyecekler içki ikram edilen akşam yemeklerinde verilir. Günümüzde, kalabalık iftar davetlerinde davetliler yemek servislerini beklerken atıştırabilsinler diye de ordövr tabağı servis edilmektedir. Ordövr tabağında 6-12 çeşit yiyecek bulunur. Beyaz peynir, salam dilimleri, kaşar, patlıcan salatası, mercimek köftesi, söğüş salatalık, domates ordövr tabağında ikram edilir. Ordövr verilmişse yemeğe ara sıcakla devam edilir; artık çorba ikram edilmez. İçki ikramının olmadığı davetlerde antre çorba olabilir. Çorba ikramı olmuşsa ordövr ve ara sıcak servis edilmeden zeytinyağlı ikramına geçilir.

c) Zeytinyağlı Yiyecekler

Zeytinyağlı enginar veya zeytinyağlı kereviz, öğle yemeklerinde antre olarak ikram edilebilir. Alkollü içkinin olmadığı davetlerde, çorbadan sonra ve ana yemekten önce zeytinyağlı yiyeceklerin ikramı uygundur.

2. Ara Sıcak

Soğuk yiyeceklerden (deniz ürünleri, ordövr tabağı) sonra ara sıcaklar, ufak porsiyonlarda mideyi daha ağır ve sıcak yiyeceklere alıştırmak üzere sunulan yiyeceklerdir. Yuvarlak kızarmış köfteler, sigara böreği, muska veya paçanga böreği ve patates kızartması ara sıcak çeşitleri olarak sayılabilir.

3. Ana Yemek

Genellikle sıcak et yemeğidir ve asıl yemektir. Fırınlanmış etler, balık ve av etleri ana yemek olabilir. Resmî yemeklerde tavuk ucuz oluğu ve çabuk bozulduğu için ikram edilmez. Özel davetlerde ve evde verilen gayrı resmî davetlerde de tavuk ana yemek olarak yukarıda sayılan sebepler dolayısıyla ikram edilmez. Fırında veya ızgarada pişmiş etler ana yemek olarak sıcak servis yapılır.

Özel ve sosyal davetlerde, zeytinyağlı yemek antre olarak ikram edilmediğinde balık, çorbadan sonra ana yemek olarak ikram edilebilir.

4. Salata

Fransa'da yemekten önce, iştah açıcı olarak salata ikram edilse de bizim kültürümüzde yeşilliklerle yapılan salatalar, ana yemekten sonra veya et yemeği ile beraber ikram edilmektedir.

Özel ve gayrı resmî yemeklerde, zengin malzemelerden oluşan bir salata, antre olarak da ikram edilebilir. Salata, peynir çeşitleri ile süslenerek göze hoş görünecek biçimde ve porsiyonlar olarak servis edilmelidir. Davetlerde ortaya salata servis edilmez.

5. Peynir

Yemeklerde, ana yemeklerden sonra hazmettirici olarak peynir ikramı da yapılmakta olup peynir, sadece sabah kahvaltısında ve ordövr tabağında çatal bıçakla yenir. Yemek sonrası sunulan peynir, bıçakla kesilip kızarmış ekmek veya kraker üzerine koyulmak suretiyle ufak parçalar halinde yenmelidir. Peynir, salatayla beraber de ikram edilebilir.

6. Tatlı veya Meyve

Resmî ve gayrı resmî yemeklerde tatlı veya meyveden biri tercih edilebilir. Eğer ikisini de ikram etmek istiyorsanız sunuluş sırasında öncelik tatlınındır; meyve sonra ikram edilir. Tatlının meyveli çeşidinin seçilmesi, ikisini birden ikram etme külfetini ortadan kaldırır. Davetliler açısından da hem tatlı hem meyve yemektense meyveli bir tatlı seçeneği çok daha uygun olur. Yarı resmî tabir edilen sosyal davetlerde ise tatlı veya meyveden biri tercih edilir. İki çeşit meyve sunulur. Bunlar topluluk içinde kolay yenecek meyveler olmalıdır. İncir-üzüm, kavun-karpuz, muz-armut gibi mevsim meyveleri tercih edilebilir. Son zamanlarda tatlı, yemekten sonra pek tercih edilmeyip yerini kahveye bırakmaya başlamıştır.

7. Kahve ve Likör

Alkollü içki ikramı yapılan davetlerde yemek bittikten sonra kahve servisi yapılır. Likör ikram edilecekse sırası kahveden sonradır. Likör, özel likör bardağında badem şekeri veya çikolata ile servis edilir.

Örnek bir mönü şöyle olabilir: **antre:** Çorba –zeytinyağlı sarma, **ara sıcak:** paçanga, **ana yemek:** fırın kuzu, tatlı tabağı.

Yarı resmî yemeklerde genellikle dört çeşit yemek ikram edilir. Beş çeşit ikram da yapılabilir. Yemeklerle beyaz ve kırmızı şarap, tatlı ikramı esnasında da şampanya ikram edilir.

Masa Üstü Düzenlenmesi

Masa üstünün düzeni, konuğa verilen önemin göstergesidir ve dikkat, incelik ve zevk ister. Hanımlar evde verecekleri davetlerde, yemeğin lezzeti kadar sunuluş biçiminin ve masa düzeninin de önemli olduğunu bilirler. Mönü uygun olmasa ya da davette ufak tefek sorunlar olsa da şık, sade ve temiz bir masa düzeni bu olumsuzlukları konuklara unutturacaktır. Son yıllarda hanımlar, masa üstünün düzenlenmesini adeta bir sanatçı edasıyla yapmaktadırlar. Ancak burada abartılı her şeyin sorunlu olduğunu hatırlatarak masa düzenlerken de abartıdan uzak durulması gerektiğini hatırlatalım. Örneğin, gündüz davetinde masaya şamdan koyup mumları yakmak abartılı bir davranıştır. Bir hanım danışanım, suplanın üstüne ses çıkmasın diye örtü kullandığını açıklamıştı. Bu gereksiz detaylar, konukları da rahatsız etmektedir. Aslında mümkün oldukça sade ve şık bir masa düzeni tercih edilmelidir. Masaya renkli taşlar, pullar, kuru yapraklar, kelebekler, Beyoğlu taşlı tabaklar, kadehler ve göz alıcı parlak taşlı şamdanlar koymak son zamanlarda tercih edilse de aşırı ve abartılı süsler, dikkati dağıtacağından uygun olmamaktadır.

Masa hazırlanırken konukları rahat ettirmek için mekânın ve masaların davetli sayısına uygun olması gerektiği unutulmamalıdır. "Ne olacak canım şuraya da birini sıkıştırıveririz." gibi bir düşünceyle konuklar kollarını kıpırdatamayacakları bir durumda bırakılmamalı, yemek kâbusa dönüşmemelidir. Her misafire masada 60-80 cm yemek alanı bırakılmalı, idealin her misafir için 80 cm olduğu unutulmamalıdır.

Masa hazırlarken masa örtüsü, porselen yemek takımlarıyla uyumlu olmalıdır. Davetlerde genellikle fildişi, keten veya son zamanlarda dertsiz masa örtüsü tabir edilen şık ve kaliteli örtüler kullanılmalıdır. Misafirler örtüsüz bir masada asla ağırlanmamalıdır.

Yıllar önce bir yeni evli bir çifti ziyarete gitmiştik. Evin hanımı, örtü olmadan çıplak masanın üzerine koyduğu tabaklar masanın üstünü çizdiği diye, eşine yanımızda çıkışınca yemeğin ahengi bir anda bozulmuştu. Ne yazık ki ilişkimiz ölü doğmuştu ve biz o günden sonra o aile ile görüşmemeyi tercih ettik.

Peçeteler de masa örtüsüyle takım olmalıdır. Her misafir için sandalyenin tam ortasına gelecek şekilde yemek takımları hazırlanır. İşaret parmağının ikinci boğumu masanın kenarına konur; bu mesafe servis tabağının veya suplanın koyulacağı mesafedir. Kumaş peçete, peçete yüzüğüne geçirilir veya güzel estetik bir şekilde katlanır. Çorba, misafirler masaya oturmadan servis edilmişse bu durumda peçete tabağın soluna, çatallardan sonraya yerleştirilir. Bu arada konuk masaya oturmadan önce masada hazırlanan her şeye kuver denir.

İki türlü kuver vardır:

1. Basit Kuver
2. Genişletilmiş Kuver

Basit kuver

Basit kuver; 1 çorba kaşığı, 1 yemek bıçağı, 1 yemek çatalı, 1 tatlı kaşığı, 1 tatlı çatalı, 1 kadeh, 1 su bardağı ve 1 peçeteden ibarettir.

Basit kuveri masaya yerleştirirken servis tabağı ortada, çorba kaşığı sağ başta, onun solunda keskin kısmı tabağa bakacak biçimde yemek bıçağı, tabağın solunda yemek çatalı olmalıdır. Çatalın solunda kumaş peçete bulunmalı; şayet peçete üçgen katlanmışsa üçgenin sivri kısmı solda olmalıdır. Tabağın üst kısmına da tatlı bıçağı sapı sağda, çatal ise bıçağın ütünde ve sapı solda olacak biçimde yerleştirilir. Kadeh, tatlı bıçağının sapının yanında, su bardağı da kadehten sonra biraz sola doğrudur. Tabağın sol tarafına salata, porsiyon olarak koyulabilir.

Yemek çeşidinin bol olduğu ve farklı içkilerin servis edildiği yemeklerde ikram bolluğuna bağlı olarak; ayrıca restoran davetlerinde garsonların oturan misafirleri rahatsız etmesini engellemek üzere genişletilmiş kuver uygulanır.

Suna Okur

Genişletilmiş Kuver

Genişletilmiş kuver; 1 çorba kaşığı, 1 yemek bıçağı, 1 antre bıçağı, 1 balık bıçağı, 1 yemek çatalı, 1 antre çatalı, 1 balık çatalı, 1 tatlı kaşığı, 1 ekmek tabağı, 1 tereyağı bıçağı, 1 beyaz şarap kadehi, 1 kırmızı şarap kadehi, 1 şampanya kadehi(ikram edilecekse), 1 peçete, resmî yemekse oturma kartı ve 1 servis tabağından ibarettir.

Tabak altı denen büyük servis tabağı, her servisin ortasına konur.

Antre bıçağı, çorba kaşığı, balık bıçağı ve ana yemek bıçağı sağdan sola bu sırada dizilir. Şayet balık ikram edilecekse antre çatalı, balık çatalı ve ana yemek çatalı sağdan sola olacak şekilde tabak altının soluna dizilir. Güzel ve hoş bir görünüm isterseniz ortadaki çatalı diğerlerine göre biraz yukarıya da yerleştirebilirsiniz.

En dıştaki çatalın soluna, biraz uzağa ve ekmek tabağının üstüne, tereyağı bıçağını keskin tarafı sola dönük şekilde yerleştirebilirsiniz. Tereyağı bıçağı, çatallara paralel olacak şekilde tabağın ortasına yerleştirilmelidir.

Bıçakların hemen üstündeki boşluğa önce beyaz şarap kadehini, onun soluna, biraz uzağa ve verev olacak biçimde kırmızı şarap kadehini, daha sonra da ayaklı su bardağını ve su bardağının soluna, biraz uzağına şayet şampanya ikram edilecekse şampanya kadehini yerleştirebilirsiniz. İki konuk arasına bir takım olacak biçimde tuzluk ve karabiberlik konulmalıdır. Tuzluk takımından tek delikliye tuzun fazla kullanılmasını engellemek üzere tuz, çok delikliye de karabiber konmalıdır. Ülkemizde genellikle bunlar ters kullanılır.

Resmî davetlerde hardal, ketçap, mayonez sofraya konmaz ve istenmez. Masaya kül tablası ve kürdan koyma âdeti de artık kalkmıştır. Çünkü artık kapalı yerlerde sigara içilmemektedir. Kürdan hiçbir şekilde kullanılmamalıdır. Sol elle ağzı kapayarak da kürdan kullanımı çok ayıp karşılanmaktadır. Hiçbir davet, ziyafet ve yemekte kürdan kullanılmaz. Kürdan ihtiyacı doğmuşsa lavaboda diş ipi kullanılarak bu ihtiyaç giderilmelidir.

Şarap şişesi, doğrudan masanın üzerine koyulmaz. Şarap şişesi altlığı ya da kovası ancak ev davetlerinde ve yakın arkadaşlar arasında kullanılır. Şarap, resmî davet ve ziyafetlerde görevliler tarafından servis edilir.

Masanın ortası, ev sahibesinin zevkine bağlı olarak göze hoş gelecek biçimde süslenebilir. Taze çiçeklerden oluşan bir aranjman, yatay bir vazoda veya gondol içinde masanın ortasına koyulabilir. Çiçekler, konukların birbirlerini görmesini engelleyecek boyutta ve iç bayıltacak kadar kokulu olmamalıdır. Akşam düzenlenen yemek davetlerinde masalarda şamdan kullanılabilir. Şamdanın göz hizasında olmaması gerekir. Ya göz hizasından yukarıda ya da aşağıda olmalıdır. Bu şamdanlarda akmayan, kokmayan; beyaz veya fildişi renkte yemek masası mumları kullanılır.

Servis takımlarının fildişi rengi ince kaliteli porselenden olması, çatal bıçak takımının kaliteli olması, bardak, kadeh ve sürahilerin takım ve kristal olması tavsiye edilse de herkes kendi bütçesine uygun kalitede misafir takımları edinmeli ve günlük yemek takımları ile misafir ağırlamamalıdır.

Yemek yenecek salon iyi havalandırılmış olmalı ve temiz kokmalıdır. Hatta ferahlık hissi veren oda kokuları kullanılmalı ve oda iyi aydınlatılmalıdır.

Davetlerde Servis Kuralları

Davetin başarısı, ikramın inceliğinde ve güzelliğindedir. Misafirler masaya oturmadan önce, su bardakları ele alınmadan masada doldurulur. Alkollü ve alkolsüz içecekler, yemek esnasında konukların tercihlerine göre servis edilir. Dolayısıyla önceden kadehlere doldurulması ve konukların tercihinin dikkate alınmaması uygun değildir.

Resmî yemeklerde yuvarlak küçük ekmekler, yemek tabağının soluna koyulan ekmek tabağında servis edilir. Ev davetlerinde dilimlenmiş ekmek bir peçete serilmiş ekmek sepetinin içinde servis edilir.

Su, bardaklarıyla takım su sürahilerinde, meyve suları ile ayran yine sürahilerde servis edilirken gazlı içecekler ve maden suları orijinal şişeleriyle masaya getirilir ve bardağa doldurularak servis edilir.

Davetliler masada yerini aldıktan sonra içkili davetlerde servis; deniz ürünleri tabağı, ordövr veya zeytinyağlılarla, içkisiz davetlerde ise çorba ikramıyla başlar.

Servisin başlama yönü, masa oturma düzenine göre bazı farklılıklar gösterse de genel olarak ev sahibinin sağındaki birincil konuktan başlayıp atlamadan devam etmesi kuralı yaygınlaşmaya başlamıştır. Önceden ilk servis hanımlara yapılır, adından erkeklerin servisine geçilirdi. Günümüzde bu kural geçerliliğini yitirmektedir.

Deniz ürünlerinden istiridye, midye, havyar veya karides servis edilecekse doğal olarak çorbadan önce servis edilmelidir. Ancak ıstakoz çorbadan sonra ikram edilmelidir.

İngiliz yöntemi ve Fransız yöntemi olmak üzere, iki servis usûlü vardır: İngiliz yönteminde önceden servis porsiyonlar halinde tabaklara konarak garson aracılığıyla hazır halde masalara getirilir. Türkiye'de özel ve sosyal yemeklerde genellikle bu yöntem tercih edilmektedir. Bunun yanı sıra Fransız yönteminde, konuğun solundan garson tarafından yemek servis edilir. Bu servis usûlünde konuk yiyeceği miktarı kendisi belirler ve yemeği tabağına kendisi alır.

Türkiye'de resmî yemeklerde Fransız usûlü servis yaygın olarak tercih edilmektedir. Bu usûlüde yemeği tabağa alırken iki el birlikte kullanılmalı, servis çatalı sol, servis kaşığı da sağ elde tutulmak suretiyle servis yapılmalıdır. Yemek alırken çatalı ve maşa gibi kullanarak yiyecek almak ancak garsonlar tarafından yapılan bir harekettir. Yemek alırken dikkat edilmeli, sosun sıçramaması için özen gösterilmelidir.

İlke olarak, ev davetlerinde 6 kişiden az davetliye ev sahibesi servis yaparken 10 kişiyi geçen davetlerde yardımcı alınması tavsiye edilir. Masada 12 kişiden fazla davetli varsa o zaman iki servis görevlisi aynı ana serviste başlamalıdır. İlk servis, ev sahibi erkeğin sağında oturan birinci konuk erkekten başlarken, ikinci servis ev sahibesinin sağında oturan birinci konuk hanımdan başlar ve atlamadan sağdan devam eder. Onur konuğu varsa ilk servis onur konuğu hanıma, ikinci servis onur konuğu erkeğe yapılır. Servise atlamadan devam edilir.

Yiyecekler davetlilerin solundan, içecekler sağından servis edilir. Bu kural gereği, Kirli tabak konuğun sağından alınır, servis edilen yiyeceğin tabağı solundan, masada tatlı gelene kadar kalkmayacak olan servis tabağı veya suplanın üzerine koyulur. Yiyecekler hiçbir zaman doğrudan masanın üzerine koyulmaz ve çorba kâsesi masanın üzerine servis edilmez, çorba kâsesi altlığıyla birlikte servis tabağının üzerine veya suplanın üzerine konur. Çorba kâsesi ağzına kadar doldurulmaz. Çorba herkese bir çorba kepçesi olacak şekilde servis edilir. Çorba, giriş yemeği olduğu için kâseler 2/3 oranında doldurulur ve ikinci kez servis edilmez; çok beğenilse bile misafirler tarafından ikinci kez istenmez. Misafir çorbasını bitirildikten sonra çorba kâsesinin altındaki tabak, kâse ve kaşık masadan kaldırılır. Masada herkesin yemeği bittikten sonra boş tabaklar toplanır ve ikinci servise geçilir. Bu sebeple davetlilerin bir âhenk içinde yemeklerini yemesi gerekir. Birilerinin çorbayı hızlıca içip yemeye devam edenleri seyretmesi doğru bir davranış değildir.

Çorba, istiridye, midye gibi ilk ikramlar yenmeyecek bile olsa giriş yemeği olduğu için geri çevrilmez. İkram kabul edilir ve yer gibi yapılabilir. Bu yiyecekler geri çevrilirse ikinci ikram gelene kadar önünüzün boş kalması davet sahiplerini tedirgin edecektir. Ayrıca bu durum servisin ahengini bozacaktır

Ev davetlerinde ana yemek, ikinci defa servis edilebilir. Ancak mönüde 5-6 çeşit yemek varsa hiçbir yemek ikinci kez servis edilmez. Ev sahipleri misafirlerine yemeleri için ısrar etmemelidirler çünkü ısrar dolayısıyla yenen yemek eziyettir. Misafirlerinizin yemek davetinden sonra geceyi uykusuz ve huzursuz geçirmelerini ister misiniz?

Salata, kişiye özel küçük tabaklarda servis edilmeli, servis tabağının soluna koyulmalıdır. Açık büfe haricinde salata, ana yemekle birlikte yemek tabağına koyulmaz. Salatanın suyu yemeğe karışacağı için hem görüntü hem de tatların karışması bakımından bu durum uygun değildir.

Boş tabaklar herkes yemeğini bitirince toplanır. Tabaklar üst üste koyularak toplanmaz. Mümkün olduğunca kirli tabaklar tek tek toplanır. Bardakları toplarken parmakları içlerine geçirerek toplamak çok çirkin bir davranıştır. Kirli tabak ve bardakları tepsiye toplamak hem daha kolay hem de daha şıktır.

Tatlı servisinden önce masada bulunan kirli tabaklar, tuzluk, ekmek ve diğer çatal-bıçaklar toplanmış olmalıdır. Yarı resmî ve resmî davetlerde tatlı çatal-bıçağı masada servis tabağının önündedir. Özel ve gayrı resmî davetlerde tatlı tabağıyla birlikte tatlı çatal ve bıçağı servis edilir.

Resmî yemeklerde meyve, kişiye özel tabaklarda ve soyulmadan servis edilir. Özel ev davetlerinde ise meyveyi büyük bir kap içinde masanın ortasına koyabileceğiniz gibi soyup dilimleyerek porsiyon halinde de servis edebilirsiniz. Masanın ortasına büyük bir tabak içinde servis edilen meyveyi seçmek, en irisini, en gösterişlisini almaya çalışmak, alınan meyveyi bırakıp bir başkasına uzatmak veya başkasının önündeki meyveye uzanmak görgüsüzlüktür.

Ev davetlerinden sonra oturma odasına geçildiğinde kahve ikramı yapılır. Kahve, evde yardımcı varsa bile nezaketen evin hanımı tarafından ikram edilir. Restoranda ve sosyal tesislerde düzenlenen davetlerde kahve masada içilir. Konuklara her ikram, tepsi içinde yapılmalıdır. Su servisi bile tepsiyle yapılır. İçecekler konukların önündeki sehpalara servis edilmeli; dökülme ihtimali göz önünde bulundurularak ellerine verilmemelidir.

Açık büfede masadan yiyecekler büyük bir titizlikle alınmalıdır; yiyecek alırken asla eller kullanılmamalıdır. Servis araç gereçleri dikkatle kullanılmalı ve tekrar yerine koyulmalıdır.

Ayrıca az olan bir yiyecekten diğer konukları düşünmeden fazla fazla almanın görgüsüzlük olarak kabul edildiği de unutulmamalıdır.

SOFRA ADABI

Yemek masasında oturmanın bir adabı vardır. Bunlar erken yaşlarda ailede öğrenilen kurallardır. Çocuklar, dört yaşından itibaren aileyle masaya oturup sofra ve yemek adabını görerek öğrenmelidir. Ancak sofra adabı denildiğinde akıllara "ağzını kapat, ağzında yiyecek varken konuşma, ağzını şapırdatma, çorbaya üfleme, yemeğe eğilme" gibi dikte cümleleri gelmemelidir; çocuklara da sofra adabı bu tarz emir cümleleriyle verilmemelidir. İnsan mukallit bir varlıktır; yani taklit eder. Anne ve baba sofra adabına uyarak çocuklarına örnek olurlar. Nezaket ve görgü kuralları çocuğa sözle değil, davranışlarla verilmelidir.

Masada Oturma Adabı

Masada dik oturulmalıdır. Yemeğe, masaya, tabağın üzerine eğilmek güzel olmayan davranışlardır. Yemek ağza gitmelidir; biz yemeğe değil! Sadece çorba içerken hafifçe eğilmek gerekir. Diğer yiyeceklerde dik oturularak yemek ağza götürülmelidir. Ağza lokma küçük parçalar halinde alınmalı, avurtlar şişirilmemelidir. Ağızdaki lokmayı yutmadan bir lokma daha ağza doldurulmamalıdır. Lokma, çok iyi çiğnendikten sonra yutulmalıdır. Çiğneme hareketi hızlı ve asabi değil, gayet yavaş ve göze hoş görünecek biçimde olmalıdır. Yemek, çok hızlı yenmemelidir; ağızdaki lokmanın tadı çıkarılmalıdır. Bu arada, saatlerini mutfakta geçiren ve yemekleri uzun zamanda hazırlayanlara saygımızdan yemek aceleyle yenmemeli, tabaklar silinip süpürülmemelidir.

Yemek yerken dirsekler masa üstüne çıkarılmaz. Sadece bilekler masanın kenarına dayanabilir. Eller kullanılmadığı zaman, mesela servis arasında, bir el masa altında tutulabilir. Dirseği masaya, yüzü de ele dayamak suretiyle laubali bir oturuş biçimi, hiçbir ortamda tercih edilmemelidir. Dirsekler masaya konduğunda yiyecek ve içeceklerin dökülme ihtimali düşünülmelidir. Kollar ve eller devamlı masa üstünde tutulursa bu davranış sadece yemeğe odaklandığımızı ve başka şeylerle ilgilenemediğimizi söyler. Bazı kişiler sol ön kolunu masaya yaslayarak ve sadece sağ eli kullanarak yemek yemektedirler. Bu yeme alışkanlığı hiç güzel görünmemektedir. Özellikle resmî veya yarı resmî yemeklerde, bu tür dikkatsiz davranışlar gözlerden kaçmamakta ve itibar kaybına sebep olmaktadır.

Yemek masasında kaykılarak bacak bacak üstüne atılarak veya kambur oturulmamalıdır. Bacaklar masanın altından karşıya uzatılmamalı, ne kadar sıkarsa sıksın ayakkabılar masanın altında çıkarılmamalıdır. Masaya ne çok yakın ne de çok uzak oturulur; masayla vücut arasında 2 -3 parmak uzaklık olmalıdır.

Resmî ve yarı resmî yemekler ile özel ev yemeklerinde sofrada sohbet edilmektedir. Konuklar sohbet ederken yemeye içmeye devam etmek saygısızlıktır. Davetlerde yemeğe odaklanmak, sohbeti dinlemeden veya sohbete katılmadan acele acele yemek yemeye devam etmek de görgüsüzlük olarak kabul edilir. Oysa davetin asıl amacı bir araya gelmek ve sohbet etmektir. Amaç karın doyurmak değildir.

Masada sandalyenin tam ortasına oturmak ve sırtı arkaya yaslayacak biçimde yerleşmek gerekir. Sandalyenin ucuna iğreti oturulmaz. Erkekler, masaya otururken sağındaki hanımın sandalyesini çekerek yardım etmeli, hanımlar da bu nazik davranışa teşekkür etmelidir.

Suna Okur

Hanımlar çantalarını sandalyenin arkasına asmak ya da masanın üstüne bırakmak yerine, dizlerinin üstüne veya çanta küçükse bedenle sandalye arasına koymalıdırlar. Kalabalık olmayan ortamlarda başka bir sandalyeye çanta koyulacağı gibi, yer darsa, davetli sayısı fazlaysa veya çantanın boyutları arkaya koyulamayacak kadar büyükse kadınlar çantalarını, yandaki konuğu rahatsız etmeyecek şekilde yere, ayakların sağına koyabilirler.

Yanınızda oturanla konuşurken kol, onun sandalyesinin arkasına atılmamalıdır. Yandan eğilip daha uzaktaki bir davetliyle konuşmak, hemen yanınızda oturanı rahatsız edecek biçimde uzanmak hoş davranışlar değildir. Yanınızdaki konuk varlığınızdan rahatsızlık duymamalıdır.

Sofrada elle kolla konuşmak veya elleri sallayarak konuşmak, içeceklerin ve yiyeceklerin dökülmesine sebep olabileceği için uygun değildir. Ayrıca yemek esnasında elle kolla konuşmak ya da abartılı hareketler yapmak dikkat çekme çabası olarak algılanmaktadır. Yemekte, konukların yemek yemesine imkân vermeyecek kadar fazla konuşmak, sesli konuşmak, kahkaha atmak veya uzakta oturanlara laf atmak basit davranışlar olarak kabul edilir.

Peçete Kullanımı

Masaya oturduğunuzda yapılacak ilk iş peçeteyi açmaktır. Ancak ev sahibi veya onur konuğu peçeteyi açmadan misafirler peçeteyi açmazlar. Peçeteyi açmak, servisin açılması anlamına gelir ve öncelik ev sahibine ve onur konuğuna aittir. Kumaş peçete ikiye katlanıp kat kısmı size dönük olacak biçimde dizler üzerine konur. Masada kâğıt peçete yoksa bardağa her uzanmada öncelikle dudakların kenarı kumaş peçetenin içine silinir. Masada hem kâğıt hem de kumaş peçete varsa kumaş peçete dizler üzerine serilir; kâğıt peçete üçgen katlanmışsa bile dikdörtgen hale getirilir ve iç kısmına dudaklar silinir. Peçetenin üstüne dudaklar silinip yağlı kısım konuklar tarafından görünecek biçimde masanın üzerine bırakılmaz.

Yemek bittikten sonra kâğıt peçete tortop edilip tabağın içine bırakılmaz; etraftakilere çöplük gibi bir tabak seyrettirilmez. Yağlı, kullanılmış kâğıt peçeteler buruşturulup tabağın altına sıkıştırılmaz. Tabaklar toplandığında masa üstünde kirli peçeteler çok çirkin görünecektir. Yemek bittikten sonra çatal-bıçak dördü yirmi geçe pozisyonunda, tabağın sağına toplanır ve kâğıt peçete de çatal-bıçağın altına, tabağın sağına bırakılır.

Yemek masasından kalkılmaz; ancak acil kalkmanız gerektiğinde peçete, kalktığınız sandalyenin üstüne bırakılmak suretiyle garsona bir mesaj verilir. Peçetenizi masanın üstüne koyarsanız servis görevlileri yemeğinizin tamamlandığını düşünüp tabağınızı alırlar; oysa peçeteyi kalktığınız sandalyenin üstüne bırakırsanız görevli döndüğünüzde yemeye devam edeceğinizi bildiği için tabağınızı almaz. Bu kuralı garsonlar bilir.

Yemek bittikten sonra, ev sahibi peçeteyi masanın üstüne koymadan davetliler peçeteyi masa üstüne bırakmamalıdırlar. Ev sahibi herkesin yemeğini tamamladığına kanaat getirdikten sonra kumaş peçeteyi tabağın sol tarafına katlamadan koyması, yemeğin resmen bittiği anlamına gelir. Davetliler de tabaklarının sol tarafına peçeteyi katlamadan bırakmalıdırlar. Kullanılmış peçeteler temiz zannedilip kaldırılması ve başka misafire verilmesi riskini ortadan kaldırmak amacıyla katlanmaz.

Peçete, mendil gibi kullanılmaz; peçeteye ter, burun silinmez. Şayet yemekte burnunuzu silme ihtiyacınız olursa yemek peçetesinden başka bir peçeteye burun silinmeli ve bu peçete asla masa üzerinde veya tabağın içine bırakılmamalı, çantaya veya cebe koyularak tarafınızdan atılmalıdır. Ayrıca kumaş peçete boyuna asılmamalı, tabak altına sıkıştırılmamalıdır.

Resmî yemeklerde kâğıt peçete kullanılmaz; mutlaka iyi cins ve masa örtüsüyle takım kumaş peçete kullanılır. Ayrıca masadaki tabak, çatal, bıçak peçeteyle silinmez. Bu hareket davet sahibine hakaret kabul edilir.

Çatal-Bıçak Kullanımı

Tabaktaki yemek daima tabağın ortasına yerleştirilmeli, tabağın tamamı doldurulmamalıdır.

Tavuk, balık, kelle; bunlar yenmez elle! Sadece ekmek, patates kızartması ve pizza gibi yiyecekler elle yenir. Pizza bol malzemeliyse ve üçgen dilim ele alındığında malzemeler dökülüyorsa pizza da çatal bıçakla yenmelidir. Çatalın sol, bıçağın sağ elde kullanılması genelde sağ el daha kuvvetli olduğu için kesme kolaylığı sağlar. İnancı dolayısıyla sağ elle yemek isteyenlere; yiyeceği sol eldeki çatalla sabitleyip sağ elle kestikten sonra, çatalı sağ elle alıp yemelerini tavsiye edebilirim. Ancak bu hareket çok zarif olmalı ve ses çıkarmadan yapılmalıdır. Hızlı ve telaşla çatalı soldan sağa almak göze güzel görünmeyecektir.

Aslında tabaktaki yemek sol eldeki çatalla sabitlenir; sağ eldeki bıçakla itinayla kesilir ve lokma sol elle yenir. Et kesilirken sağ elin işaret parmağı bıçağın üstüne ve keskin olmayan kısmına dayanır ki kesme işlemi kolaylaşsın. Etin tamamını, Amerikalılar gibi keserek küçük parçalara bölmek, sonra da çatalı sağ ele alıp yemek doğru değildir. Lokma yeneceği zaman kesilmelidir.

Çatal ve bıçağı kullanırken çok bastırmak, tabakta ses çıkaracağı için yemek yiyenleri rahatsız edebilir. Yemek yerken mümkün olduğunca ses çıkarmamaya özen gösterilmelidir. Yemekte bıçak kullanılmıyorsa çatal sağ ele alınabilir. Kesme işlemi olmadan yenen yiyeceklerde çatal sağ ele alınır ve bıçak sol elle kullanılarak çatalın üstüne yiyeceğin alınmasına yardımcı olur. Yemeği eldeki ekmek yardımıyla çatalın üzerine almaya çalışmak doğru değildir.

Ayrıca ekmeği çatala batırıp yemeğe bandırarak yemek de şık bir davranış değildir

Yemek yerken çatal-bıçak, tabağın kenarına yaslanarak köprü yapılmaz. Ağza lokma alındıktan sonra çiğneme işlemi esnasında çatal ve bıçak paralel bir şekilde tabağın içine, yiyeceklere değmeyecek biçimde bırakılır. Bıçağın keskin tarafı çatala bakacak biçimde olmalıdır. Yemek esnasında zaman zaman çatalın, bıçağın üzerindeki yiyecekler çatal, bıçağı birbirine sürtmek suretiyle temizlenmelidir.

Yemek bittikten sonra çatal-bıçak tabağın içine yan yana, bıçağın keskin tarafı çatala bakacak biçimde dördü yirmi geçe pozisyonunda bırakılır. Çatal bıçak bu şekilde toplanmazsa servis personeli, yemeğinizi bitirmediğiniz düşüncesiyle tabağınızı almaz.

Yere düşen çatal, bıçak, peçete masanın altına eğilerek alınmaz. Böyle bir durumda yeni ve temiz birer çatal-bıçak garsondan sessizce veya işaretle istenmelidir.

Bıçak ağza sokulmamalı ve gıda bıçakla ağza götürülmemelidir. Masada dişler arasındaki gıda maddesini görmek için bıçak kesinlikle ayna gibi kullanılmamalıdır. Yemek yerken kaşık, çatal, bıçak zaman zaman elden bırakılır. Yemek boyunca çatalı bıçağı elden bırakmamak ve çatal bıçağı sallayarak konuşmak; çatal, bıçağın üzerindeki gıda artıklarının çevreye veya davetlilerin üzerine sıçrama ihtimali olduğu için uygun değildir.

Çatal, bıçak koklanmaz; yemek yerken ekmeğe silinerek temizlenmez. Masa hazırlanırken veya servis esnasında masaya çatal-bıçak-kaşık koyulurken sapından tutulur; asla içinden tutulmaz.

Kaşık Kullanımı

Yemek kaşığı çorba, cacık, komposto haricinde kullanılmaz. Dolayısıyla pilav kaşıkla yenmez.

Masada üç takımdan fazla çatal-bıçak-kaşık koyulmaz. Yemek başladığında servis takımları dıştan içe doğru kullanılır. Dolayısıyla en dıştaki çatal bıçakla yemeye başlanılır. Genellikle ilk ikram çorba olduğu için önce kaşık kullanılır.

Kaşık, ucundan sağ elle tutularak zarif bir biçimde kullanılır. Kaşığın sapı avuç içinde kalacak şekilde kaba bir kullanımından kaçınmak gerekir. Kaşık asla yalanmaz ve tamamı ağza sokulmaz. Çorba içerken eskiden kaşığın dış kenarı kullanılarak çorba alınırdı; kaşık içten dışa doğru kullanılarak doldurulmazdı. Çünkü herkesin aynı kaptan çorba içtiği dönemlerde, birlikte yemek yiyen insanların sağlığını korumak için, ağzın dokunduğu taraf değil de kaşığın diğer kısmı tasa sokulup çorba alınırdı. Bugün çorba porsiyon halinde ikram edilmektedir. Dolayısıyla kaşık içte kullanılarak kâseden çorba alınabilir. Kaşık kâsenin kenarına sürülür ve kaşığın tamamı ağza sokulmadan, size taraf olan kenarından çorba bir kerede içilir. Çorba içerken dirsek doksan derece olacak biçimde dönmez ve kaşık ağza tamamıyla sokulmaz. Çorba taneli değilse kaşığın kenarından içilir. Ancak taneli bir çorbaysa yine dirsek fazla açılmadan kaşığın uç kısmı biraz ağza girmek suretiyle çorba içilir.

Çorba kulplu kâsede ikram edilmişse önce bir kaşıkla tuzu ve ısısı kontrol edilir. Sonra iki kulptan tutarak yudum yudum içilebilir. Ancak kâse bir dikişte bitirilmez. Bunun dışında sofrada çorba kâsesi kafaya dikilmez.

Çorba içerken kaşığın elde bırakılması gerektiğinde (sohbet için veya ekmek koparmak için) kaşık kâsenin içinde bırakılır. Çorba bittiyse kaşık; çorba kâsesinin altlığına, sağ tarafa ve yukarı bakacak biçimde bırakılır. Kaşığı böyle bıraktığınızda garson kâseyi almaya gelir. Ayrıca dondurma veya kup, uzun ayaklı bir kâsede yenmişse kaşık kâsenin içinde değil, çorbada oluğu üzere altlığın sağına, yukarı bakacak biçimde bırakılır.

Bardak ve Kadeh Kullanımı

İçeceklere uzanmadan önce ağız peçeteye silinmelidir. Ağızda lokma varken, bardağın kirlenme ihtimali göz önünde bulundurularak bir şey içilmemeli, lokma yutulduktan sonra içecek içilmelidir. Her türlü içecek yavaş içilmelidir. Çok susarsanız bile bardak bir defada kafaya dikilmemelidir. İçecekler sağ elle tutulur, bardak yukarı kaldırılır ve baş geriye atılmaz.

Her türlü içecek üst dudakta iz bırakmayacak biçimde içilmeli, dudaklar ıslak bırakılmamalı, içecekten sonra hafifçe kurulanmalıdır. Dudak yalanmamalıdır, elin tersiyle ağız silinmemelidir.

Çay ve kahve höpürdetilerek içilmemeli, içecekten sonra "ohh" gibi sesler çıkarılmamalıdır.

Hanımlar davetlerde rujlarını hafifletmelidir ki kadehlerde dudak izleri oluşmasın. Davetlere kalıcı rujla katılmak en uygunudur.

Tuzluk ve Biberlik Kullanımı

Davet ve ziyafetlerde, porselen yemek takımlarının içinde olan olabildiğince şık ve küçük tuzluklar ve biberlikler tercih edilmelidir. Kahve değirmeni şeklindeki tuzluk ve biberlikler yarı resmî ve resmî yemeklerde tercih edilmez. Tek delikli olan tuzluk, çok delikli olan biberliktir.

Tuzluk ve biberlik her iki davetliye bir takım olacak şekilde düzenlenir. Masadaki açık tuzluktan elle tuz alınmaz. Küçük tuz kaşığı yoksa temiz bir bıçak ucuyla tuz alınmalıdır. Ancak yemek ve davetlerde tuzluk ve biberlik masaya konmamaktadır. Masada tuza uzanılmaz. Uzaktaysa yanınızda oturandan yardım istenebilir. Başkasının önündeki tuz, biber veya limon konukları rahatsız edecek biçimde, uzanarak ya da sandalyeden kalkarak alınmaz. Bu malzemeler kullanıldıktan sonra diğer konukların da uzanabilecekleri bir yere koyulur. Ayrıca tuz silkeleyerek değil, tuzluğun arkasına parmakla hafifçe vurarak yiyeceğe dökülmelidir; sert sallama hareketinden kaçınılmalıdır.

Ekmek

Bir insanın görgüsü ekmek koparışından anlaşılır. Ekmek yolar gibi koparılmamalı, büyük parçadan ısırarak yenmemelidir. Eller ve dudaklar ekmeğe silinmemeli; kaşık ve çataldaki gıda artıkları ekmekle temizlenmemelidir.

Limon Kullanımı

Limon, sağ ele alınıp sıkılırken sol elle siper yapılır; böylece limon suyunun karşıda oturanlara sıçraması engellenmeye çalışılır. Sadece zeytinyağlıların yanındaki limon, yağlanmış olma ihtimaline karşı çatalla sıkılabilir. Balığın yanındaki limon tüle sarılır; bu kullanım hem sıçramayı hem de çekirdeklerin yiyeceğin üzerine düşmesini önler.

İlke Olarak

Sağ taraftaki içecekler ve sol taraftaki yiyecekler sizindir. Sağ taraftaki ekmek tabağı ve salata size aittir. Yanınızda oturan sizin salatanızı yemeye başlamışsa garsondan yardım isteyebilirsiniz.

Yemek yerken ağızdaki lokma yutulduktan sonra içecekler içilmelidir. Aksi takdirde bardakta gıda artıkları kalabilir ve nahoş görüntülere neden olabilir.

Gıda ağza ne ile gitmişse artığı da onunla çıkarılır. Zeytin ağza çatala gittiği için zeytin çekirdeği çatala çıkarılır ve çekirdek tabağın içine bırakılır. Ancak balık kılçığı istisnadır. Balık ağza çatalla girer; kılçığı elle çıkarılır ve tabağın kenarına bırakılır. Yemek yerken mümkün olduğunca kemik ve yağlar temizlenir. Ancak bunların ağza gelmesi veya çiğnenemeyen, yutulamayan parçaların olması durumunda, ağız peçeteyle kapatılarak bunlar çatalın üstüne alınır ve tabağa bırakılır.

Ortaya servis edilen yiyecekler, servis edilen tabağın içinden alınarak doğrudan yenmemelidir; kişisel servis tabağımıza alınarak yenmelidir. Ayrıca ortaya servis edilen yiyeceklere tuz, ketçap, sirke veya sos dökülmez. Ancak kendi tabağınızda bunları kullanılabilirsiniz. Ketçap, hardal gibi maddeler doğrudan yiyeceklerin üzerine dökülmemeli, tabağın kenarına koyulmalıdır; yiyecekler tabağa alınmış sos, ketçap ve hardala batırılmalıdır. Lokmayı ortak kullanılan sosa batırıp ısırdıktan sonra, tekrar sosa batırmak(double dip) bizimle yemek yiyenlere kabalıktır.

Garsona bir şey verilmez, elinden de bir şey alınmaz. Servise yardım edilmemelidir. Çünkü elden ele verilen şeylerin dökülme riski bulunur.

Masada herkesin yemeği geldikten sonra başlanır. Ev davetlerinde, ev sahibesi servisi tamamlandıktan sonra yerine oturur ve "Afiyet olsun." diyerek yemeği başlatır. İlke olarak davetli sayısı sekiz kişiden fazlaysa ve sağınızdaki ve solunuzdaki konuğun yemeği gelmişse "Afiyet olsun." diyerek yemeğe başlayabilirsiniz. Masadakiler sekiz kişiden azsa herkesin yemeğinin gelmesi beklenir.

En görgüsüz davranış da yemek yerken birilerini izlemektir. Buna meydan vermemek için yemek âhenk içinde yenmeli ve aynı anda bitirilmelidir. Yemeği erken bitirip yemek yiyenleri seyretmek görgüsüzlüktür.

Yemek esnasında güzel konular konuşulmalıdır. Ölüm, yas, kaza, iğrenç şeyler ve tiksinti uyandırması muhtemel konular yemek masalarında dillendirilmemelidir. Ayrıca beğenmediğiniz veya yemediğiniz yiyecekleri masada söylemeyiniz, ola ki o yiyecekler yemeğin devamında ikram edilebilir.

Yiyecekler ve pişirilme biçimiyle ilgili yorum yapılmamalı, bir yiyecek beğenilmemişse bile ukalalıktan kaçınılmalı; aslında nasıl pişirileceğine dair akıl verilmemelidir.

Yemekten tiksindiren bir şey çıkarsa bunu ilan etmeden üstü örtülmeli, yemeğe devam ediyor gibi yapılmalı ve ikram değişene kadar tabak önünüzde tutulmalıdır.

Masada servis malzemeleriyle oynanmamalı, ekmek ufalanmamalıdır. Yemek yedikten sonra masadan, masanın üstünü kirletmeden kalkmak marifettir.

Yemek yerken öksürük, hıçkırık, tıkanma olmuşsa masadan ayrılıp konukları rahatsız etmeyecek bir yere gidilmeli, masaya dönünce de özür dileyerek ve olayı fazla büyütmeden yemeğe devam edilmelidir.

Yemek esnasında ilaç almanız gerekiyorsa herkese göstere göstere ilaçları masaya yayarak ve uzun uzun hastalıktan bahsederek ilaç içilmemelidir. İlaç içmeniz gerekiyorsa sessiz bir şekilde, kimseye fark ettirmeden bu işlemi yapmak yapılmalıdır.

Hanımlar masada makyaj tazelememeli, saç taramamalıdır. Çok gerekiyorsa ruj tazelenebilir ancak bu bile uygun bir davranış değildir.

NE, NASIL YENİR?

Çorba

En zor içilen çorba, kaşarlı domates çorbasıdır. Ancak kaşarlı domates çorbasını da içerken püf noktası; kaşar sünmesin ve zorluk yaratmasın diye karıştırılmaz. Çorba içerken kaşığın üçte ikisi doldurulur ve kaşığın yan tarafından bir defada içilir. Çorba kâsesi de ağzına kadar doldurulmaz. Çorbaya ekmek doğranmaz; garnitür olan kıtır da çorba kâsesine doldurulmaz. Ayrıca çorba ikinci kez servis edilmez ve çok beğenseniz bile ikinci kez istenmez. Çorbanın dibi sıyrılmaz. Kâsenin dibindeki çorba içilmek istenirse kâse masanın ortasına doğru eğilerek kaşık doldurulur; kâse asla ekmekle sıyrılmaz.

Ekmek

Ekmek masaya dilimlenmiş olarak servis edilir ve ana yemek tabağının sol ilerisine bırakılır. Ekmek yemek istenildiğinde ekmek tabağı içinde küçük lokmalar halinde bölünmelidir. Ekmek diliminin tamamı lokma haline getirilerek bir defada yenmemelidir. Yuvarlak küçük ekmek veya sandviç tarzında servis edilen ekmek önce iki parçaya ayrılır, sonra bir lokma koparılır. Ayrıca ekmek fazla yenmemelidir. Bir dilim ikiye bölünüp bir defada büyük bir ekmek parçası ağza doldurulmamalı; yemek yerken avurtların şişmemesine özen gösterilmelidir. Bunlara ek olarak, ekmek çorbaya veya yemeğe batırılmaz. Bir bütün ekmek diliminin üzerine tereyağı sürülüp ele alınıp ısırılarak yenmez. Tereyağı, küçük lokmaların üzerine sürülmek suretiyle yenir.

Balık

Balık elle yenmez. Balık bıçağı, balığı kesmek için değil, kılçıkları ayıklamak için kullanılır. Balık ortasındaki deri, bıçağın yardımıyla yukarı kaldırılır. Buradaki püf noktası, ucu sivri olan balık bıçağının kalem gibi tutularak balığın kılçık ve derisini ayıklamak üzere kullanılmasıdır. Üstteki et yendikten sonra, üstte kalan kılçık balıktan ayrılarak bir başka tabağa alınır. Geriye kalan etli kısım yenir. Balığın yanındaki roka elle yenir, katlanarak ağza götürülür. Ayrıca roka çatal-bıçak yardımıyla küçültülerek de yenebilir.

Et Yemekleri

Porsiyon halinde ikram edilen et yemekleri, baştan tamamı küçük parçalara ayrılarak yenmez. Bir lokma kesilip yendikten sonra diğer lokma kesilir. Etin sert kısmı yenmeyeceği için ayıklanır, kesilmek için uğraşılmaz. Et yemeği garson tarafından tepside ikram edilmişse tepsideki servis çatalı ve kaşığı ile alınır. Çatal sol, kaşık sağ ele alınır. Tepsideki etleri karıştırmadan seçmeden en önde olan ve size en yakın olan parça alınır. Ana yemek olan et yemeği, ikinci kez servis edilebilir. Bu sebeple, ilk serviste tabağı bolca doldurmaya gerek yoktur.

Kümes Hayvanları

Kümes hayvanlarının eti de çatal bıçakla yardımıyla ve lokma lokma kesilerek yenir. Resmî yemeklerde tavuk ikram edilmez.

Bir bütün halinde masaya gelen kümes hayvanını bölme işi evin sahibine aittir. Kümes hayvanları, çorba ve balıktan sonra ikram edilebilir.

Midye

Kabukları ayrılıncaya kadar suda haşlanarak servis edilir. Kızarmış midye çatal-bıçakla yenirken haşlanmış midye kabuktan çatal yardımıyla çıkarılıp sosa batırılarak yenir. Midye dolma da çatal-bıçakla yenmelidir.

Karides

Kızartılmış karides çatalla, büyük olan jumbo karides ise çatal-bıçak yardımıyla yenir. Haşlanmış büyük karides kabuğundan çıkarılmış olarak servis edilir. Bu karides, elle kuyruğundan tutulup sosa batırılarak kuyruğu hariç yenir. Haşlanmış ve kabuğu çıkarılmamış karidesin ise kabuğu elle soyularak yine bir defada kuyruk kısmına kadar yenir.

İstiridye, Deniztarağı ve Midye

İstiridye, deniztarağı ve midye gibi kabuklu deniz ürünleri üst kabukları çıkarılmış şekilde masaya gelir. Bu tarz yiyecekleri yemek için kullanılacak üç dişli ve ufak olan kokteyl çatalı tabağın sağ tarafında olur; tabağında sağında olan tek çatal kokteyl çatalıdır. Tek elle istiridye sabit tutulur. Eğer istiridye alt kabuğundan ayrılmışsa çatalla tek seferde yenir. Kabuğundan ayrılmadığı durumlarda çatal istiridyenin etli kısmına saplanır ve çevrilerek kabuğundan ayrılır; tek seferde yenir.

Suna Okur

Istakoz

Çorbadan sonra ikram edilen ıstakoz, resmî yemeklerde geneide masaya ayıklanmış olarak gelir. Ayrıca restoranlarda ıstakozu ayıklama işini rica ettiğinizde garsonlar da yapacaktır. Ancak bu zahmetli ve leziz yiyeceği nazik bir şekilde ve kendiniz yemek isterseniz belirli bir usûlle ve ayıklamaya yarayan bazı aletleri kullanarak yemelisiniz. Istakoz servis edilirken yanında ıstakoz pensi ve ıstakoz çatalıyla gelir. Ayrıca bir de önlük getirilecektir.

Öncelikle ayıklarken ve yerken ıstakozun suyunun ve soslarının üstünüze sıçrama ihtimaline karşı bu önlüğü takmalısınız. Ayrıca bacaklara dökülmesini engellemek için de kumaş peçeteyi bacaklarınıza örtebilirsiniz. Meşakkatli ve sıkça elleri kullanarak yiyeceğiniz bir yiyecek olmasından dolayı ıstakoz iş görüşmelerinde ve ilk randevularda tercih edilmemelidir.

Ayıklamaya başlarken tabağınızdaki ıstakozu tek elinizle sıkıca tutun ve kıskaçlarını bükerek gövdesinden ayırın. Kıskaçların kol kısımlarını ayırın ve kolların içindeki etleri ıstakoz çatalıyla iterek çıkartın. Kıskaçları, kola bağlantı yerlerine yakın bir noktadan, hafifçe ıstakoz pensiyle kırarak içinden etli kısımlarını ıstakoz çatalı yardımıyla çıkarın. Bu aşamada püf nokta, kabuğu çok fazla kırmamaktır; aksi takdirde ufalanan kabuk parçaları ete yapışabilir. Sonra gövde ile kuyruk kısmını ters yönlere yavaşça burkarak çekin. Bu aşamayı yavaşça yapmalısınız çünkü gövde kısmında yeşilimsi - gri bir kısım olan ıstakozun karaciğeri ve bazı organları bulunacaktır; bu kısımlar hızlı bükmeniz halinde etrafa sıçrayabilir ve çirkin görüntülere sebep olabilir. Bazı kişiler bu kısmı lezzetli bulabilir ancak bir görüşme esnasında burayı yemeniz uygun değildir. Gövdeden bu kısmı çıkarın ve kabuklarla birlikte artık tabağına koyun. Dilerseniz az miktarda da olsa gövde kısmında et olacaktır, bu dağınık kısımları da ıstakoz çatalı yardımıyla ayırabilirsiniz. Eğer ıstakozunuz dişiyse içinden bir miktar havyar da çıkabilir ancak çok lezzetli bulunmadığı için bu havyarların yenilmesi genellikle tercih edilmemektedir.

Istakozun asıl etli kısmı kuyruğunda bulunmaktadır. Öncelikle kuyruğun arkasında bulunan yüzgeçleri çekerek kopartın. Bu kısımların içindeki lezzetli etleri de ıstakoz çatalıyla çıkartabilirsiniz. Istakozun etinin büyük bir kısmı kuyruğundadır. Bu kısmı çıkarmanıza yardımcı olması amacıyla ıstakozun kuyruğu tabağınıza gelmeden önce ortadan yarılmış olmalıdır. İyi restoranlarda genelde kuyruk kısmı bu şekilde yarılmış olarak gelir. Eğer önceden bu işlem yapılmamışsa garsondan keskin bir bıçak rica edebilir ve kuyruk kısmını boydan olacak şekilde ortadan açabilirsiniz. Böyle bir durumda kabuğu yarık olan kısımlarından tutarak iki yana açabilir ve etli kısmı elinizle çıkartabilirsiniz; usûlünce pişmiş bir ıstakoz bu aşamada kolayca kabuğundan ayrılacaktır.

Istakoz servis edilirken genellikle yanında tereyağı sosu, bir kâsede sıcak limonlu su ve havlu getirilecektir. Ayıklama işleminiz bittikten sonra limonlu suya parmaklarınızı batırıp masadan kalkmadan elinizi temizleyebilir ve havluya elinizi silebilirsiniz. Bu aşamadan sonra önceden çıkardığınız ıstakoz etlerini deniz mahsulü çatalınız ve bıçağınız yardımıyla tereyağı sosuna batırarak yiyebilirsiniz.

Zarafetinizden ödün vermeden ıstakozu yemek istiyorsanız, tadı her ne kadar hoşunuza gitse de ıstakozun bacak kısımlarındaki eti emmemelisiniz. Dilerseniz bacak kısımlarını geriye bükerek kopartıp ıstakoz çatalıyla çıkartabildiğiniz kadarını yemelisiniz. Ayrıca başka aletleri kullanarak doğaçlama yapmamalı, uygun aletleri gerekli yerlerde kullanarak ve yukarıda bahsedilen prosedürleri izleyerek yemelisiniz. Ayrıca daha önceden nasıl yenileceğini bilmediğiniz yemekler geldiğinde zor duruma düşmemek için bekleyebilir, masadaki diğer kişilerin nasıl yemeğe başladığını izleyerek siz de aynı şekilde yemeye başlayabilirsiniz.

Havyar

Havyar yenirken ve servis edilirken bazı püf noktaları olan yiyeceklerden biridir. Öncelikle bu kıymetli yiyecek, 2 parçadan oluşan ve genellikle havyarın konulduğu iç kısmı kristalden olan havyar kâselerinde veya kupalarında servis edilir. Kâsenin dışındaki kısma konan kırılmış buz havyarın soğuk kalmasını sağlayacaktır. Bu kâse, altında kaymasını engellemek üzere bir altlıkla, başka bir tabağın içinde servis edilir. Havyarın metalle temasa geçmesi halinde birçok kişi tarafından tadının bozulacağı düşünülmektedir. Bunun yanında birçok yemek eksperi tarafından da havyarların metal kutularda satıldığı ve çok aktif bir madde olan gümüşten yapılmış kaşıklar haricinde bunun yanlış bir tanı olduğu söylenmektedir. Yine de usûlen havyar yenirken metal kaşık kullanılmaz; genelde kaşıklar altın, kemik, fildişi ve tercihen abalon sedefinden yapılmış özel havyar kaşıklarıyla yenilir.

Kristal havyar kupası içinde servis edilmesi halinde, kupanın sap kısmı en alt tarafından işaret ve orta parmak arasına alınarak sabitlenir ve sedef kaşığın yardımıyla havyar kâseden yenir. Ayrıca havyarın yanında servis edilen kapari, limon, taze krema, blini, kıyılmış soğan, yumurta gibi kanepe malzemeleriyle ordövr tabağında servis edilebilir. Bu durumda elle blini veya ufak kesilmiş tost ekmekleri üstüne bu garnitürlerden, üst üste koyarak abartmamak şartıyla bir kanepe hazırlanabilir ve üstüne en son havyardan eklenerek yenilebilir.

Spagetti ve Benzer Makarna Türleri

Spagetti, tagliatelle, mafaldine gibi uzun makarna türlerini yerken hiçbir zaman bir bıçak yardımıyla veya çatalınızın kenarıyla makarnayı kesmemelisiniz. Ayrıca makarnayı kaşık yardımıyla çatalınıza dolamanız da Amerikalıların uydurduğu ve usûlüne uygun olmayan bir yeme şeklidir. Bu tarz makarnaları yerken en fazla iki veya üç parçayı çatalınıza alarak tabağın eğimli kısmında dolamaya başlamalı ve makarna taneleri çatalınızdan sarkmadan, tek bir lokma haline gelene kadar dolamaya devam etmelisiniz. Lokmayı ağzınıza koyduğunuzda ufak bir parçanın dışarıda kalması sorun olmayacaktır; sessizce bu parçayı yutabilirsiniz. İstenmeden büyük bir parçanın ağzınızdan sarkması durumunda da ısırarak kalan parçayı çatalınızla tabağınıza indirmelisiniz. Ev ortamında bu tarz makarna türlerini yeme konusunda çalışmanız, başka insanların yanında nahoş durumlarla karşılaşmanızı engelleyecektir. Ayrıca iş görüşmelerinde, önemli buluşmalarınızda bunun gibi sizi sıkıntıya sokacak yiyecekleri tercih etmemenizi tavsiye ederim.

Kek, börek, pasta, baklava

Bu gıdaları yerken göze hoş görünecek biçimde, küçük pasta çatal-bıçağı kullanılmalıdır. Kek, börek, pasta ve baklavayı elle yemek uygun değildir.

Kurabiye

Çatal bıçakla yemek, kurabiyenin dağılmasına ve dökülmesine sebep olacağı için kurabiye elle yenmelidir. Elin yağlanma ihtimali vaysa kâğıt peçete ile tutularak yenmelidir.

Meyvelerin Yeme Biçimi

Resmî yemeklerde, meyve bir bütün halinde soyulmadan masaya gelir. Bu tür yemeklerde meyve ele alınarak soyulmaz.

Elma-Armut

Çatalla sabitlenir, bıçakla önce ikiye bölünür; yarım parça yine çatalla sabitlenip bıçakla ikiye bölünür. Dörtte birlik parçanın ortası bıçakla alınır; çatalla sabitlenir, bıçak yardımıyla soyulur ve çatal bıçakla yenir.

Çilek

Ayıklanarak ikram edilmişse çatal yardımıyla yenir. Büyük ve ayıklanmamış çilek sağ elle tutulur, pudra şekerine batırılır ve yenir.

Karpuz ve Kavun

Çatal-bıçak yardımıyla küçük lokmalar halinde kesilerek yenir. Çekirdeği peşinen temizlenmez, ağza gelen çekirdekler çatala alınır. Günümüzde kapuz çekirdekleri çok küçük olduğu için genelde çatala almak mümkün olmamaktadır. Kavun da çatal bıçak yardımıyla ve küçük lokmalar halinde yenir.

Kayısı ve Erik

Çatalla sabitleyip iki veya dörde bölünerek çatalla yenir. Çekirdekleri ağza sokulmaz ve bu meyveler ele alıp yenmez.

Muz

Çatalla sabitlenir. Bıçakla her iki ucu da kesilir. Bıçakla kabuk uzunlamasına kesilip çatal bıçakla yenir.

Kiraz ve Vişne

Sol elle sapından tutulur, sağ elle yenir. Çekirdek kaşığa çıkarılır ve tabağa konur. Kaşık yoksa parmakla alınır ve tabağın kenarına konur.

Üzüm

Sol ele alınan salkım, aşağıdan başlanarak yukarı doğru sağ elle yenir. Çekirdek parmakla alınıp tabağa koyulur.

ZİYARET ADABI

Kamusal ve toplumsal hayatta ziyaret, bir insanlık ve nezaket görevidir. Ziyaret, iyi günlerde sevinç ve mutluluğu arttırır; kötü günlerde ise kederi ve tasayı azaltır. İnsanın dünya macerasında yalnızlığını unutması ve sosyalleşebilmesi için çok değerli olan ziyaret, bazı kuralları da içinde barındırmalıdır. İnsani ilişkilerin gelişmesinde önemli bir rol oynayan ziyaret; adabına uyun yapılmadığında ilişkilerin bitmesinin de sebebi olabilir. Öncelikle, her ziyaret zamanında yapılmalıdır. Gecikmiş ziyaret, yapılmamış gibidir.

Ayrıca bütün ziyaretlerde zamanın uygun olmasına ve ziyaretin randevulu olmasına dikkat edilmelidir. Kişisel ilişkilerimizde zamana ve saate riâyet edilmeden yapılan ziyaretler olumlu karşılanmamaktadır. O halde ev ziyaretleri dâhil bütün ziyaretler mutlaka randevulu olmalı ve makul zamanlarda yapılmalıdır. Sabah çok erken vakitlerde, yemek saatlerinde ve akşam çok geç vakitlerde, habersiz yapılan ziyaretler itibar kaybına sebep olacaktır. Bayram, hasta ve başsağlığı ziyaretleri ön bilgi alınarak randevusuz yapılabilir. Diğerlerinde ise randevu almak gerekir. İzinsiz ve randevusuz yapılan ziyaretler her iki tarafı da zor durumda bırakır.

Ev Ziyaretleri

Günümüzde toplumsal hayattaki değişiklikler bilhassa büyük şehirlerde ev ziyaretlerini azaltsa da kültürümüzün vazgeçilmez bir özelliği olan misafirlik belli kurallar çerçevesinde yapıldığında anlamlıdır.

Hanımlar arasında gündüz yapılan ziyaretler hariç, ev gezmesi genellikle akşam yapılır. Yazın 20.30-21.00 saatlerinde tercih edilen misafirlik, kışın günlerin de kısalması dolayısıyla daha erken saatlerde yapılmaktadır.

Dostlarını, arkadaşlarını çeşitli vesilelerle ziyaret etmek isteyen çiftler, bu taleplerini belirterek ziyarete gidilecek aileden randevu isteyebileceği gibi; ziyareti istenen, beklenen şahısları siz davet edebilirsiniz. Bu arada davet esnasında ziyaretin niteliği belirtilebilir. Şayet misafirinizi yemeğe davet etmek istiyorsanız bu mutlaka dile getirilmelidir; zira yemeğe beklendiğini bilmediği için tok gelen bir misafire yapılan bütün hazırlık boşa gidebilir. Misafir akşam çaya davet edilmişse "Akşam oturmasına bekliyoruz." denmeli ve ziyaretin niteliği üstü kapalı bir şekilde söylenmelidir. Akşam oturmalarına belirli bir ikramın yapılacağı göz önüne alınarak mümkün olduğunca fazla yemeden gidilmesi önerilir. İkramın yapılacağı bilindiği halde tok gidip sunulan yiyecekleri reddetmek ev sahibini üzecektir. Akşam ziyaretlerine genellikle birbiriyle uyumlu birkaç aile davet edilebilirse de misafirlerle yeterince ilgilenebilmek ve onları memnun edebilmek için en fazla beş-altı aile davet edilmelidir. Davetli sayısı daha fazla olursa davetliler evinizden memnun ayrılamayabilir.

Ev sahibi ve sahibesinin konukları kapıda, birlikte karşılaması gerekir. Misafir hanım önde, erkek arkada kapıdan girmelidirler. Hanım misafir elindeki çiçeği ev sahibesine vermeli; ev sahibesi çiçeği uygun bir yere bırakmalı ve misafirlerini karşılamalıdır. Önce misafir hanım ev sahibesiyle, sonra ev sahibiyle; sonra da misafir beyefendi sırasıyla ev sahibesi ve sahibiyle tokalaşmalıdır.

Misafir güzel ve temiz giysilerle karşılanmalıdır. Konukları özensiz kıyafetlerle, saç baş dağınık bir vaziyette karşılamak hem misafire hem de kendimize özensiz olduğumuzun ifâdesidir.

Bizim toplumumuzda ayakkabı ile içeri girilemeyeceği için ev sahibesi konukları gelmeden hazırladığı terlikleri kapının ağzına dizmelidir. Hanımlar bu terliklerin giysileriyle uyumlu olmama ihtimalini göz önünde bulundurarak ev ayakkabılarını yanında getirebilirler. Ev sahibesi ayakkabınızı çıkarmamanızı isterse -ısrar etmeden- ayakkabılarınızı paspasa hafifçe silerek içeri girebilirsiniz. Şayet ayakkabılarınız kirliyse ev sahibi ısrar etse bile, daha sonra mahcup olmamak için çıkarmanız gerekir. Ayakkabılar kapının dışında çıkarılmaz. Evin girişi dar olduğu için ayakkabılarınızı dışarıda çıkarsanız bile, dönüp ayakkabılarınızı içeri almayınız; bu işi ev sahibesinin yapması gerekir. Aynı şekilde ziyaretin bitiminde de ayakkabılarınızı ev sahibinin dizmesi ve düzeltmesi beklenir. Ev sahibesi mantolarla, gelen çiçekler ve ayakkabıların düzeltilmesiyle meşgul olurken ev sahibi de teşrifatçılık görevini yerine getirmeli, misafirleri tasarladığı oturma planına uygun olacak şekilde oturtmalıdır. Babaannem "Kalkacağın yere oturma." diyerek oturulacak yerin iyi ayarlanması gerektiğine dikkat çekerdi. Misafire oturacağı yer gösterilmezse daha sonra yaş ve statü bakımından büyüklerin gelmesi durumunda misafir oturduğu yeri teklif etmek zorunda kalabilir ki bu da hiç istenmeyen bir durumdur. Misafir, "başköşe" tabir edilen yerlere yaş, cinsiyet ve statüleri gözetilerek oturtulur. Ev sahibeleri ve gençler, genellikle kapıya ve misafirleri rahatsız etmeden servisi yönetebilsinler diye mutfağa yakın yerlerde oturmalıdırlar.

Bu tür ziyaretlere her defasında hediye götürülmez. Ancak ilk ziyarette eli boş gidilmemelidir. Bu konu kitabın "Hediyeleşme Bölümü"nde detaylı olarak anlatılmıştır. Bazı misafirler getirdikleri hediyeyi ele vermedikleri ve kapının girişinde bıraktıkları için ev sahibesini hediye mi yoksa konuğa ait bir paket mi tereddüdünde bırakır. Bu tarz durumlarda paket açılmamakta ve hediye amacına ulaşmamaktadır.

Akşam ziyaretlerine ev sahibesi davet etmiş, ısrar etmişse ve yaşıtları varsa çocuk götürülür. Bunun haricinde çocuklar dikkati dağıtabileceği, sıkılabilecekleri ve ortamın ahengini bozabilecekleri için ev davetlerine götürülmez. Evcil hayvanlar da ev oturmalarına götürülmemelidir. Ayrıca misafir evcil hayvanını getirmek istemiş ve ev sahibesi bundan hoşlanmamışsa rahatlıkla söyleyebilmelidir.

Misafirler oturup hal hatır sorulduktan tahminen 15-20 dakika sonra ikram başlamalıdır. Bu arada çiçek gelmişse vazoya yerleştirilir ve uygun bir yere konur; hediye gelmişse açılır ve teşekkür edilir. İlk ikram bizim kültürümüzde genellikle kahvedir. Misafirlerin kahveyi nasıl içmek istedikleri sorulmalıdır. İkramda önce tuzlular, sonra tatlılar gelir. Özellikle önemli ve seçkin konuklara önceden ne istedikleri sorularak ikram hazırlanabilir. Ayrıca konukların diyabet, rejim gibi özel durumları dikkate alınarak ikramlıklar hazırlanır. İkram normalde önce hanımlara, sonra beylere yapılırsa da yaşlı konuklar olduğunda geleneksel tavrımız gereği, ikramın yaşlı erkek konuktan başlaması uygun olur. İkramlıklardan almaları için konuklara teklifte bulunulur; ancak ısrar etmek ve misafirleri yiyip içmeye zorlamak uygun değildir. "Bazı ikram dayaktan beterdir." atasözü bu tür ısrarcı ev sahipleri için söylenmiştir. İkramlıklar, su dâhil, misafire tepside sunulmalıdır. Hiçbir zaman yiyecekler elde getirilmez. Özellikle kahve ikramını ev sahibesi yapmalıdır. Kahve tepsisi bir hizmetli tarafından getirilmişse bile, kahve fincanları ev sahibesi tarafından, tek tek misafirlerin önlerindeki sehpalara servis edilir. Konuklar samimiyet derecesine göre servise yardım teklifinde bulunabilirler. İlk kez gidilen bir evde, konuk servise yardım teklifinde bulunmamalıdır.

Misafirler hiçbir zaman yalnız bırakılmamalıdır. Ev sahibi veya ev sahibesinden biri mutlaka konukların yanında olmalıdır. Konuklar yalnız bırakılırsa istenmedikleri zannına kapılabilirler.

Misafirlikte konuşmayı tekeline alan, diğer konuklara hiç konuşma fırsatı vermeyen konuklar genellikle sonradan davetlere çağırılmazlar. Yaşlı ve statü sahibi konukları dinlemek, onların bilgi ve tecrübelerinden faydalanmak gerekir. Ev sahibi davet ettiği kişiler konunun uzmanıysa belirli bir konuyu açarak sohbeti sorularla yöneterek davetin verimli geçmesini sağlayabilir.

İlk defa gidilen evlerden ayrılma saati konusunda titiz olunmalı, misafirlikten çok geç saatlerde kalkılmamalıdır. İkram biter bitmez kalkılmaz; dolayısıyla ikram bittikten bir süre sonra konuşmalar ağırlaşmışsa yahut suskunluk artmaya başlamışsa misafirliğin bitiş saati gelmiş demektir. Müsaade istendikten sonra misafirlikten duyulan memnuniyet dile getirilip ikramlar için teşekkür edilerek kalkılır. Ev sahipleri misafirlik süresince asla saatlerine göz ucuyla da olsa bakmamalı ve esnememelidirler. Esneme ihtiyacı varsa, mümkün olduğunca belli etmeden, ağız sıkıca kapatılarak esnenmelidir. Bütün konuklar aynı anda kalkmayabilir; zaten bu durum uygun da değildir. Misafirleri gönderirken hanımların ve yaşlı kimselerin paltosu tutulabilir. Ancak bu konudaki teklifiniz geri çevrilmişse ısrar edilmemelidir.

Konuklar arabaya binene kadar ev sahipleriyle temas halinde olmalıdırlar. Ev sahipleri aşağı kadar refakat etmeli veya pencereyi açarak misafirlerini uğurlamalıdır. Misafirler daire kapısından çıkar çıkmaz kapıyı örtmek kabalıktır. Eğer evde başka misafirler varsa ev sahibi konuklara arabaya kadar eşlik ederken ev sahibesi konukları cümle kapısında uğurlar ve evdeki konuklar yalnız kalmasın diye içeriye girer. Makam, mevki veya statü sahibi konuklara, evde misafir kalmamışsa ev sahibesi de arabaya kadar eşlik edebilir. Bu arada konuklar, onları geçiren ev sahiplerine korna çalarak teşekkür etmemelidir. Konuklar uğurlanırken apartman boşluğunda, koridorlarda, asansörde ve otoparkta sessiz olunmaya özen gösterilmeli, geç saatte komşular bu seslerle rahatsız edilmemelidir. Evinizden ayrılan her konuk, o günün en muteber konuğu olduğu hissini yaşamalıdır. Bunun için karşılamadan, ikrama ve uğurlamaya kadar titizlikle davranılmalı ve misafire hep güler yüzle muamele edilmelidir.

Ziyaret Protokolü

Ziyaret, daha önceden randevu alarak kararlaştırılan bir gün ve saatte başkalarını görmeye gitmek demektir. Kamuda ve özel kuruluşlarda ziyaret adabına uyulması, iş ilişkilerin geleceği açısından önemlidir.

İş dünyasında sempati ikmali için yapılan nezaket ziyaretlerinin süresi 15-20 dakikayı, tebrik ziyaretlerinin süresi de 5 dakikayı geçmemelidir. Bu sürenin sonunda ziyaretçiler kendiliklerinden ayrılmalı, makam sahibinin uyarmasına meydan vermemelidirler. Ziyaret, makam sahibinin isteğine bağlı olarak uzayabilir; astlar da bu talebe uymalıdırlar.

Randevu saatine mutlaka uyulmalıdır. Aksi bir durum saygısızlık kabul edilir. Hatta üst makamlarla yapılacak görüşmelerde, randevu saatinden biraz önce gidip beklemek geç kalma riskini ortadan kaldıracaktır. Ziyaret esnasında makam sahibinin ikramdan son yudumu alması, saatine bakması veya yeni konu açmaması ziyaretçinin gitme vaktinin geldiğinin göstergesidir.

Üstlere ve yüksek mevkideki kimselere yapılacak ziyaretlerde şahsın özel kalem müdürü ya da sekreterden randevu alınmalıdır. Bu kişilere yapılan ziyaretlerde hediye götürmek doğru değildir. Randevu gün ve saatini üst belirler, ast uyar. Eşit düzeyde olanlar arasında yapılacak ziyaretlerde ise seçenekli tarih verilerek uygun gün ve saat belirlenir. Öğleden önceki ziyaretler

10.00-11.00 arasında, öğleden sonraki ziyaretler de 15.00-17.00 arasında, önceden izin alınmak ya da randevu alınmak kaydıyla haber verilerek yapılmalıdır. Ziyaret eden uygun giyinmeli, girişte ve ayrılışta ceketinin önünü iliklemeli, ziyaret esnasında telefonunu sessize almalı veya kapatmalıdır.

Kamuda ilke olarak ast, üstü; kıdemsiz, kıdemliyi; küçük büyüğü ziyaret eder. Üst, astın ziyaretini kabul eder. Ziyarette küçük büyüğe, ast üste tabidir. Bir yönetici kendine bağlı astların ziyaretini iade etmez. Ancak kendine bağlı olmayan astların ziyaretini iade edebilir. Makam, unvan, rütbe veya statü bakımından eş düzeyde olan kişilerin yaptıkları ziyaretler, nezaketen iade edilmelidir. Büyüklerin ve üstlerin, küçüklere ya da astlara yapmak istedikleri ziyaret önemli bir sebep olmadıkça kabul edilmelidir.

Resmî dairelerde yapılan ziyaretlerde astlar üstlerini ya dış kapıda, ya da dairenin kapısı önünde karşılamalıdır. Ziyaret bitiminde de uygun şekilde uğurlamalıdır. Yöneticinin astın evine yaptığı ziyaretlerde ast, üstü bina kapısında karşılamalı ve arabasına bindirerek uğurlamalıdır. Ziyaretçi üst eşiyleyse ve evde başka konuk ve ziyaretçi yoksa ev sahibesi de uğurlamaya refakat etmelidir.

Ziyaret sırasında yeni bir ziyaretçi gelmişse ziyaret süresi dolsa bile hemen kalkılmaz. Makam sahibi yeni gelenleri tanıttıktan ve hal hatır sorulmasından sonra, gitmek için hazırlanan misafirin nezaketen izin isteyip kalkması uygun olur.

Resmî Ziyaretler

Toplantı, kongre, konferansa katılma veya nezaket ziyaretinde bulunma amacıyla yapılan her ziyaret resmîdir. Bu sebeple söz konusu resmî ziyaretler, törensel ve biçimsel olarak daima protokol kuralları içinde yürütülür.

Türkiye'de kamusal yaşamda uygulanan resmî ziyaret, göreve başlama ve veda ziyaretleridir.

Göreve Başlama Ziyareti

Bir kurumda, ilde veya ilçede göreve başlayan kişi, ilk ziyareti kendi âmirine yapmak zorundadır. Yönetici olarak bir makama atanan ve göreve başlayan kişinin, kurum içinde ve dışında protokolde kendisinden üstte olanları ziyaret etmesi gerekir. Ancak bu ziyaretler kişinin mevkiine göre değişir. İlde göreve başlayan milli eğitim müdürünü ilk gününde valiyi, ilk hafta içinde vali yardımcılarını, garnizon komutanını, belediye başkanını, Cumhuriyet Başsavcısını ve il emniyet müdürünü ziyaret etmesi protokol gereğidir.

Veda Ziyareti

Bir görevden veya çalışma yerinden ayrılması ya da tayini söz konusu olan bir kamu görevlisi, bir hafta öncesinden üstlerin makamlarına giderek kendilerine veda ziyaretinde bulunur. Son olarak birlikte çalıştığı personelin de bürolarına giderek veda eder. Örneğin il müdürü önce ildeki il müdürlerini, bölge müdürünü, belediye başkanını, Cumhuriyet Başsavcısını, garnizon komutanını, vali yardımcısını ve en son valiyi ziyaret eder. Veda ziyareti iade edilmez. Bir yönetici görevden ayrılırken yardımcısı olan astlar; bir ast yönetici görevden ayrılırken de kendi âmiri yönetici onuruna kurumda veya bir sosyal tesiste veda ziyafeti vermelidir.

Çalışma ve İş Görüşmesi Ziyaretleri

Kurumlar arasında eş düzey yöneticilerin iş görüşmeleri; karşılama, ağırlama ve uğurlama açısından ve biçimsel olarak yarı resmî niteliktedir. Konuklar randevu alarak makam ziyaretinde bulunurlar. Konuklar mevkilerine göre karşılanır. Üst makamlar, makam sahibi tarafından makam kapısında; eş düzey makam sahipleri, masasından kalkan makam sahibi tarafından makam ortasında; ast ziyaretçiler de yerinden kalkarak karşılanırlar. Bu ziyaretlerin resmî bir işle ilgili konuların görüşülmesi ve gerektiğinde ortak bir karar alınması amacıyla yapılır. Bu ziyaretlerde konuklara ikramda bulunulur. Uğurlarken üst makamlar kurum kapısında, eş düzey asansör kapısında, astlar da masada ayağa kalkarak uğurlanırlar. Uğurlanma biçiminiz ziyaretin kalitesini söyler.

Tebrik Ziyaretleri

Bir kimsenin önemli bir göreve ve makama atanması sebebiyle yapılan ziyaretlerdir. Tebrik ziyareti göreve başlayan âmire ilk kırk sekiz saat içinde, üst ve eş düzeyde olanlara da göreve başlamalarını müteakip ilk hafta içinde yapılır. Tebrik ziyareti makama gidilerek yapılmalıdır, evde yapılmaz. Tebrik ziyaretine giderken elde çiçek götürmek zayıflıktır. Ziyaretten önce kartvizit iliştirilmiş bir çiçek sepeti gönderilmesi daha doğru olur. Ziyarette başka bir şey götürülmez ve gönderilmez.

Tebrik ziyareti randevulu veya randevusuz yapılabilir. Ancak randevusuz ziyaret kişinin hangi saatlerde tebrikleri kabul ettiği öğrenilerek yapılmalıdır. Hiç kimse habersiz ziyaret edilmemelidir. Randevu verilen gün ve saatte ziyaret yapılmalı, içeride beş dakikadan fazla da kalınmamalıdır. Ziyarete giden kendini tanıtır ve yeni görevi dolayısıyla makam sahibine tebrik ve temennilerde bulunur. Tebrik edilen kişi, ziyaret dolayısıyla teşekkür eder ve çikolata ikram eder. Tebrik ziyareti kısa olduğu için başka bir şey ikram edilmez.

Eş düzeyde olup tebrik ziyaretine gelenlere, ilke olarak aynı süre - bir hafta - içinde iade ziyaretinde bulunulmalıdır. Ast düzeyde olanların iade ziyareti yöneticinin takdirine bağlıdır. Ancak yönetici kendi astlarının ziyaretini iade etmez.

Suna Okur

Nezaket Ziyareti

Nezaket ziyaretleri kamusal yaşamda eş düzey görevliler ve yöneticiler arasında saygı ve nezaket gereği yapılan ziyaretlerdir. Kurumlar arası örgütsel ilişkileri geliştiren, yöneticiler arasında sevgi ve saygıyı pekiştiren, aynı zamanda iş ilişkilerini ve işbirliğini de gerçekleştiren etkili sosyal davranış yöntemleridir. Nezaket ziyaretlerine kamusal hayatta "sempati ikmali" denir. Sinerji oluşturmak ve karşılaşılan güçlüklerin üstesinden gelmek için yardım ve işbirliğini arttırmak amacıyla yapılan ziyaretlerdir; karşılama, ikram ve uğurlama kurallarına özen gösterilmelidir.

HEDİYELEŞME

Hediye almak ve vermek ciddi bir iştir. İki tarafın da bazı kuralları bilmesi, ilişkilerin sağlıklı bir zemine oturması ve güçlenmesi için gereklidir. Çünkü hediye ile muhatabımıza "Seni sayıyor, seviyor ve dikkate alıyorum." mesajı verilmektedir. Hediyeyi alana da şu dostlukların kök salmadan tükendiği dünyada sıcak ve samimi dostluklara gönlünü açma imkânı sunar.

Hediye verirken öncelikle temel bazı kuralları bilmekte fayda vardır. Hediye bir çıkar düşüncesiyle verilmemelidir. Çünkü karşımızdakinin bilinçaltı sandığımızdan daha zekidir. Hediyenin bir çıkar elde etmek için mi yoksa dostluğu ve sevgiyi ihya etmek için mi verildiği bellidir. Hediye vermek için çok özel anları kovalamak yerine her vesileyle verilen hediyeler; bilhassa aile fertlerine sık sık ufak hediyeler vermek, onları son derece mutlu edecektir.

Hediyenin pahalı olması gerekmez. Önemli olan hediye verdiğimiz şahsın sevebileceği, makbule geçecek bir hediye vermek ve gönlünü hoş edebilmektir.

Hediye bir karşılık almak maksadıyla verilmemekle birlikte, hediye alan buna bir karşılık vermek isteyecektir. Dolayısıyla çok pahalı hediyeler alarak kendimizi ve karşımızdakini sıkıntıya sokmamalıyız. Bilhassa maddi gücü olmayan dost ve akrabalarımızı ezmemek ve mahcup etmemek için onları sıkıntıya sokmayacak hediyeler almak gerekir.

Hediye Verirken

Hediye almak kadar vermek de önemli bir iştir. Hediyenin paketi ve paketleniş biçimi, değerini artıran bir unsurdur. Günümüzde hediye paketleri oldukça gösterişli yapılmaktadır. Önemli olan, hediyeyi uygun zamanda vermektir. Zamanında verilmeyen bir hediye anlamını yitirir.

Hediye seçerken, insanlar genellikle kendi beğendikleri ve kendisine verilmesini istedikleri şeyleri hediye olarak verme eğilimindedirler. Araştırmalar erkeklerin hediyenin maddi yönünü dikkate aldıklarını, hanımların ise hediye seçmeye daha duygusal yaklaştıklarını göstermektedir. Bazen çok para vererek alınan bir hediye, karşınızdakinin indinde çok anlamlı olmayabilir. En pahalı ve en değerli hediye, şayet zevkine ve kullanımına hitap etmiyorsa, karşınızdakinde hiçbir etki uyandırmayabilir.

Dostlarınızla sohbet esnasında hangi renkleri sevdiğini, özel zevklerinin ne olduğunu anlayabilirsiniz. Memnun etmek istediğiniz dostunuza dair bu ipuçlarını not ederek hediyeleri bu ipuçlarına göre belirleyeceğiniz gibi, hediye vereceğiniz şahsın yaşı, medeni durumu, cinsiyeti, eğitim durumu da hediye seçiminde göz önünde bulundurulmalıdır.

Hediyenin kaliteli olması beklenir. Kullanıldıkça dostluğunuzu hatırlatacak ve yıllar boyu zevkle kullanılacak hediyeler makbuldür.

Ayrıca dostluk dereceniz ve hediyenin verilme sebebi de hediyenin ne olacağını belirleyen kıstaslardır.

Aile fertlerine, yakın akraba ve dostlara hediyenin fayda yönü dikkate alınarak hediye seçilmelidir. Bunlara hediye alırken, fark ettiğiniz eksikleri ve ihtiyaçlarına göre hediye alabilirsiniz. Yaşlılara havlu, terlik, giysi gibi hediyeler alırken genç kızlara takı, kolye, toka, kitap, cd güzel ve faydalı birer hediye olabilir. Genç erkeklere ise giysi, cd veya kitap iyi hediyelerdir. Bayanlara iç çamaşır, gecelik gibi hediyeleri eşi haricinde kimse vermemelidir. Erkekler iş ilişkisi dışında ve işle alakalı hediyeler haricinde hanımlara çok özel hediyeler vermemelidir. Hanımlar da yakın akrabalar dışında erkeklerden kıymetli hediyeler almamalıdır

Hediye verilirken fiyat etiketi hediyenin üzerinde bırakılmamalı, hediyenin fişi de paketin içinde unutulmamalıdır. Hediye verirken değerinden hiç söz edilmez. Hediye ile gösteriş yapılmaz, övünülmez.

Yıllar önce büyük oğlumun doğumunda tanıdığım bir hanım, getirdiği bebek tulumunu "Bu tulum çok kaliteli, bir misafirliğe gittiğinde şık bir önlük takarak bu tulumu giydirirsin." gibi garip bir cümleyle verdi. Hediyenin sunuluş biçiminden içim kaçmıştı. Tesadüfe bakın ki tulum bebeğime küçük geldiği için değiştirmek isteyince nezaketten uzak bir tavırla verilen bu hediyenin ucuzluktan sepete düşmüş bir ürün olduğunu öğrenince çok şaşırdım

Üst rütbeden ve üst makamdan kimseler ile astlara aynı hediye verilmesi üst makama saygısızlık addedilir.

Hediyenin içine değiştirme kartı koymak, bilhassa ev eşyası ve giysi için gereklidir. Ev eşyasının diğer eşyalarla uyumlu olmaması veya aynısının olması durumunda değiştirme kartı kullanılabilir.

Eskiden bir eve ilk gidildiğinde hediye götürülmezdi. Aile ve zevkleri hakkında bilgi edindikten sonra hediye alınırdı. Şimdi bu adet geçerliliğini yitirmekle birlikte, çok iyi tanımadığınız, zevkleri ve tercihleri hakkında bilgi sahibi olmadığınız kimselere daha rutin hediyeler almaya gayret ediniz. Hediyeniz çok iddialı olmasın ki makbule geçsin.

Hediye verilirken bir önemli nokta da hediyeyi elden vermektir. Ancak bu mümkün olmazsa kuryeyle veya postayla da hediye gönderilebilir. Posta ile gönderilen hediyeye mutlaka kişisel bir not yazılmalıdır. "Sevgilerimle", "İyi kullanımlar" gibi standart notlar yerine daha zarif ve ilişkiyi kuvvetlendirecek, daha duygusal ve samimi notlar yazılabilir. Eğer kitap hediye ediyorsanız kitabın ilk sayfasına kişisel bir not yazmayınız. Çünkü kitabın ilk sayfasını yazma şerefi ancak yazarına aittir. Bunun yerine, hediye edilen kitabın içine bir kâğıda yazdığınız notu koyabilirsiniz.

Paranın hediye olarak verilmesi doğru değildir. Para ancak evde çalışan yardımcılara veya akraba çocuklarına verilebilir. Para yerine hediye alacak zamanınız yoksa veya uygun bir hediye seçmemişseniz hediye çeki veya hediye kuponu da verebilirsiniz.

Hediye Alınırken

Verilen hediyeyi beğenmeseniz bile, hediyeye ilgisiz kalmak veya bakıp bir kenara bırakmak, büyük kabalık kabul edilir. Hediyeyi beğenmediğiniz takdirde beğendiğinizi söylemek zorunda değilsiniz; ancak teşekkürü ihmâl etmemelisiniz.

Eskiden toplumumuzda hediye hemen açılmaz, açılması için misafirin gitmesi beklenirdi. Bu gelenek artık geçerliliğini yitirmiştir.

Ülkemizde artık eve gelen hediye açılır; ama tabii ki hemen değil. Misafirler içeri girip hediyeyi takdim ettikten ve hal hatır sorma işleminden sonra, kahve ikramından önce; hediye sakin bir tavırlarla, paket bantları patlatılmadan ve ambalajı tortop edilmeden açılır. Samimi bir şekilde teşekkür edilir. Ev eşyasıysa hemen uygun bir yere koyulur. Hediye bir müddet masa veya sehpanın üzerinde bırakılır, sonra kaldırılır. Getirilen hediyenin paketi ev sahibesi tarafından açılır. Misafirin kendi getirdiği hediyeyi açması uygun değildir. Bir paketin içinde birkaç kişiye ait hediye paketleri varsa hediyeyi getiren kişi, bir karışıklık olmasını önlemek amacıyla herkesin hediyesini tek tek, paketlerini açmadan verebilir.

Beğenmediğiniz bir hediyeyi asla başkasına hediye etmeyiniz. Hediyenin kırık veya çatlak olmadığından emin olunuz. Paket düşmüşse hediye etmeden önce kontrol ediniz. Hediyenin fiyatı söylenmeyeceği gibi, hediyeyi kabul eden de "Nereden aldın, kaça aldın?" gibi sorular sormamalıdır. Hediye asla paketlenmeden açık halde ele verilmez çünkü o zaman hediyenin kullanılmış olduğu düşünülür. Bazı hanımlar kullandıkları süs eşyalarını veya biblolar daha sonra gittikleri evlere hediye olarak götürmeyi akıllılık zannetseler de bu durum dikkatlerden kaçmamakta ve itibar kaybına sebep olmaktadır. Giyilmiş giysiler ve kullanılmış eşyalar asla hediye olarak verilmemelidir.

İş dünyasında hediye alırken veya verirken çok dikkatli olmak gerekir. Çok değerli bir hediye rüşvet olarak algılanabilir. Yanlış anlaşılmasın diye hediye ile rüşvet arasındaki ince çizgiye çok dikkat edilmelidir. İş dünyasında, hediyenin tutarı beş asgari ücreti geçmemeli ve rüşvet olarak algılanmaması için önemli bir karar öncesinde verilmemelidir.

İş görüşmelerinde bazen sempati ikmali denilen, şirketlerin birbirine yaptıkları ziyaretlerde hediye götürülür. Hediye en ast tarafından taşınır ve makam sahibine "Size hediyemizi takdim etmek isteriz." cümlesiyle takdim edilir. İş ilişkisi kuracağınız makamlara bazen amacı aşan hediyeler verilmişse şirket politikası gereği makam sahibi uygun bulmadığı hediyeyi o an için teşekkür ederek kabul eder; ancak 24 saat içinde şirket politikasına uygun olmadığını belirten bir notla iade etme hakkı vardır.

Nişanlılıkta Hediye

Evliliğe ilk adımın atıldığı nişanlılık döneminde ailelerin sıcak bir ilişki geliştirebilmeleri için hediyelerin anlamlı bir işlevi vardır. Nişan yüzüklerini geleneğimizde erkeğin ailesi alır. Ayrıca erkek tarafı nişanlanacak kıza bilezik, gerdanlık, taşlı yüzük, küpe, bileklik gibi takılar alır.

Nişan günü erkeğin kız evine gösterişli bir nişan çiçeği ve gondol içinde iyi cins çikolatalar götürmesi adettendir. Nişanlık döneminde erkek, nişanlısına çeşitli hediyeler alarak gönlünü kazanmalıdır. Genellikle erkeğin kıza hediye almasına alışılmışsa da kız da nişanlısına zarif hediyeler alabilir. Çünkü psikologlar hediye verenlerin, hediye alanlardan çok daha mutlu olduğunu belirtmektedirler.

Nişan töreninde akrabaların ve arkadaşların hediye verip vermeyeceği tereddüt konusu olmakla beraber, mutlu bir beraberliğe ilk adım olan nişan töreninin evlilikle sonlanması her zaman mümkün olmadığı için, yakın akraba ve arkadaşların nişanda hediye vermesi gereksizdir. Çok samimi dostlar çiçek gönderebilir.

Hiç istenmediği halde nişan bozulursa kız ve erkek tarafından alınan bütün hediyeler geri verilmelidir. Bunlara nişan yüzüğü de dâhildir.

Nikâh ve Düğün Hediyeleri

Mutlu bir beraberliğe adım atma merasimi olan nikâh ve düğünlerde hediye götürmek veya göndermek çifte sevgimizin, desteğimizin ve iyi dileklerimizin göstergesidir.

Bu arada, yakın dostları, arkadaşların düğün törenine katılamamışsanız bile hediye göndermelisiniz veya daha sonra götürmelisiniz. Ancak her davet edilen düğüne hediye gönderilmeyeceği de bilinmelidir. Düğün hediyesi için evlenenlere yakın olmak gerekir.

Davetiyenin alınmasını takiben hediyeyi kız evine gönderebileceğiniz gibi, düğünden sonra yeni çiftin evine kargoyla da gönderebilirsiniz. Eğer çifti ziyaret etme imkânınız varsa hediyeyi elden vermek çok daha zarif bir davranıştır.

Yeni evlilere tören esnasında verilecek para veya hediye çeki çiftin ikisinin de isminin yazılı olduğu bir zarf içinde verilir. Son zamanlarda gelin veya damadın yakın arkadaşlarının aldıkları hediye çekini topluca göndermeleri şeklinde bir uygulama kabul görmüştür. Yeni çiftin ev kurduğu düşünülürse bu iyi bir uygulamadır.

Yakın dostlar ve akrabalar aldıkları hediyenin makbule geçmesi için çiftin neye ihtiyacı olduğunu, yeni kurulan evde neyin eksik olduğunu sorabilirler. Hatta son zamanlarda çiftin ihtiyaç listesi anlaştıkları bir iki mağazada bulunmakta olup akrabalar bu listeden kendilerine uygun hediyeleri seçmektedirler. Geline takı takmak ve mücevher hediye etmek genelde çiftin çok yakın akrabalarınca tercih edilmektedir. Düğüne çiçek gönderilebilir. Gelen tüm hediye ve çiçeklerin üzerindeki kartvizitler ve isim kurdeleleri muhafaza edilerek düğünden sonra çift tarafından teşekkür kartıyla mukabele edilmelidir. Evlilik töreni iptal edilirse hediyeler de iade edilmelidir.

Ev Davetlerinde Hediye

Evde verilen davetlere giderken çiçek ve çikolata en uygun hediyeler olmakla beraber ev sahibesinin zevkini biliyorsanız veya memnun olacağından emin olacağı bir hediye; örneğin biblo, tablo, özel koleksiyon kitapları, süs eşyası veya dekoratif hediyelikler gibi hediyeler de götürebilirsiniz.

Hediye verilirken "Çam sakızı çoban armağanı kabilinden bir hediye..." veya "Size layık değil ama..." gibi sözler söylenmez. Hediye kime alınmışsa misafir hanım tarafından ona, özellikle de ev sahibesine verilir. "Bunu size getirdik." veya "Bu hediyeyi sizin için seçtim." gibi zarif cümlelerle hediye verilmelidir. Hediye olarak çiçek götürülmüşse misafir hanım ev sahibesine çiçeği verir. Ev sahibesi hal hatır sorup sohbete giriş yaptıktan sonra kahveden önce çiçeği açıp jelâtininden, kurdelelerden kurtarıp güzel bir vazonun içine yerleştirip misafirlerin göreceği bir yere koyup yeniden teşekkür etmelidir.

Evdeki yemek davetlerine götürülen şeker, çikolata, tatlı ve dondurma misafirlere ikram edilir.

Restoran Davetleri ve Kokteyl Partilerde Hediye

Restoran davetleri, kokteyller ve resepsiyonlara elde hediye götürülmez; ancak davet veya kokteyle hediye olarak çiçek düşünülüyorsa elde değil; çiçek sepetinde ve kokteylin başlama saatinden önce gönderilebilir. Restorandaki yemek davetlerine bir buket çiçekle gidilebilir.

Titiz bir hanıma ev davetine giderken hediye olarak kabuklu yemiş götürmek uygun değildir. Şeker hastası birinin evine de tatlı götürmek uygun değildir. Aynı şekilde bahçesi ve bolca çiçeği olan birine de kesme çiçek göndermek veya götürmek anlamsızdır.

Hediye seçerken çayı çok seven bir dostunuza özel bir çay, bahçesi olan ve çiçekleri seven bir hanıma nadide bir çiçek tohumu veya soğanı, ney üfleyen bir yakınınıza bir ney virtüözünün cd'si uygun hediyelerdir. Davetli gidilen evde çocuklar varsa eli boş gidilmemeli, bilhassa çocuklar için onları memnun edecek boyama kitapları, oyuncaklar, şekerleme ve çikolatalar hediye olarak götürülmelidir. Evde yaşlılar varsa onları da memnun edecek hediyeler düşünülmelidir.

Çiçek Verme ve Çiçek Gönderme

Çiçek vermek veya çiçek göndermek çok zarif bir davranıştır. Sosyal hayatta, ilişkilerde çok özel ve önemli bir yeri vardır.

Dostlukları arttırdığı gibi dostluklara duygusal bir boyut kattığı gerçeğinden hareketle çiçek vermek ve göndermek, karşımızdaki kişinin bizim indimizde özel bir yeri ve önemi olduğunu vurgulamak açısından önemlidir. Sevinçlerin, kederlerin paylaşımında ve duyguların ifâdesinde kullanılan güzel bir dildir.

Çiçeğin duruma ve yere göre seçimi ve sunumu konusunda dikkat edilmesi gereken bazı kurallar vardır.

Çiçek, duruma göre elden veya vasıtayla gönderilir. Öncelikle bilinmesi gereken, hanımlar erkeklere (çok yakınınız olan hasta ve yaşlı erkekler haricinde)çiçek göndermez veya vermez.

Yabancı birine hanım veya erkek, kırmızı güllerden oluşan bir buket veya tek kırmızı gül vermemelidir. Çünkü kırmızı gül, tutkulu aşkın sembolüdür.

Sosyal ziyaretlerde yapay çiçek gönderilmez. Ayrıca bu tür ilişkilerde kurutulmuş çiçek göndermek veya hediye etmek uygun değildir. Canlı çiçek her zaman için çok daha anlamlıdır.

Özellikle üst düzey yöneticilerin ve makam mevki sahibi kimselerin ziyaretine giderken hangi çiçeklerden hoşlandığını özel kaleminden veya sekreterinden sorup öğrenebilirsiniz.

Makam ziyaretlerinde sizin için belirlenmiş randevu saatinden yarım saat önce, bir sepet beyaz ve pastel renklerden oluşan bir çiçek sepetini kartvizitle göndermeniz ve bu şahıslara elden çiçek götürmemeniz çok daha uygun bir davranıştır.

Buketler, kısa saplı ve uzun saplı kesme çiçek olarak ikiye ayrılır. Kısa saplı kesme çiçek olarak papatya, fulya, nergis türleri daha ziyade yakın dost ve arkadaşların davetlerine götürülürken; uzun saplı kesme çiçek, ev yemek davetlerine, sahnedeki sanatçıya, sevgiliye, eşe yahut anneye götürülebilir.

Önemli olan bukette tek sayıda çiçek olmasıdır; 5-7-9-11 gibi. Çünkü 6-8-10-12 gibi çift sayıda çiçek verilmesi matem anlamına gelir.

Buketteki çiçeklerin ne anlama geldiğini de bilmek gerekir.

Papatya, saflık, tazelik; beyaz gül, sadakat; pembe gül, dostluk; kırmızı gül, tutkulu aşk; şebboy, samimiyet; orkide, asalet; lale, gurur gibi duyguların ifâdesi olarak anlam kazanmışlardır. Çiçek gönderirken bunların dikkate alınması gerekir. Ayrıca buket çiçekler hazırlanırken fazla renkli veya birbiriyle uymayan renklerden olmamasına özen gösterileceği gibi, sim dökerek hazırlanan buketlerin siminin her yere döküleceğinin hesaba katılması gerekir. Buket sade, kaliteli ve şık görünmelidir. Asaletin ifâdesi olmalıdır.

Çiçek vasıtayla gönderilecekse sabah saatleri veya öğleden sonra 11.00-15.00 arası tercih edilmelidir.

Çiçek şayet sepetle gönderilmişse küçük bir zarf içindeki karta samimi duygular ve iyi dilekler yazılmalıdır. Adres zarfın üzerine değil çiçekçiye not ettirilir. Zarfın üzerine gönderenin adı yazılabilir.

Düğünlere ve açılışlara gönderilen çiçeklerin ortasındaki isim kurdelesine gönderenin adı soyadı çiftse her ikisinin de isimleri yazılır.

Açılış, tebrik, düğün veya cenaze; hangi sebeple gönderilmiş olursa olsun çelengin üzerindeki isim kurdelesi daha sonra teşekkür etmek için muhafaza edilir. Çelenklere sonra teşekkür kartı göndermemek kabalık sayılır.

Davetlere Çiçek Göndermek

Kokteyl, ev daveti, restoranda verilen davetlerde buket çiçek götürülmesi gelenekselleşmiştir. Buket sol elde taşınır kadın tarafından ev sahibesine sunulur. Batı ülkelerinde çiçeği davetli erkek ev sahibesine sunarsa da ülkemizde hanımın ev sahibesine buket sunması daha kabul gören bir davranıştır. Buket elden veriliyorsa bir kart iliştirmeye gerek yoktur. Kalabalık davetlerde çiçeği elden vermek yerine vasıtayla göndermeniz tavsiye edilir. Çünkü misafirlerin akın ettiği bir saatte ev sahibesinin eline tutuşturulan buket, anlamını yitirebilir. Dolayısıyla davet saatinden birkaç saat önce buket üzerine iliştirilen bir kartla gönderilir ki davet sahibi misafirlerini karşılarken çiçek için vazo arama telaşından kurtulsun.

Gönderilen veya gelen buket çiçek mutlaka jelâtininden çıkartılıp vazoya misafirlerin göreceği bir yere koyulmalıdır.

Büyük saksı içindeki çiçekler ve yeşil bitkiler elden sunulmaz mutlaka vasıtayla gönderilmelidir.

Orkide, menekşe gibi küçük saksı çiçeklerini, bakacağından ve sevdiğinden emin olduğunuz yakınlarınıza hediye etmeniz tavsiye olunur. Bir arkadaşımı ziyarete gitmiştim. Ofisini süsleyen orkideleri görünce hayranlığımı dile getirdim. Arkadaşım beğendiğimi almamı söyledi. Çünkü istemediği halde hediye edilen bu saksılar onun için bir külfetti ve o çiçek sevmiyordu. Bu durumla karşılaşmamak için ancak çiçek sevgisinden emin olunan kimselere saksı çiçeği götürülmelidir.

AİLE AKRABALIK ve KOMŞULUK İLİŞKİLERİ

Aile içi ilişkiler sevgi, saygı ve samimiyet temeline dayanır. İnsanın kendini en huzurlu ve mutlu hissettiği, yadırganmadığı, alaya alınmadığı sevgiyle ve saygıyla temeli kurulmuş aileler ne güzel ve verimli ailelerdir.

Ailede içindeki ilişkilerde muhatabımızın biricik ve özel olduğu unutulmamalı, bu düşünceden hareketle anne-baba, çocuklar kırılmamalı, incitilmemelidir.

Aile sevginin ve saygının öğrenildiği yerdir. Çocuk saygıyı babayı sayarak ve sevgiyi de anneyi severek öğrenir. Bu sebeple anne babaya saygısıyla; baba da anneye sevgisiyle çocuklarına rehberlik yapmalıdır.

Ailede fertler birbirlerinin ruh hallerinden, problemlerinden, sorunlarından haberdar olmalıdır. Eskiden yemekte konuşulmaz denirdi. Şimdi aile fertlerinin bir araya geldiği yemek masalarında aile o günle ilgili yorumlarını ve yaşadıklarını paylaşabilmelidir. Ruh hali uygun olmayan, asabi, kırgın, öfkeli olan aile ferdi anlaşılmaya çalışılmalı onlara yardımcı olunmalıdır. Öfkeli aile ferdinin üstüne gitmek, sıkıştırmak, aşağılamak, hakaret etmek ailenin sağlam temeller üstüne kurulmasını engeller. Böyle aileler çabuk dağılır.

Aile içinde hitap en önemli unsurdur. Büyüklere saygıyla küçüklere sevgiyle hitap edilmelidir. Çünkü hitap şeklimiz sevgi ve saygımızın ifâdesidir. Aile içinde takma adlar, adın bozularak söylenmesi uygun değildir.

Büyük kardeşlerin küçükleri ezmesine, horlamasına izin verilmemeli, çocuklara sık sık aynı kanı taşıdıkları ve birbirleri için özel oldukları büyükler tarafından hatırlatılmalıdır. Söz tohumdur mümbit bir ortam bekler yeşermek için. Bu uyarılar yeri geldiğinde çocuklar için anlam kazanacaktır.

Evin fertleri eve girerken ve çıkarken evdekilerce karşılanmalı ve uğurlanmalıdır. Güzel karşılama ve uğurlama sözleri ve güler yüzle karşılanan aile fertleri ev ortamında rahat ve huzurlu olacaklardır. Ev, bütün aile fertleri için en mutlu olunan, en rahat edilen yer olmalıdır. Hanımlar eşlerini öyle güzel uğurlamalıdır ki beyler akşam mutlulukla evlerine dönebilsinler.

Aile fertleriyle konuşurken gözlere bakmak ve tebessümle konuşmak aile içi ilişkilerin sıcak ve samimi olmasını sağlayacaktır.

Aile fertlerinin sofraya beraber oturması ve beraber kalkması yemeğini yalnız ve duvarlara bakarak yemekten çok daha iyidir. Anne okuldan gelen çocuklarına hazırlayacağı hafif bir kahvaltıyla açlıkları hafifleterek akşam babayla birlikte yemeğe oturmayı sağlamalıdır. Ailece yemek masasına oturmayı ve bu davranışlarıyla ailede birliği anne sağlayabilir. Birlikte yenen yemeğin içilen kahve ve çayın keyfi neyle ölçülebilir.

Komşuluk İlişkileri

Bazen akrabamızdan yakın olan komşularla iyi ilişkiler geliştirebilmek için uyulması gereken kurallar vardır. Ancak günümüzde büyük şehirlerde komşuluğun zayıflaması ne yazık ki günümüz insanının dramıdır.

Komşular eskiden evimize, çocuğumuza, kapımıza da sahip olurdu. Bugün komşuluk ilişkilerinin azaldığı şehirlerde hırsızlık artmıştır. Çünkü alt kattaki komşu tanınmadığı için, girenin çıkanın kim olduğu bilinmediği için, bu durum hırsızlara yaramıştır. Komşunuzu tanımaya onlarla iyi ilişkiler içine girmeye gayret ediniz. Yeni taşınanlara ufak bir ikramla hoş geldin demek zarif bir harekettir. Sıcak bir yaz günü taşınan komşunuza bir tepsiye koyduğunuz soğuk içecekle kapıdan hoş geldiniz demek ilişkilerin gelişmesini sağlayabilir. Eskiden evde pişen yemekte komşunun da payı olurdu.Bu güzel hareket bu gün de sürdürülebilir. Bu arada komşunuzun özel hayatına saygılı olmak gerekir. Komşuluk yapacağız diye komşuları gözetlemek, soruşturmak uygun değildir.

Bayramlarda ve özel günlerde komşular ziyaret edilebilir. Başarıları tebrik edilirken hüzünleri ve üzüntülerine ortak olunabilir. Evin içinde hareket ederken her zaman için komşu düşünülmelidir. Müziğin sesini fazla açmamak, çiçekleri sularken aşağı katlara su damlatmamak, halıları camdan silkelememek, asılan çamaşırların suyunun komşuya damlamamasına özen göstermek bunlardan bir kaçıdır.

Atalarımız "Ev alma, komşu al." sözünü boşa söylememiştir. Kötü komşu insanı evinden edebilir. Komşudan herhangi bir sebeple şikâyetiniz varsa bunu başkalarına söylemek yerine kendisine nazik bir biçimde söylemeniz gerekir.

Asansörü ve merdiven boşluğunu kullanırken gürültü yapmamaya, ortak kullanım alanlarına kişisel eşyalar koymamaya(bebek arabası, pazar arabası) dikkat edilmelidir. Aracınızı size ayrılan alanın ve sarı çizgilerin dışına park etmemek, araçlardaki çöpleri otoparka bırakmamak, otopark kapısını yayayken kullanmamak ayrıca üzerinde durulması gereken hususlardır. Misafirlerinizin aracı müsait olmayan otoparka alınmamalı; ama en önemlisi de başkalarına ait park alanlarına park edilmemelidir.

Akrabalık İlişkileri

Akrabalarımız kan bağımız olan insanlardır. Dolayısıyla üzerimizde hakları bulunmaktadır. Akrabalar zaman zaman ziyaret edilmeli gönülleri alınmalıdır. Son yıllarda akraba günleri oldukça revaçta olup yeni neslin kaynaşması ve birbirini tanıması büyüklere saygının ifâdesi için çok anlamlı toplantılardır.

Ne yazık ki akrabalar genellikle birbirini çekemez. Gelin, kaynana, eltilerin birbirlerine düşmanlıkları sosyo-kültürel hayatımızda derin yer etmiştir. Kayınvalidelerle, eltilerle ilişkilerde belli bir mesafe koymak, ilişkide zarif bir üslup benimsemek düşmanca hislerin yatışması için gereklidir. Nezaketinize ve zarif üslubunuza, seviyeli ilişkinize rağmen sizi küçük düşürmeye, aşağılamaya, kendince değersizleştirmeye çalışan akrabalarla aradaki mesafeyi arttırmak en iyi usûldür.

Akrabalar birbirlerinin başarısı ile sevinebilmeli üzüntüsü ile üzülebilmeli duygu olarak sizinle hemhâl olabilmelidir. Çünkü başarılı ve güçlü akrabalar zayıf, başarısız ve size muhtaç akrabalardan çok daha iyidir. Birlikten kuvvet doğduğu akrabalık ilişkilerinde sık sık dile getirilmeli ve ilişki mümkün olduğunca sağlam bir sevgi ve saygı temeline oturtulmalıdır.

Özel günler, bayramlar, kutlamalar, akrabaların bir araya gelmeleri için bir fırsattır. Bu fırsat iyi değerlendirilmelidir.

Yoksul akrabalar gözetilmeli, yapılan yardımlar başa kakılmamalıdır. Bunun yanı sıra ihtiyacı olmadığı halde varlıklı akrabaları sömürmeye kalkmak, devamlı borç istemek, gerekmediği halde, çocuklarının okutulmasını istemek ilişkilerin samimiyetini yok edecektir. Akrabalık ilişkilerinde büyüklere çok iş düşmektedir. Çünkü çocuklar bu ilişkilerde büyüklerini örnek alacaktır. Devamlı düşmanca hareketlerde bulunan kaba konuşan bir amca tabi ki sevilmeyecektir. Düşmanca tutum ve davranışlar gözden kaçmayacaktır. Ailenin büyükleri akrabalık ilişkisini güçlendirmek ve geliştirmek üzere varlık göstermelidir.

UMUMİ YERLERDE NEZAKET ve GÖRGÜ KURALLARI

Cadde ve Sokaklarda

Cadde ve sokaklar insanların sosyalleştiği, millet bilincini, şehir adabını ve alışkanlıklarını gördüğü ve öğrendiği yerlerdir. Ayrıca bir ülke halkının birbirine saygısı, insan ve insanlık algısı, anlayışı cadde ve sokaktaki davranışlarıyla ortaya çıkmaktadır.

Sokak adabına uyarken, " Bana yapılmasını istemediğim şeyi ben de başkasına yapmamalıyım." ilkesi ve düşüncesiyle hareket edilmelidir.

Ülkemize gelen yabancıların en çok dikkat çektiği nokta, bizim evlerimiz ile sokaklarımız arasındaki davranış farkıdır. Evlerimizde son derece temiz, titiz olan ve insanî ilişkilere dikkat eden bizler ne yazık ki cadde ve sokaklara aynı özeni göstermemekte, dışarıda insanî ilişkilerimize dikkat etmemekteyiz.

Bir Japon hanım sokakta birbirine korna çalan, hakaret eden, bağıran Türkleri görünce "Bunlar evlerine misafir olduğum, zarif ve konuksever milletin mensupları mı?" demekten kendimi alamıyorum diyerek bu duruma dikkat çekmişti.

Oysa 'Ya olduğun gibi görün ya da göründüğün gibi ol' düsturunu bize söyleyen Mevlana'nın torunları olduğumuzu unutmamalıyız.

Öncelikle cadde ve sokaklarda, yasalarla da belirlenmiş kurallara dikkatle uymalıyız. Bu zaten vatandaşlık görevimizdir. Sokağa çıkarken uygun giysiler içinde olmalıyız. Günlük ev elbiseleriyle, eşofmanlarla veya gecelikle sokağa çıkılmayacağı gibi saç-sakal bakımı yapılmadan da sokağa çıkılmamalıdır; sokakta kıyafetimize özen göstermeliyiz. Öncelikle hanım-erkek, kim olursa olsun sokağa çıkmadan önce aynada önden arkadan kıyafetini kontrol etmelidir. Sokağa çıkarken düğme, fermuar açık olmamalıdır.

Günümüzde büyük şehirlerde sokakta gezmek başlı başına bir sorundur. Günlük hayatın telaşıyla hızlı yürüyenlere yol verilmeli ve günlük gezintiye çıkılmışsa duvar dibinden yürümeye özen gösterilmelidir. Bu arada hızlı yürüyenler önünde ağır yürüyenlere sözle veya fiziksel olarak sataşmamalı, öndekileri ittirip kaktırmamalıdır. Ülkemizde kaldırımın sağından gidilir ve sağından dönülür. Kaldırımlar arası zikzak çizilmeden yürünmelidir. Yolda hızlı yürüyüp aceleci davranırken insanlara çarpmamaya ve ayaklarına basmamaya dikkat edilmelidir

Ayrıca sokakta yan yana iki kişiden fazla yürünmez. Kalabalık gruplar halinde yürürken kol kola girerek kaldırımlar kapatılmamalıdır. Kalabalık yerlerde üç kişi yan yana yürümemelidir. Kalabalık halde yürünecekse küçük gruplar halinde ve kol kola girilmeden yürünmelidir. Karşıdan gelenler ve arkadan gelip geçecek kişiler kol kola girilerek engellenmemelidir.

Cadde ve sokaklarda yürürken "Yarın nasıl olsa çöpçüler süpürecek." bahanesiyle çekirdek yenmemeli ve çekirdek kabukları asla yollara atılmamalıdır. Çünkü yolların bakımı yapılana kadar onlarca, yüzlerce insan o kirli ve bakımsız yollarda yürümek zorunda kalacaktır. Sokak ve caddelere tükürmek, sümkürmek, eldeki çöpü ya da kâğıdı atmak görgüsüzlüğün ifâdesidir.

Bu arada yolda kadın kadına veya erkek erkeğe el ele tutuşup kol kola yürümek varoş kültürü olarak kabul edilmektedir. Ancak evli çiftler kol kola yürümeli, bunun dışında çocukların ve yaşlıların ellerinden tutulmalıdır.

Erkekler daima otururken ve yürürken eşlerini sağ tarafa almalıdır. Sokakta trafiğin aktığı tarafta erkek yürümeli, yaşlılar, çocuklar ve hanımlar sağda olmalıdır. İki hanımla yürüyen erkek, hanımları sağına almalı; iki erkekle yürüyen hanım, erkeklerin ortasında yürümelidir.

Çok şık ve kibar görünümlü hanımların yolda üzerinize doğru yürüdüğünü, karşıdan gelene yol vermediğini görmek şaşırtıcıdır. Karşıdan gelenlere dar yerlerde nezaketen yol vermek üzere kenara çekilmek gerekir. Bilhassa erkekler hanımların üzerine doğru yürümemeli, yol vermelidir.

Cadde ve sokaklarda yiyip içilmemelidir. Son zamanlarda trafiğe kapalı alanlarda cadde ve sokaklara taşan masalarda gelip geçenlerin arasında bir şeyler yemeye çalışan insanları anlamak güçtür. Bu durum hem hijyen hem de görgü açısından çok uygunsuzdur.

Sokakta size seslenmişlerse arkaya boyunla dönülmez; özellikle bir hanım sokakta başını çevirerek arkaya bakmaz. Size seslenilmişse o zaman bütün bir bedenle arkaya dönmek gerekir.

Yolda zor durumda kalmış bir hanıma bir erkek yardıma koştuğunda hanımın bedenine dokunmadan kolunu uzatarak yardım teklifinde bulunmalıdır.

Sokakta bağıra çağıra yürümek, kavga etmek, telefonda bağırarak konuşmak, ıslık çalmak, şarkı söyleyerek yürümek kaba davranışlardır. Ayrıca sokak ve caddelerde el şakası yapan, birbirini ittire kaktıra yürüyen kimselerin aile terbiyesi almadığı düşünülür.

Suna Okur ile Zarafet, Görgü ve Protokol

Sokak ve caddelerde gelen geçeni rahatsız edecek biçimde kaldırımları işgal etmek, kaldırımda oturmak, yolda yürüyenlerin geçişine mani olacak biçimde yol ortasında durup konuşmak, yolda kahkahalar, naralar atmak, marş söylemek ve slogan atmak iyi yetişmemiş insanların yapmayacağı davranışlardır.

Sokakta yürüyenlere laf atmak, omuz vurmak, hızlı yürümeyenleri ittirmek zarif insanlara yakışmayan davranışlardır. Hanımların yol ortasında durup uzun uzun konuşup gülüşmeleri, veda ederken de sıkı sıkı sarılıp birbirlerini öpmeleri yakışık almayan davranışlardandır.

Sokakta yürüyenlere elle, kolla ya da sözle sarkıntılık etmek çok büyük ayıptır. Ayrıca bağırarak argo sözlerle yahut küfürlü konuşmak eğitimsizliğin ve görgüsüzlüğün göstergesidir. İyi yetişmiş asil bir insan asla küfürlü konuşmamalı, küfürlü konuşan insanların yanında da bulunmamalıdır. Sokakta kaşınmak, mahrem yerleri kaşımak, iç çamaşırı düzeltmek, tırnak kemirmek, tırnakları temizlemek, kulakları karıştırmak, dişini karıştırmak görgüsüzlüktür.

Fakirlere ve dilencilere belki yardım etmeyebiliriz ancak onlara kötü de davranmamalıyız.

Yol soranlara mümkün olduğunca yardımcı olunmalıdır. Ancak bilinmeyen adresleri de biliyor gibi davranmak, muhatabı yanıltmak, yanlış yöne göndermek insanlığımıza yakışmaz. Cadde ve sokaklarda yere çiklet atmak, çevre temizliği açısından büyük yanlıştır. Çünkü yere yapışan çikletin temizlenmesi çok güç ve külfetli bir iş olup, atılan çikletler yerde siyah lekeler oluşturmaktadır. Tayvan'da yere çiklet atanlar yüklü bir para cezasına çarptırılmaktadır.

Yolda ağır paket taşıyan yaşlılara yardım teklif edilmeli, karşıya geçişlerine yardım edilmelidir. Geçen gün yardım ettiğim yaşlı bir beyefendi elimi öperek teşekkür edince çok duygulandım. İyi davranışlar bütün bir gün pozitif bir duygu içinde olmamızı sağlarlar. Unutulmamalıdır ki hem iyi hem de kçtü davranışlar bulaşıcıdır. Kibar davranışlar kibar davranışları davet eder.

Karanlık ve boş bir sokakta yürüyen bir hanımın bulunduğu kaldırımda ve arkasından yürünmez. Böyle bir durumda karşı kaldırımda yürünmeli, hanımın korkmasına sebep olunmamalıdır.

Cadde ve sokaklarda ulu orta hayvan beslenmemeli, gıdalar gelip geçenlerin ayaklarıyla çiğneyeceği biçimde ortada bırakılmamalıdır.

Evcil hayvanlar sokağa çıkarıldığında ne kadar uysal olursa olsun tasması çıkarılmamalı, gelip geçene evcil hayvanın rahatsızlık vermesi engellenmelidir.

Evcil hayvan sahipleri hayvanlarının dışkısını insanlık gereği sokakta bırakmamalı ve temizlenmelidir.

Son yıllarda sokak ortasında öpüşen, koklaşan, sarılan gençlerin bir de "Bakan var mı?" bakışlarıyla etrafa göz gezdirmesi teşhirciliğin bir başka boyutudur. Bu hallerdeki insanların ruh halleri de düşündürücüdür.

Özellikle ramazan ayında cadde ve sokaklarda yemek yemek ve sigara içmek konusunda insana ve inanca saygımız dolayısıyla daha dikkatli olunmalıdır.

Yağmurlu Günlerde Sokak Adabı

Yağmur doğal olarak cadde ve sokaklarda yürümeyi de güçleştirmektedir. Dolayısıyla yağmurlu günlerde taşınan şemsiye, karşıdan gelenlere zarar vermeyecek biçimde hareket ettirilerek kullanılmalıdır. Yağmurlu günlerde şemsiye kullanmak hüner ister. Şemsiye yukarıda tutulmalı, yanımızdan geçenlere göre sağa sola yatırılmalı ve gerekirse biraz daha yukarıya kaldırmak suretiyle muhtemel kazalar engellenmelidir. Yağmur dindiği zaman şemsiye açık bırakılmamalıdır. Baston şemsiye eldeyken vücuda yapıştırılarak ve dik tutularak taşınmalıdır. Elde, sağa sola sallayarak yürünmemelidir.

Çiftler birlikte yürürken şemsiyeyi erkek taşır. Aynı cinsten iki kişiden de boyu uzun olan taşır. Yaşlılar ve çocuklar şemsiye taşımamalıdır.

Asansör Adabı

Asansör, hayatı kolaylaştıran bir araçtır. Dolayısıyla asansör kullanırken bazı kurallara uymak nezaketimizin göstergesidir.

Asansöre binerken hanımların önceliği vardır. Bir erkek, iki kişilik bir asansöre biniyorsa sırasını hanıma verebilir. Acelesi varsa durumu beyan edip özür dileyerek sırasını kullanabilir.

Asansöre girince yüz kapıya dönük, ileriye veya yere bakacak biçimde durulmalı, asansöre binenler incelenmemeli, hanımlara dik dik veya süzerek bakılmamalıdır. Asansöre girenler, daha önce orada olanlara (her gün karşılaştığı kimseler ise) "Günaydın" veya "İyi günler" dilemeli, inenler kalanlara "İyi günler", "İyi çalışmalar" dilemelidir.

Alışveriş merkezleri, hastaneler gibi yerlerdeki umumi asansörlerde selamlaşmak şart değildir.

Asansör kesinlikle süslenme ve parfüm sürme mekânı değildir. Eldeki yiyeceklerin atıkları ve kâğıtlar asla asansöre atılmamalıdır.

Asansöre önce hanımlar biner, asansörden de önce kapıya yakın olan iner. Bazı erkeklerin elleriyle kapıyı tutarak hanımlara yol vermesi, bu sıkışık mekânlarda hanımları rahatsız etmektedir.

Asansöre binenler, inenlere yol verdikten sonra asansöre binmelidirler. Bazen binenlerin baskısıyla inecek olanlar inememekte ve gereksiz bir karmaşa yaşanmaktadır.

Bazen hanımlar tanımadıkları bir erkekle asansöre binmek istemeyebilir; ancak bu durumda "Siz binmeyin, ben gideyim sonra binersiniz." demek büyük bir kabalıktır. Sıra kendinde olsa bile, bir hanım sırasını bir erkeğe veriyor ve daha sonra asansörü kullanmak istiyorsa bu durumda erkeğin anlayışlı davranıp teşekkür ederek asansöre binmesi uygundur. Böyle bir durumdan erkeğin rahatsız olması ve hanıma hakaret etmesi erkeğin görgüsüzlüğünü gösterir.

Merdivenlerde

Merdivenden önce hanımlar çıkar; inerken de önce erkekler iner. Hanımların topuklu ayakkabıları ve etekleri düşme riskini de beraberinde getirdiği için böyle bir kural geçerlidir. Geniş merdivenlerde hanımlar ve erkekler birlikte inip çıkarlar. Her zaman için merdivenlerin sağından çıkılır ve sağından inilir kuralına riâyet edilmeli, inen çıkanlarla çarpışmamaya özen gösterilmelidir.

Hanım ve erkeklerin grup halinde merdivenleri kullanması durumunda, statü ve mevki bakımından üstün olanlar önce iner ve önce çıkarlar. Merdivenlerin basamakları eşit genişlikteyse tırabzan tarafı yaşlılara, çocuklara, hamilelere ve hanımlara verilir. Şayet trabzan tarafı darsa o zaman duvar tarafı bu saydığımız kimselere verilir.

Merdivenlerde şakalaşmak, gülmek, inen çıkanların yolunu engellemek ve yere bir şeyler atmak görgüsüzlüktür. Merdivenden çıkan erkekler, öndeki hanımları göz hapsine almamalıdır. İnsanın nezaketi ve ahlak anlayışı böyle durumlarda kendini belli eder.

Yaşlı kimseler merdivenden çıkarken arkadan gelenler yardım teklifinde bulunmalıdır. Yaşlı kişi yol vermişse ve "Buyurun siz geçin, ben sonra çıkayım." demişse ısrar edilmemeli ve yaşlıyı beklenerek merdivenleri normalden daha hızlı çıkmasına sebep olunmamalıdır.

Uygar ülkelerde yürüyen merdivenlerin sağını kullanmak, sol tarafı geçenler için boş bırakmak artık gelenekselleşmiş bir davranıştır. Büyük alışveriş merkezlerinde ve her türlü yürüyen merdiveni kullananlar sağ tarafta durmalı, acelesi olan ve yürümek isteyenler için sol taraf boş bırakılmalıdır. Bu arada yürümek isteyenler azarlanmamalı; büyük şehirlerde zaman darlığı yüzünden koşuşturan insanlara saygılı olunmalıdır.

Park ve Bahçelerde Görgü Kuralları

Toplumun hizmetine sunulan park ve bahçeler gibi ortak kullanım alanlarında etrafımızda olan kimselere ve çevreye saygılı olmak, kendimize olan saygımızın ifâdesidir.

Bu gibi alanlarda etrafı kirletmek, çekirdek yiyip kabuklarını yere atmak, gürültü yapmak veya bu alanlardaki ortak kullanılan malzemelere zarar vermek insana yakışmayan davranışlardandır.

Çocuk bahçelerinde büyüklerin küçüklerin salıncağına binmesi, kaydıraktan kayması ya da top oynaması görgüsüzlüktür. Zira bu parklardaki aletler küçükler için yapılmıştır ve büyükler kullanımları esnasında oyun aletlerine zarar verebilirler.

Park ve bahçelerdeki üç kişilik bankların ortasına oturup iki kolu da yanlara açarak başkalarının bu alanlardan yararlanmasını engellemek uygunsuz davranışlardandır.

Park ve bahçelerde evcil hayvanları gezdirenlerin bu hayvanların tasmalarını çıkarmaması gerekir. Etrafa hamle yaptıklarında

"Korkma, korkma bir şey yapmaz." gibi anlamsız cümleler kurulmamalıdır. Evcil hayvanlar park ve bahçelerde beslenmemelidir. Evcil hayvanların pisliği, sahibi tarafından mutlaka temizlenmelidir. Mümkün mertebede insanların olduğu yerlerde evcil hayvanların tuvalet ihtiyacı karşılanmamalıdır. Bu iş için özel ayrılmış kum havuzlarını kullanmak ve hayvan ihtiyacını giderdikten sonra pisliğini mutlaka toplamak gerekir. Ayrıca köpek gezdirirken başkalarının bahçesini kirletmemeye de özen gösterilmelidir.

Hastalara, sakatlara, yaşlılara her zaman, her yerde yardımcı olmak ve öncelik tanımak gerekir. Özürlülerle ve akli dengesi bozuk kimselerle alay etmek, gözleri dikip seyretmek ayıptır.

Piknik Alanlarında ve Plajlarda Görgü Kuralları

Tatil günlerinde kimseye rahatsızlık vermeden, tabiat kirletilmeden ve aldığımız terbiyeye yaraşır biçimde davranmak kaydıyla tabiatın tadını çıkarmak güzeldir.

Ateş yakılmasının yasak olduğu yerlerde bu kurala uyulmalı, uyarılmak durumun kalınmamalıdır. Ateş yakılmaz tabelalarına uymamanın, yüksek sesle müzik dinlemenin ve insanların birbirine yakın oturduğu yerde top oynamanın görgüsüzlük olduğu unutulmamalıdır.

Piknik yapmak, haftanın yorgunluğunu atmak için güzeldir. Ancak piknik alanları insana yakışmayacak biçimde bırakılmamalı, başkalarının da o alanları kullanacağı unutulmamalıdır. Akşam eve dönerken çöpler toplanmalı ve piknik alanları temiz bırakılmalıdır. Orayı temizleyenin de bir insan olduğu akıldan çıkarılmamalıdır. Bu arada kamuya açık alanlardaki davranışlarımızla çocuklarımıza da bu alanda nasıl davranacakları konusunda örnek olduğumuz unutulmamalıdır. Pazar geceleri piknik alanlarının içler acısı hali, ne yazık ki bu ülkede hala ortak kullanım alanlarında uyulması gereken kurallar konusunda zayıf olduğumuzu göstermektedir.

Suna Okur ile Zarafet, Görgü ve Protokol

Kamuya açık plajlarda iç çamaşırıyla denize girilmemelidir. Kabalık ve görgüsüzlük, öz güvenin değil, iyi terbiye alınmadığının göstergesidir. Plajda kasıtlı olarak birilerine çarpmak veya denizdeki insanları rahatsız etmek de insana yakışmayan davranışlardandır.

Ayrıca güneşlenenler kadın-erkek, her kim olursa olsun göz hapsine alınmamalı, vücutlarıyla dalga geçilmemeli ve laf atılmamalıdır. Kumda başkalarını rahatsız edecek biçimde koşmak, top oynamak ve güreşmek uygun değildir.

Alışveriş Merkezlerinde Adab

Alışveriş yapmak üzere girdiğimiz mağazalardaki satış personeli nihayetinde insandır ve hiçbir şekilde kaba muameleyi hak etmemektedir. Satış personeline kaba ve duyarsız davranmak bizim saygınlığımızı zedeler. Girilen mağaza kalabalık değilse satış personeli uygun bir biçimde selamlanmalıdır. Mağaza personelini kararsız ve ne istediğini bilmeyen müşteriler gereksiz yere meşgul etmektedir. Alışverişe çıkmadan önce neye ihtiyaç duyulduğu belirlenmeli ve istekler mağaza personeline açık bir dille söylenmelidir. Raflar karıştırılmamalıdır. Alışveriş yapılmayacaksa satış personeli meşgul edilmemelidir. Ayrıca giyinme kabinlerini de fazla meşgul etmemek gerekir.

Satış personeli bir başka müşteriyle ilgileniyorsa sabırla sıra beklenmeli, aradan girilmemeli, böylece satış personeli zor durumda bırakılmamalıdır. İlgilenilmediği veya geç ilgilenildiği için sesi yükseltmek, görevlileri tehdit etmek de görgüsüzlük ve saygısızlıktır.

Mağaza personeline emir verir gibi konuşmak, istekleri emir cümlesiyle söylemek, "şu kırmızı çantayı bana indir bakayım" gibi kaba cümleler kurmak gerçekten öz güven midir...

Suna Okur

Giyip çıkardığınız onca giysiye rağmen bir şey beğenmemişseniz, tatlı bir tebessüm eşliğinde "İlginize teşekkür ederim" cümlesi sizinle ilgilenen personelin yorgunluğunu bir nebze de olsa giderecektir.

Kabinlere iki kişi girip gülüp kıkırdayıp gereksiz yer bu mekânların işgal edilmesi kabalıktır. Yüzde makyaj olduğu halde giysi denemekte ısrar edilmemelidir. Giysi denerken kabinlere eldeki çöp atılmamalı ve kabinler bilhassa müşterilerin kalabalık oluğu saatte keyfi meşgul edilmemelidir.

Bir gün altını kirletmiş bebeğiyle alışveriş yapmakta olan bir hanım, bu duruma aldırmayarak büyük bir rahatlıkla giysileri girip çıkarmaya devam ediyordu. Kabinler kötü kokudan kullanılamaz hale gelmişti. Durumun rahatsız edici olduğu kendisine uygun bir dille söylendiği halde, "Ne yapalım... Bebek, katlanacaksınız..." şeklinde cevap vermesi çok ayıplanacak bir tavırdı.

Oysa bizim özgürlüğümüz başkalarının özgürlüğünün başladığı yerde biter.

Kıyafet deneyenlere sormadıkları halde tavsiyelerde bulunmak, beğeni veya beğenisizliği belirtmek de uygun değildir. Görüşler ancak sorulduğunda söylenmelidir. Bu arada kararsızlığımızdan dolayı alışveriş yapanlar meşgul edilmemeli, yerli yersiz etrafımızdakilerin giysilerimiz ile ilgili yorumları istenmemeli, kıyafet deneyenler göz hapsine alınmamalıdır.

Bir gün alışveriş yaparken bir hanım başıma dikildi ve üzerimdeki kıyafetleri almazsam kendisinin onu alacağını söyledi. Diğer kıyafetleri de denedikten sonra karar vereceğimi söylememe rağmen başımdan ayrılmayıp dik dik bakarak beni rahatsız etmeye devam etti.

Böyle insanlar güzel başlayan alışveriş keyfinizi ne yazık ki bozabiliyorlar. Hem de sizi rahatsız ettiğini umursamadan.

Alışveriş merkezlerine girenler, çıkanlara yol vermelidir. Alışveriş mekânlarının camlı kapısı elle tutulmamalı, kapılardaki tutamaklar kullanılmalıdır. Ayrıca alışveriş mekânlarına elde yiyecekle ve bilhassa dondurmayla girilmemelidir.

Kasada sıra varsa sıraya riâyet edilmelidir. Bekleyenlerin sırasını almak, uyarılınca da bağırıp hakaret ederek üste çıkmak uyanıklık değil, görgüsüzlüktür. Kasa görevlileri gereksiz yere meşgul edilmemelidir. Kredi kartında biriken puanlarla alışveriş yapmak, kasayı normalden biraz daha fazla meşgul edeceği için, kasanın daha tenha olduğu saatler tercih edilmelidir.

Kalabalık alışveriş merkezlerinde aracınızı park etmek için boş yerleri kontrol ediniz. Park yeri bekleyen veya bir yere girmek üzere olan diğer araç sahiplerinden önce davranıp hızlıca boş yere girmeye kalkmak kabalıktır. Bu kaba davranış, başka kaba davranışlara da yol açabilir. Ayrıca engellilere ait park yerleri, yer bulunamaması bahanesiyle hiçbir zaman kullanılmamalıdır.

Mağazalarda bağırarak konuşmak, mağazayı, ürünleri eleştirmek, ürünlerin kalitesiz bulunduğunu dile getirmek, "Burada zaten kayda değer bir şey yok." diye ukalalık edilmemelidir. Alışveriş yaparken yiyeceklere, özellikle de unlu gıdalara elle dokunarak seçmek büyük ayıptır.

Alışveriş merkezlerinde kurallara uymayan satış personeliyle tartışmak yerine durumu sorumlulara bildirmek çok daha güzel bir davranış olacaktır.

Alışveriş merkezlerinde ıslak şemsiyeler mağaza girişlerindeki şemsiyeliğe bırakılmalı, mağazadan içeriye suları süzülen ıslak bir şemsiye ile girilmemelidir.

Suna Okur

Kapıdan Geçerken Uyulması Gereken Kurallar

Kapıdan önce hanımlar, sonra erkekler geçer. Hanımların geçmesi için kapıyı tutan bir beyefendi, arkadan gelenlere kapıyı bırakarak kapıdan geçer.

Aynı cinsten olanlardan yaşlı ve statü bakımından üstün olanlar kapıdan önce geçer. Eş düzeyde olanlardan kapıdan geçişte diğerine öncelik teklif eden kişi daha zarif kabul edilir.

Kapıdan geçerken genç olan, yaşlıya yol vermelidir. Kapıdan geçerken biri "buyurun" deyip yol vermişse "Siz buyurun, lütfen buyurun." gibi kapı arasında birbirlerine ısrarla yol verenler, arkadan gelenlerin geçişini engellerler. Buna meydan vermemek için ilk teklifi alan teşekkür edip geçmelidir.

Bir gün bir mekândan çıkmak için kapıyı açmıştım ki genç bir hanım pat diye atladı ve kapıdan içeri girdi. "Küçük hanım, kapıyı kendim için açmıştım." uyarısına "git be" diye cevap verişinden anladım ki aile terbiyesi almamış bir küçük hanımdı.

Doktor Muayenehanesinde

Randevu alarak gittiğiniz muayenehanelerde randevu saatine uymak, daha sonra muayene olacakların hakkına riâyet etmek gerekir. Elde olamayan sebeplerle, randevu saatiniz geçtiği halde siz muayeneye alınmamışsanız sebebini kibarca öğrenmeye çalışınız. Şayet zamanınız kısıtlıysa bunu görevliye kibar bir dille iletiniz. Randevunuz olduğu halde muayeneye gidemeyecekseniz bu durum görevliye saatler veya günler öncesinden bildirilmeli, başka hastalara verilecek olan saatler boş yere işgal edilmemelidir. Randevusuna sadık ve prensipli insan saygındır.

Bekleme salonuna girince muayene olmak için bekleyenler selamlanmalıdır. Muayeneden çıkarken de salondakilere "Geçmiş olsun" denmelidir.

Suna Okur ile Zarafet, Görgü ve Protokol

Bekleme salonundaki gazete ve dergiler okunduktan sonra yerine bırakılmalı, okunan gazete ve dergiler bırakılırken de dağınık bırakılmamalı ve düzenlenmelidir.

Galoş giyilen muayenehanelere ayakkabıyla girmek için ısrar edilmemelidir. Ancak yaşlı ve ayakta duramayacak durumdaki hastalara galoş giydirmek için hizmetlilerden yardım istenmelidir.

Muayene sırası beklerken diğer hastalara hastalıklar uzun uzun anlatılmaz, şikâyette bulunulmaz. Zaten hastalığı dolayısıyla mutsuz ve kaygılı insanların olduğu bu mekânlarda, olumsuzluklardan ve olumsuz duygulara sebep olacak konulardan söz edilmemelidir.

Toplu Taşıma Araçlarında Görgü Kuralları

Diğer insanların haklarına saygımız en çok toplu taşıma araçlarındaki davranışlarımızla anlaşılır. Toplu taşıma araçlarında bacakları açarak oturmak ya da bacak bacak üstüne atarak oturmak diğer yolculara rahatsız edecektir. Toplu taşıma araçlarında etraftakileri dikkate almadan özel hayattan, özel hayatın mahrem konularından söz etmek ve bunu herkese dinletmek görgülü bir insanın yapamayacağı şeylerdendir.

Ayrıca otobüse binerken çiftlerden erkek önce hanımı bindirip sonra kendi binmelidir. İnerken de önce erkek inip hanımının inmesine yardım etmelidir.

Kalabalık metropollerde yaşarken "İnsanın muhatabı insandır." düsturundan hareketle, toplu taşıma araçlarında olabildiğince diğer insanları da dikkate alarak davranmalıyız. Dolayısıyla otobüs, tramvay, tren, metro ve dolmuşlara binerken sıraya girilmeli, sırayı bozmadan ve itiş kakışa meydan vermeden sakin bir biçimde araçlara inilip binilmelidir. Toplu taşıma araçlarına binerken

Suna Okur

sıra sizde bile olsa, yaşlılara, çocuklara sakatlara ve hamilelere yer vermek insanlığımızın gereğidir. Son zamanlarda toplu taşıma araçlarında küçüklerin büyüklere ve yaşlı insanlara yer vermemesi, gençlerin uyuyor numarası yapması çok üzücü davranışlardır. Oysa yaşlı ve hasta insanların, hamilelerin ayakta durması genç ve sağlıklı insanlara göre çok daha güç olmaktadır.

Otobüslere mümkün olduğunca ön kapıdan binilir; yolculuk esnasında arka kapıya doğru gidilir ve arka kapıdan inilir. Binenler, inenlere yol vermelidir. Başka yolculara çarpmamak için bir yerlere tutunmalı ve hijyene çok dikkat ederek diğer yolcular zor durumda bırakılmamalıdır. Herkes her sabah duş alarak kıyafetlerini, iç çamaşırlarını ve çoraplarını değiştirerek kişisel bakımını yapmalıdır. Aksi takdirde toplu taşıma araçlarında kir ve ter kokan insanlar yolculukları kâbusa çevirmektedirler.

Takside Görgü Kuralları

Taksiye erkeklerin önce binmesi, inerken de hanımların önce inmesi hem görgü, hem de güvenlik açısından önemlidir.

Taksiye binerken önce binerek sol tarafa geçer çünkü takside en muteber koltuk sağ arka koltuktur ve hanımlara aittir. Taksiden inerken önce hanım iner; erkek taksi ücretini öder ve sonra iner.

Taksinin ön koltuğuna oturulmaz. Ancak ikiden fazla kişi taksiye bindiğinde en genç olanın ön koltukta oturması gerekir. Bir hanım yalnız başına taksiye binerse sağ arka koltukta oturmalıdır.

Taksi şoförüyle konuşulmamalı, bilhassa siyasi tartışmalara girilmemelidir. Taksiye yalnız binen hanımlarla sohbet etmek isteyen taksi şoförleriyle konuşulmamalıdır. Ayrıca takside bilhassa gizli ve mahrem konuları konuşmamalıdır.

Takside sigara içilmeyeceği gibi hiçbir şey de yenmemelidir; eldeki çöpler taksiye atılmamalıdır.

Yağmurlu günlerde ıslak şemsiye ya da altı kirli çantalar koltuğun üzerine bırakılmamalıdır. Taksiye binerken paranın bozuk olmasına dikkat edilmelidir. Para bozuk değilse taksi şoförüne bildirilmeli, uygun bir yerde para bozdurulmalı, böylece inerken bütün para dolayısıyla şoför zor durumda bırakılmamalıdır. Taksimetrede ödeyeceğimiz ücret yazar; ancak uzun mesafelerde bir miktar bahşiş vermek nezaketen uygundur.

Taksiye binerken şoför selamlanmalı, inerken de teşekkür ihmâl edilmemelidir.

Otomobilde Adab

Arabamızın bakımı, bizim temizlik anlayışımızı gösterir. Öncelikle arabamızın içinin ve dışının temiz olmasına özen göstermeliyiz.

Bir ülkede kornaya basma alışkanlığı, o ülkenin gelişmişliğinin göstergesidir. Hakaret etmek ya da rahatsız etmek için değil, sadece ve sadece uyarmak için kornaya basılmalıdır. Örneğin Japonlar kornayı sadece tehlikeli anlarda uyarı olması için kullanmakta ve biri yol verdiği zaman da şükran duygularını dörtlülerini yakarak ve 2 defa sinyal vererek göstermektedirler. Bu nazik davranış, aynı kötü davranışların bulaşıcı olması gibi yayılarak trafikte saygıyı güçlendirecektir.

En önemli konu trafik kurallarına harfiyen uyulmalı, trafikte başka araç sürücüleri zor durumda bırakılmamalı, taciz edilmemelidir. Zor durumda olan, yokuş tırmanan, dar yerde dönmeye çalışan araçlara durarak yol verilmelidir.

Arabada müziğin sesinin çok açılması, özellikle gece geç saatte meskûn mahallerden geçerken yaşlı, hasta ve çocukları rahatsız etmektedir. Bu yüzden bu konuda hassasiyet gösterilmelidir. Trafik sıkıştığında veya kırmızı ışıkta durunca yandaki arabaların içindekileri bakışlarla rahatsız etmek, içinde iyilik ve güzellik olması gereken insanlara yakışmamaktadır.

Otomobilin bakımı sokak ortasında yapılmamalı, otomobil temizlenirken çevre kirletilmemelidir.

Araç kullananlar yollara izmarit, kâğıt ve meyve kabukları atmamalıdırlar. Her arabadan ufacık bir kâğıt atılsa yollar çöplüğe dönüşür; o halde bu konuda herkes duyarlı olmalıdır.

Başkalarının hayatını tehlikeye sokmayacak biçimde araç kullanmak insanlığımızdandır. Sürücüler trafik kurallarına riâyet etmeli, yağmurlu günlerde yayalar ve toprak yollarda yürüyenler dikkate alınmalıdır. Garaj önüne veya engelli park yerlerine araç park edilmemeli, sokak ortasına geliş gidişi engelleyecek biçimde araç bırakılmamalıdır.

Geçenlerde Beşiktaş'ta dar bir yolun ortasına bırakılan aracı polise bildirdim diye araç sahibi hanım bana "Görgüsüz" diye bağırınca şaşkınlıkla gülmekten kendimi alamadım.

Takip mesafesi muhafaza edilmeli, öndeki araçlar takip mesafesini korudukları için taciz edilmemelidir. Sol şerit devamlı kullanılmamalı, öndeki araç sollandıktan sonra sağ şeride geçilmelidir.

Otomobil kullanırken telefonla konuşan ve son zamanlarda ne yazık ki mesaj bile yazan sürücüler, hem kendi hem de başkalarının can güvenliğini tehlikeye attıklarını unutmamalıdırlar.

Özel otomobillerde şeref koltuğu sağ ön koltuktur. Dolayısıyla hanımlar sağ ön koltuğa, eşlerinin yanına oturmalıdır. Ancak sol arkada bebek koltuğu varsa hanımlar bebek büyüyene kadar bebek koltuğunun yanında, sol arka koltukta oturmalıdır.

Suna Okur ile Zarafet, Görgü ve Protokol

Şayet arabaya hatırlı bir bey alınmışsa yahut kayınvalide veya kayınbaba arabaya binmişse hanımlar nezaketen yerlerini bu büyüklere teklif edebilir. Ancak bu durum her zaman geçerli değildir çünkü hanımın yeri eşinin yanıdır. Büyükler bu kuralı dikkate alarak gelin ön koltuğu teklif etse bile, bir sağlık problemi ve zorunluluk yoksa çifti ayırmamaya özen göstermelidir.

Arabaya yaşlı bir çift alınmışsa erkek konuk sağ ön, hanım konuk sağ arka, arabayı kullanan erkeğin hanımı da sol arka koltuğa oturmalıdır.

Şayet hanım, bir bayan arkadaşını arabaya almışsa ve arabayı eşi kullanıyorsa bayan konuk sağ arkaya, hanım da sol arkaya oturur. Hanımın sağ ön koltuğa oturup boynunu çevirerek arkadaşıyla konuşması sağlık açısından uygun olmadığı gibi, şık bir davranış da değildir.

Arabayı kullanan yabancı bir erkeğin özel otomobiline binen bir hanım, sağ arka koltuğa oturursa beyefendiyi şoför konumuna düşürmüş olur. Ancak hanım, yabancı bir erkeğin yanına oturmak da istemiyorsa "Nereye oturmak uygundur; sizi rahatsız etmeyecekse ve yanlış anlamazsanız arkada oturabilir miyim?" şeklinde izin almak suretiyle arkada oturabilir.

Makam sahibi biri, astını kullandığı arabaya almışsa astın yeri, bayan bile olsa sağ ön koltuktur. Bayan ast, yöneticisinin kullandığı bir arabada asla sağ arka koltukta oturmaz. Ayrıca bir âmirinizi arabaya almışsanız o inerken sizin de araçtan inmeniz gerekir.

Evli çiftler önde, çocuklar arkada oturmalıdır. Aileler bazen büyüyen erkek çocuklarının sağ ön koltukta oturmasını isteseler de, ailede annenin yerinin her zaman babanın yanı olduğu düşüncesini pekiştirmek için, anne yerini büyüyen çocuklara bırakmamalıdır. Ancak annenin arabada olmadığı zamanlarda büyük çocuklar, annenin yerine oturabilirler. Ailede önemsiz gibi görülen bu konular, aslında evli çiftin ilişkisinin kalitesini göstermesi bakımından ve çocukların aile algısı açısından çok önemlidir.

Hanımlar otomobile binerken önce koltuğa yan oturup sonra bacaklarını içeri almalıdırlar. Çünkü zarif bir hanımın, etek veya elbiseyle bacaklarını açarak bir otomobile binmesi uygun değildir. Pantolonla bile olsa, zarif bir hanım arabaya erkek gibi binmemelidir. Bu yüksek jipler için elbette mümkün değildir. Jipe binerken marşpiye kullanılarak araca binilmelidir.

Evli bir çift, otomobille bir yere bırakılmışsa otomobil ayrılmadan çift arkasını dönüp uzaklaşmamalı, otomobil hareket edene kadar beklemeli ve gidenleri el sallayarak uğurlamalıdır. Yalnız bir bayan otomobile alınmışsa gündüz bile olsa hanım eve veya apartman kapısından girene kadar beklenmelidir. Yalnız hanımın otomobilin hareket etmesini beklemesi gereksiz ve güvenlik açısından da uygunsuz bir davranıştır.

Uçakta Adab

İnsanların toplu seyahat ettikleri ulaşım araçlarından biri olan uçakta uyulması gereken bazı kurallar vardır. Öncelikle biletin hangi gün ve saate ait olduğuna çok dikkat edilmeli, son dakikada gidip X-Ray cihazında yolcuların önüne geçmeye çalışılmamalıdır.

Bagajda veya el çantalarında yiyecek taşınması, basınç değişimi dolayısıyla bunların akması gibi sıkıntılara yol açmaktadır. Bu sebeple sıvı sınırlamasına bir kuraldan öte, yolculuk sonrasında kötü durumlara düşülmemesi için dikkatle uyulmalıdır. Uçağa binerken veya inerken sıraya girilmeli, bekleyen yolcuların sırası ihlal edilmemelidir. Ortada oturanlar uçak daha kapılara yanaşmadan ya da kemer îkaz ışıkları sönmeden yerlerinden fırlamamalı, öne geçmeye gayret etmemelidir.

Hanım yolculara, hasta ve yaşlılara, el bagajlarını dolaplara yerleştirme ve dolaplardan alma esnasında görevliler kadar yolcular da yardımcı olmalıdır.

Uçakta görevlilerin uçuş güvenliği ile ilgili uyarıları dikkatle dinlemeli ve uçuş emniyeti açısından îkaz ışıkları sönse bile emniyet kemeri uçuş boyunca bağlı olmalıdır. Lavaboya giderken diğer yolcular rahatsız edilmemeli, şayet rahatsızlık verileceği durumlarda yanda oturan yolcudan izin alınmalıdır.

Hostlar ve hostesler gereksiz işlerle meşgul edilmemelidir. Uçağa binince yanınızda oturanlara "İyi yolculuklar.", uçuş sonunda da "Geçmiş olsun." dileğinde bulunulmalıdır. Ancak yol boyunca yanınızda oturanlarla konuşmak, onları sorularla meşgul etmek ve kişisel sorular sormak uygun ve nazik bir davranış değildir.

Sigara İçmenin Adabı

Sağlığa zararlı bu keyif verici maddelerin kullanımı konusunda çok hassas olmak ve çevredekileri rahatsız etmemek gerekir.

Günümüzde kapalı mekânlarında yasaklanması sigara ve tütün içimini azaltmıştır. Sigara, puro ve pipo önceden her yerde içilebiliyordu; ancak bugün sadece açık havada, üstü kapalı olmayan yerlerde ve kişiye ait özel mekânlarda içilebilmektedir. Sigara içmek istemeyen kişilere sigara ikram edilmez ve bu konuda ısrar da edilmez. Ancak sigara içilen bir ortamda, erkek, bayana ve etrafındakilere kendisi yakmadan önce sigara ikram etmelidir. Sigara ikram etmek için bütün salon dolaşılmaz; sadece yakındakilere ikram edilir. Artık bu zararlı maddenin ikramı da çok uygun görülmemektedir. Hanımlar erkeklerin sigarasını yakmaz, ancak erkekler hanımların sigarasını yakmalıdır. Tek kibritle birçok sigara yakılmaz. Sigara yakanın eli tutulmamalıdır. Sigarası yakılan teşekkür etmelidir. Sigara külü küllük yoksa tabağa ya da çay bardağının içine silkelenmemelidir. Elde sigara ile evin içinde gezilmelidir.

Pipo ağızdayken konuşulması anlaşılır olmayı engeller. Ayrıca biriyle tanışırken veya birilerini tanıştırırken elde sigara olması uygunsuz bir harekettir.

Sinema – Konser – Tiyatroda Görgü Kuralları

Toplu gösterilerin olduğu sinema, konser ve tiyatro gibi yerlere zamanında gidilmelidir. Çünkü salon kapıları tam zamanında kapanmaktadır. Erken gidip lobide tanıdıklarla görüşme imkânı yaratılabilir. Ancak geç kalınmışsa birinci ara verilene kadar konser ve tiyatro salonuna girilmemeli, salondakilerin ve sanatçıların dikkatini dağıtmamaya özen gösterilmelidir.

Aralarda anonslara dikkat edilmelidir. Ara bittiği halde salona girmekte ve yerine oturmakta gecikmek, konser başladıktan sonra yerine dönmeye çalışmak, uygun bir davranış değildir. Ayrıca konser salonlarında alkış kurallarına uyulmalı, yerli yersiz alkışlamaktan, beğenileri ıslıkla, bağırarak belirtmekten kaçınılmalıdır.

İlk anda oturulacak koltuk doğru olarak tespit edilmeli, yanlış koltuğa oturup daha sonra kalkmak zorunda kalmamalı, bu konuda hiç kimse rahatsız edilmemelidir. Konser veya oyun başladıktan sonra daha rahat veya önde diye yer değiştirilmemeli, seyircilerin dikkati dağılmamalıdır.

Koltukların arası dar ise daha önce gelip yerine oturanları, yeni gelenlerin geçmesi için ayağa kalkıp koltukları kapatarak yol vermelidirler. Size yol verilmişse yerinize geçerken ayaktakiler arkanızı değil, yüzünüzü dönerek geçmelisiniz. Ayrıca başkalarının ayaklarına basmamaya dikkat etmeli, size yol verenlere de teşekkür etmeyi ihmâl etmemelisiniz.

Suna Okur ile Zarafet, Görgü ve Protokol

Salona erkekler önde, hanımlar arkada girer. Oturulacak yer belirlendikten sonra koltuk arasına hanım önde, erkek arkada olarak girmelidir. Yaşlı ve statü bakımında büyük olanlar önde olmalıdır. Oturma düzeninde hanımlar erkeğin sağında olmalıdır. Konser veya tiyatroya bir hanım ve iki erkek gitmişse hanım erkeklerin arasında oturmalıdır. Localarda ise hanımlar önde ve erkekler arkada olmalıdır.

Koltukla sallanmak, devamlı kıpırdanmak, ayak sallamak ve yerine yerleşmeye çalışanlara yol vermemek görgüsüzlüktür.

Gösteri ve konser esnasında devamlı yelpaze sallamak, sık sık yanındakilerle konuşmak, sakız çiğnemek, bir şeyler yemek ve abartılı bir sesle gülmek uygunsuz davranışlardır.

Bazı sinema salonlarında mısır patlağı yenmesine izin veriliyorsa da bu gibi yiyecekler mümkün olduğunca sessiz yenmelidir.

Sinema, konser ve tiyatro salonlarında oturulacak koltuğu bulmak için teşrifatçıdan yardım istenmelidir. Bileti teşrifatçıya da erkek vermelidir.

Konser ya da oyun bittiğinde sanatçıları alkışlamak uygun bir davranıştır. Ancak bilhassa konserlerde icra edilen eserin bittiğinden emin olduktan sonra toplulukla birlikte hareket edilmeli, ilk alkışta aceleci davranılmamalıdır. Çok beğenilen sanatçılar ayakta alkışlanabilir. Konserde ıslık çalmak ya da bağırmak uygun davranışlar değildir. Konser veya oyunun bitiminde salondan çıkmak için acele edilmemelidir. Salondan çıkanları iteleyerek ya da rahatsız ederek salondan çıkmaya çalışmak görgüsüzlüktür.

Konser, tiyatro ve sinema gibi yerlerde rastlanılan tanıdıklar kibar bir baş hareketi ile selamlanmalı, şayet yakındalarsa sözlü selamlanmalıdır. Yanınızda bulunanlarla tanıştırılmalı, ayaküstü görüşülmelidir. Karşılaşılan tanıdıklar esir alınmamalı ve fazla meşgul edilmemelidir.

Suna Okur

Lokanta ve Restoranda Görgü Kuralları

Restorana erkek önde, hanım arkada girmelidir. Erkek arabasını valeye teslim etmeyip kendisi park ediyorsa hanım erkeği beklemeden restorana girmemelidir. Restorana önde giren erkek, şef garsona rezervasyonunu veya rezervasyon yapılmamışsa yer isteğini belirtir. Restoranda hanımlar sırtı duvara, yüzü geniş alana bakacak biçimde en iyi yere, eşi tarafından sandalyesi çekilmek suretiyle oturtulur.

Restorana girerken vestiyerde önce erkekler paltosunu çıkarır; ardından da hanımlara yardımcı olur. Çıkarken de önde hanımlar mantosunu giyer; erkekler hanımlara mantolarını giymelerine yardım eder. Sonra da kendileri giyinir. Kalabalık restoranlarda çiftin vestiyerden tek numara alması çıkışta karışıklığı ve zaman kaybını önleyeceğinden uygundur.

Hanımlar restoranda en iyi yere oturtulmalıdır. Hanımlar hiçbir zaman duvara dönük veya masanın iç kısmına oturtulmaz. Erkek kapalı yöne oturur. Restorana giden iki çiftten erkekler hanımları ile karşılıklı otururlar. Restoranda çocuklu ailelerin kimseyi rahatsız etmeyeceği yerlere oturması gerekir. Çocuklu kimseler çok fazla oturup kalkacağı için masa tercihini bu duruma göre yapmalı, kalkıp otururken başkalarına rahatsızlık vermemelidirler. Çocuklu aileler mama sandalyesine oturttukları bebekleri yedirirken etrafı kirletmemeye özen göstermelidirler.

Evli çift veya aralarında duygusal bağ olan çift restoran adabına uymalı, yan yana oturup sarılıp koklaşmamalı; diğer insanların dikkatini çekmemelidirler. Restoranlar böyle davranışlar için uygun olmayan yerlerdir.

Restoranda siparişi daima erkek verir. Garsonun verdiği menüyü gözden geçiren hanım, isteğini eşine söyler ve erkek de siparişi garsona iletir. Yemek siparişinde bir yanlışlık olmaması için sipariş listesi tekrar ettirilmelidir.

Yemek daveti restoranda verilmişse davet sahibinin mutlaka rezervasyon yaptırması gerekir. Daha sonra uygunsuz bir masada konukları ağırlamak zorunda kalmamak için, rezervasyon esnasında iyi bir masa talebinde bulunulmalıdır. Misafirden önce restorana giden davet sahipleri oturma düzenini önceden planlamalıdır. Bu durumda misafir salona hâkim pozisyonda, sırtı duvara gelecek şekilde oturtulur.

Restoran davetlerinde sipariş verilirken davet sahibi ana yemeğin ve diğer yiyeceklerin seçiminde misafire yardımcı olabilir. Davetin verildiği restoran önceden tanınan bir yer ise misafire tavsiyelerde bulunulabilir. Ayrıca çorba, ara sıcak, tatlı, meyve ve salata ikramı için "Ara sıcak olarak ne arzu edersiniz, hangi tatlıyı tercih edersiniz?" diyerek ikramda istekli olunduğu gösterilmelidir.

Restoranda garsona sipariş verirken siparişin tam ve doğru alınması için bir başka şeyle ilgilenilmemeli, dikkat garsona yöneltilmelidir. Ayrıca sipariş verirken garsondan öneri alabilirsiniz. Restoranda konuk olarak ağırlanıyorsanız, en pahalı yemeği sipariş etmek nasıl uygun değilse bu konuda pasif kalıp davet sahibine "siz ne istiyorsanız aynısını ben de alayım" demek de uygun değildir. Sipariş verirken davet sahibinden öneri isteyebilirsiniz ancak damak zevkinize uygun ve ne en pahalı ne de en ucuz yiyecekleri değil, istediğiniz ancak çok pahalı olmayan yiyecekleri sipariş verebilirsiniz.

Yemeğe davetliyseniz verilen siparişlerden başka, davet sahibi sormadan garsona "Bir ayran daha istiyorum" veya "Bana bir de çoban salata getirin", "Bir paçanga böreği daha yerim." gibi siparişler tarafınızdan verilmemelidir.

Davet sahibi pahalı bir yiyeceği ikram etmek için öneride bulunuyor ve kendisi sipariş ediyorsa ancak o zaman pahalı yiyecekler sizin de sevdiğiniz yiyeceklerse sipariş verilebilir.

Restoranda nezaketten dolayı önce hanımların, sonra da erkeklerin siparişi alınır.

Restoranda garsona davranışlarınız, size verilecek hizmetin kalitesini belirler. Garsona emreden, yukarıdan bakan, horlayan kişilerin bu davranışları gözden kaçmaz. Garsonu ıslık çalarak, bardağa vurarak, parmak şıklatarak ya da "birader, kaptan, şef, hey" şeklinde seslenerek çağırmak uygun değildir. En doğru çağırma usûlü, göz göze gelmeyi bekleyerek eli havaya kaldırmak suretiyle yapılan çağırmadır.

Restoranda yemekle ilgili bir sorun olduğunda masaya garsonu çağırıp alçak bir sesle sorunun giderilmesi istenmelidir. Böyle bir durumda sesi yükselterek, garsonu azarlayarak veya sesli tenkit ederek sorunu gidermeye çalışmak, bu davranış sahibini küçültür. İnsanların yemek yedikleri ortamlarda kaba davranışlarda bulunmak ve bağırmak hoş karşılanmayacak davranışlardır.

Bir gün asansörde kendisine selam verilmediği için öfkelenen bir beyefendi kaldığı otelin kahvaltı salonuna bağırarak ve hakaretleri peş peşe sıralayarak girmişti. Bir anda bütün dikkatleri üzerine toplayan ve herkesin huzurunu kaçıran bu beyefendinin kibar bir davranış beklentisini böyle kaba bir tavırla ortaya koyması ise büyük bir tezattı.

Yemekle veya servisle ilgili şikâyetler garsona değil, salon şefine veya restoran yöneticisine yapılmalıdır.

Restoranda bir tanıdığınıza tesadüf etmişseniz başla selamlanılmalıdır. Dilerseniz iki tarafın da yemeği bittiğinde tatlıyı birlikte yemeyi veya birlikte bir kahve içmeyi teklif edebilirsiniz. Restoranda masaya bir hanım yanaşmışsa masadaki erkekler ayağa kalkmalıdır. Şayet mekânın darlığı veya uygunsuzluğu nedeniyle ayağa kalkılmasına müsait değilse, erkekler hafifçe doğrulmalıdır. Masadaki hanım da tebessümle baş selamı vermelidir. Bu durumda söz fazla uzatılmamalı, yemek yiyenler rahatsız edilmemelidir.

Suna Okur ile Zarafet, Görgü ve Protokol

Restoranda garsonun elinden bir şey alınmaz ve garsona bir şey verilmez ya da yardım edilmez. Özellikle hanımlar boş tabakları birbirinin içine koyup masayı silerek garsona yardım etmemelidirler.

Yemek esnasında servis takımlarının değiştirilmesi istenebilir. Özellikle dışarıda yapılan kahvaltılarda yumurta yendikten sonra çay bardağının değiştirilmesini isteyebilirsiniz. Bunun yanında reçel veya bal – kaymak yerken kahvaltı tabağı mutlaka değiştirilmeli, kirli tabakta yemeye devam edilmemelidir.

Artan veya yenmeyen yiyeceklerin paketlenmesi istenebilir ancak bunlar sulu, akması veya kokması muhtemelen, salata ve çorba gibi yiyecekler olmamalıdır. Kalan et veya balık, garnitürleri olmaksızın paketlettirilebilir.

Hesap istendiğinde gelen hesap pusulası masada uzun uzun, hele de konukların yanında incelenmemelidir. Masada konuk varsa hesap ödeme işi el yıkamak için lavaboya gidildiğinde yapılmalıdır. Bu arada para açığa koyulmamalıdır. Şayet hesap pusulası kapalı bir kutuda gelmemişse parayı hesap pusulasının altına koymak gerekir. Garsona bahşiş verilmemelidir. Çünkü garsonların asıl gelirinin bahşişler olduğu düşünülürse memnun kalınan bir hizmet ödüllendirilmelidir. Ayrıca devamlı gidilen restoranlarda her zaman kaliteli hizmet almak için bahşiş verilmelidir. Ancak hizmetten memnun kalınmamışsa bu konu hesabı öderken kibar bir dille belirtilmeli ve bahşiş bırakmayarak garsonun hoşnutsuzluğu anlaması sağlanmalıdır. Çok fazla bahşiş vermek ve bunu göstere göstere yapmak da görgüsüzlük sayılır. Bunun yanı sıra çok az bahşiş vermek de garsona hakaret olarak kabul edilir.

Ekstra bir hizmet için biraz fazla bahşiş bırakılabilir. Genel kural hesabın yüzde onunu bahşiş olarak bırakmaktır. Bahşiş, gülümseyip gözlere bakarak ve teşekkür edilerek verilmelidir.

Suna Okur

Otelde Adab

Otelde kalanlar, kendilerine saygıları gereği bazı kurallara uymak zorundadırlar. Öncelikle otel personeli azarlanmaz, aşağılanmaz. Otelin servis imkânlarından haberdar olmak için bilgi broşürü incelenebileceği gibi bu bilgiler bellboy'dan da öğrenilebilir.

Otele girişler genellikle 12.00-13.00 arasıdır. Daha önce gelmişseniz ve odanız hazır değilse giriş yapmak için resepsiyonist ve otel görevlilerine ısrar etmemelisiniz.

Size verilen elektronik kart şeklindeki oda anahtarını muhafaza ediniz ve oda numaranızı ilk elden öğreniniz. Sonradan başka bir odayı açmaya çalışmak sizi mahcup edebilir.

Valizinizi taşıyana bahşiş vermek adettendir. Odaya girince otel görevlisi odanın tanıtımını yapacaktır. Odada bulunan kasaya kıymetli eşyalarınızı koymamanız ve bu eşyaların kaybolması halinde otel yönetiminden bir talebiniz olamayacağını bilmelisiniz.

Otel odalarında ve koridorlarda, geç saatlerde veya sabahın erken saatlerinde gürültü yapılmamalı, yüksek sesle konuşulmamalıdır. Odadaki radyo ve televizyonun sesi çok fazla açılmamalı, gecenin ilerleyen saatlerinde yan odadakileri rahatsız etmemek için duş yapılmamalıdır.

İş toplantıları otel odasında yapılmaz; odaya yabancılar alınmaz. Toplantı gayrı resmî ise lobide, resmî bir toplantı ise otelin toplantı odalarında yapılmalıdır.

Odanızı temizleyen görevliye her gün bir miktar bahşişi masanın üzerine koymanız halinde odanız çok daha iyi temizlenecektir. Otel odaları, temizlik görevlilerini tiksindirecek biçimde hor kullanılmamalı, çöpler, kâğıtlar ve özellikle hijyen malzemeleri ortalığa atılmamalıdır.

Otelde Kahvaltı

Sabah kahvaltı saatlerini öğrendikten sonra kahvaltı salonuna girerken görevliye oda numaranızı söyledikten sonra size nelerin sunulduğunu görmek için yemek salonunda gezinip yiyecekleri inceleyebilirsiniz. Yiyeceklerin yiyeceğiniz kadarı tabağa alınmalı, fazla yiyecek alarak israf edilmemelidir. Ayrıca bu nazik olmayan, zarafeti bozacak bir davranıştır. Kahvaltı salonunda yabancıların gürültüyle burun temizlemeleri çok rahatsız edici davranışlardır. Salonda yemek alırken eli ağza götürmeden yiyecekler üzerine hapşıranlar da ne yazık ki sizi güzel bir kahvaltı keyfinden mahrum edenlerdir. Dolayısıyla bu tarz davranışlardan kaçınmak gerekir. Ayrıca kahvaltıda bağıra bağıra konuşulmamalı, telefon konuşması da yapılmamalıdır.

Otelde Akşam Yemeği

Açık büfe tarzında düzenlenen yemeklere zamanında gidilmeli; çorba, salata veya zeytinyağlılardan başlayıp ardından sıcak yemeklere geçilerek tatlı ve meyveyle de yemek bitirilmelidir. Büfeye istediğiniz kadar gidebileceğiniz için başlangıç tabağının ağzına kadar doldurulmaması gerekir.

Geçen gün bir otelde yabancı konukların tavuk butlarının, ızgara balığın yanına baklava dilimlerini ve jöleyi koyması ve yiyeceklerin karıştığı tabakla karşıma oturmaları benim gibi midesi hassas bir insanın iştahının kapanmasına sebep oldu.

Otelde Havuz-Sauna Adabı

İçinde havuz bulunan otellerde havuz kullanımı belli kurallar dâhilindedir. Havuza girmeden önce mutlaka duş alınmalı ve havuz kıyafetleriyle havuza girilmemelidir. İç çamaşırlar kesinlikle havuz için uygun değildir. Havuza girmeden önce ayaklar mutlaka ilaçlı suda yıkanmalı ve kadın-erkek ayırt etmeden başa bone takılmalıdır.

Suna Okur

Hanımlar takılarıyla ve makyajlı olarak havuza girmemelidir. Dışarıda gezilen ayakkabı ve terlikle havuz civarında dolaşılmamalı, havuz kenarında yağlı yiyecekler yenmemelidir. Havuza girmeden tuvalete girilmeli, umumi duşlar uzun süre işgal edilmemeli, en önemlisi de saunadan terli terli çıkıp havuza girilmemelidir. Bu arada havuza atlayarak etrafa su sıçratılmamalı, havuz kurallarına uyulmalıdır.

NASIL DAVRANILMALI?

Pot Kırınca

Hiç kimse pot kırmak istemez ancak bazen ağzınızdan çıkan sözlerin karşınızdakileri yaralayabileceğini fark ettiğinizde "affedersiniz" diyerek konuyu değiştirmeniz en doğru davranış olacaktır. Pot kıran siz değil de karşınızdakiyse istenmeyen sözler olduğuna kanaat getirmişseniz ve muhatabınız bu durumda samimiyetle utanç duymuşsa konuyu değiştirmeye ve siz de bu olumsuz ruh halinden süratle kurtulmaya gayret edip sohbeti sürdürmelisiniz.

Eleştiri

Eleştiri çok da kabul görmeyen bir davranıştır. İş ortamında arkadaşları, astları; bir yemek davetinde ev sahibini, evin döşeniş biçimini ya da yemekleri eleştirmek kabul gören bir davranış olmayacaktır. Eleştiriyi alışkanlık haline getiren kimseler toplum tarafında da dışlanır.

Eleştiriye mâruz kaldığınızda "Bana bir şey mi demek istiyorsunuz?" sorusu, şahsın ne yaptığını kavramasına ve yaptığı şeyi düşünmesine sebep olacaktır. Eleştiriye mâruz kalınca ne bağırıp çağrılmalı ne de savunmaya geçilmelidir. Topluluk içinde size yöneltilen eleştiri oklarını "Olumsuz düşüncelerinizi kendinize saklayabilirsiniz" gibi kibar bir cümleyle bertaraf edebilirsiniz.

Esnemek

Topluluk içinde veya bir yemek davetinde esnemek ayıp kabul edilir. Esnemeye bir de tuhaf seslerin eşlik etmesi görgüsüzlüktür. Esneme önlenemediğinde ağız, el ile kapatılmalı, mümkün olduğunca ağız açılmamalı, esnedikten sonra da yakındaki kimselerden özür dilenmelidir.

Fermuar Açık Kalmışsa

Sokağa çıkarken giysi ön ve arkadan kontrol edilmelidir. Buna rağmen yine de fermuarınızın açık kaldığını fark ettiğinizde hemen arkanızı dönerek fermuarı kapatıp özür dileyerek ve bu konu üzerinde durmadan sohbete devam etmeniz gerekir. Fermuarı açık kalmış biri hem cinsinizse işaret ederek veya usulca söyleyerek uyarmalısınız. Karşı cinsin, yeni tanıştığınız kişilerin ve resmî ilişkide bulunduğunuz üst makamdan şahısların fermuarını açık görürseniz böyle bir durumda en uygun davranış durumu görmezden gelmenizdir.

Yellenmek

Resmî bir ortamda gayrı iradî olarak böylesi üzücü bir durumda kalınırsa en uygun davranış, herhangi bir yorum yapmadan hiçbir şey olmamış gibi davranılması olacaktır.

Geğirmek

Geğirmek de gaz çıkarmak gibi gayri iradî olabilir fakat mahcubiyete sebep olan bir davranıştır. Yapılacak en iyi şey, yakındakilerden özür dileyip konu üzerinde daha fazla durmadan hemen başka bir konuya geçmektir.

Hapşırmak

Başka insanların olduğu – özellikle de resmî ortamlarda – hapşırma ihtiyacı hissedildiğinde ağız ve burun mümkün olduğunca hızlı bir şekilde mendille kapatılmalıdır. Şayet bu mümkün değilse ağız ve burun elle kapatılarak hapşırılmalı, sonra da eller derhal yıkanmalıdır.

Hıçkırık Tutarsa

Kişiyi zora sokan, sıkıntı verici şeylerden biri de devam eden hıçkırıktır. Bilhassa resmî bir yemekte veya yeni tanışılan insanların bulunduğu bir ortamda hıçkırık zapt edilemiyorsa özür dileyerek masadan kalkılmalı, lavaboya gidip hıçkırık durdurulmaya çalışılmalıdır. Bir bardak su içmek de genellikle hıçkırığın kesilmesine yardımcı olur. Konuşma yaparken hıçkırığa yakalanılmışsa bir müddet durup derin nefes alarak hıçkırık giderilmeye çalışılmalıdır.

Kaşınmak

Topluluk içinde yüzü, burnu, kulağı, başı, hele hele vücudu kaşımak hoş karşılanmayan bir davranıştır. Ne kadar gizlenmeye çalışılsa da karşı tarafın dikkatini çeken kaşınma hareketi özellikle resmî ortamlarda kesinlikle yapılmamalıdır.

Burun Silmek

Bizim ülkemizde mendilini çarşaf gibi açıp sesli bir şekilde burun silmek çok ayıp kabul edilir. Şayet hastaysanız burnu kalabalığın içinde devamlı çekmek de uygunsuz bir davranıştır. Böyle nahoş bir durumda lavaboya giderek bu iş gizlice ve sessizce yapılmalıdır.

Sakarlık

Herhangi bir davette veya misafirlikte dikkatsizlik sonucu bir şeyleri kırmışsanız ev sahibesinden hemen özür dilemek ve zararı telafi etmenin yollarını aramak gerekir. Şayet bu tekrar yerine konulabilecek bir şeyse en kısa zamanda yenisini alınız. Ancak yemek takımının bir parçası gibi yenisiyle değiştirilemeyecek, telafi edilemeyecek bir objeyi kırmışsanız davetin ertesi günü özür mektubu eklediğiniz bir çiçek sepetini göndererek durumunuzu affettirmeye çalışmalısınız.

Eğer sizin verdiğiniz bir davette misafiriniz sakarlık yapıp da bir şeyi kırmışsa zarar gören eşyanız ne kadar kıymetli olursa olsun, misafirinizin mahcubiyetini azaltmaya çalışmalı, konu üzerinde daha fazla durmayarak sohbete devam etmelisiniz.

İstifra Etmek

İstifra edeceğinizi anladığınızda lavaboya kadar kendinize hâkim olmaya çalışmalı ve mümkün olduğunca hızlı bir şekilde kalabalıktan uzaklaşmalısınız. Böyle bir durumda da lavaboyu kullanmaktan kaçınmalı, mümkünse tuvalet kullanılmalıdır. Sonradan kirlenen yerler temizlenmeli ve bu iş uzun uzun anlatılmamalıdır.

Öksürük Krizi

Öksürük krizi, hapşırmak gibi topluluk içinde hoş karşılanmayan, ancak doğal bir durumdur. Öksürmek zorunda kalan kişi arkasını dönerek mendilin içine öksürmelidir. Öksürük devam ediyorsa bir bardak su içilmeli, etraftaki insanlar rahatsız ediliyorsa özür dileyerek ortam terk edilmelidir.

Makyaj Tazelemek

Kalabalığın içinde ve yemek masasında zarif bir hanımefendi makyaj tazelemez. Bu kişisel bakımın insanların içinde yapılması görgüsüzlük kabul edilir. Makyaj tazelemek isteyen bir hanım tuvalete gitmelidir.

Özür Dilemek

Hata yapmayı hiç kimse istemez. Ancak bir hata yapılmışsa özür dilenmelidir. Zarif insan hata yapınca vakarını bozmadan ve yürekten özür diler. Özür dilerken yılışık davranılmamalı, defalarca özür dileyerek de çirkin durumlara düşülmemelidir.

Teşekkür Etmek

En güzel sosyal davranışlardan biri olan teşekkür etmek nezaketimizin göstergesidir. Teşekkür ederken muhatabımızın gözlerine bakıp tebessümle teşekkür edilmelidir.

Bir Hakaretle Karşılaşınca

Hakarete cevap vermemek ve böylece bu çirkin davranışı yapan şahsın seviyesine düşmemek en doğru davranıştır. Böyle bir durumla karşılaşıldığında "Çirkin söz sahibinindir." düsturuyla hareket edilmelidir.

Yutma Güçlüğü

Bir davette veya restoranda yemek yerken boğaza takılan bir lokma yutma güçlüğüne sebep olursa peçeteyle ağız kapatılarak masadan kalkılmalı ve problem başka bir yerde giderilmeye çalışılmalıdır.

Ağızdan İstenmeyen Bir Söz Kaçmışsa

Ağızdan kötü anlama gelecek bir söz yanlışlıkla çıkmışsa ve bu durum resmî bir ortamda yaşanmışsa hiç gülmeden, ciddiyetle affedersiniz deyip cümleyi düzgün haliyle baştan tekrar etmek en doğru tavırdır.